LA FAVCONNERIE

DE IEAN DE FRANCHIERES,

GRAND PRIEVR D'ACQVITAINE AVEC
tous les autres autheurs qui se sont peu trouuer
traictans de ce suject

DE NOVVEAV REVEVE, CORRIGEE
& augmentée, outre les precedentes impressions.

A PARIS,
EN LA BOVTIQVE DE L'ANGELIER,
Chez CLAVDE CRAMOISY, au premier pillier de la
grand' Salle du Palais.

M. DC. XXVIII.
Auec priuilege du Roy.

A TOVS AMATEVRS
DV PASSETEMPS ET VERTVEVX

exercice de la Fauconnerie,   *Salut.*

Pres auoir imprimé vn traicté de la Venerie, il no⁹ a ſéblé côuenable de mettre auſſi en lumiere ces preſens liures concernans la Fauconnerie: qu'outre ce que ces deux exercices ont quelque ſimilitude & s'accompagnent l'vn l'autre, ils ſont auſſi inuentez à meſme fin, qui eſt d'accouſtumer les hommes au labeur, & les rendre plus addroicts aux armes: deliurer le peuple des beſtes & oiſeaux qui luy portent dommage : & quaſi par maniere de guerre chaſſer ſes ennemis, & ſeruir à la Republique. Et ſont auſſi moyens hôneſtes pour éuiter oyſiueté, mere de tous vices, alleger les ennuis qui ſuruiennent quelquefois, & donner plaiſir honneſte à l'homme, pour lequel Dieu à fait toutes choſes.

En la Venerie on prattique pluſieurs inuêtions pour ſurprendre les beſtes, quelques ruſees qu'elles ſoient. Et n'y en a point de ſi furieuſes, qui ne puiſſent eſtre prinſes ou aux rets, ou à force, ou par autre induſtrie du bon Veneur : & auec ce il n'y a muſique plus harmonieuſe, que les abbois d'vne meute de chiens, auec la trompe du Veneur, dedans vne foreſt.

La Fauconnerie auſſi n'eſt pas moins loüable & recreatiue: car les Fauconniers ne prennent peu de plaiſir à traicter & dreſſer les oyſeaux & les rendre preſts à voller. A quoy ils ſont ſi affectiônez, qu'ils delaiſſent toutes voluptez deshonneſtes pour y vacquer : tellement qu'on dit en commun prouerbe, que iamais bon Fauconnier ne fut mal conditionné.

Mais quãd ils les voyêt au partir de leurs poings paſſer les nuës, fêdre le ciel, ſe perdre de veuë & donner pointe, ſe fôdre en bas

† ij

ſur leur gibbier, ou faire les autres deuoirs, qu'ils rēdent & dō-
nent cōme par les mains à leurs maiſtres la proye qu'ils deſirēt,
ſe rendans de rechef à leur ſeruice & ſubiection : ce'ſt vn paſſe-temps & plaiſir ſi grand , qu'il ne cede en rien à celuy de la
Venerie. Et voilà cōment ceſte ancienne contention tāt deba-
tuë entre les Veneurs & Faucōniers, à ſçauoir laquelle eſt a preferer à l'autre , a eſté iuſques icy indeciſe. Tāt y a que l'vne &
l'autre eſt ſi recōmandable, q̃ les Rois, Princes, grāds Seigneurs
& autres eſprits nobles & bien nez, ne trouuēt paſſe-temps plus
vertueux, ne plus digne de leur grandeur, que ceſtuy-cy.

Or nous eſperons que ces liures feront d'autant plus recō-
mandables que les anciens nous en ont donné moins de cognoiſſance : car il en ont ſi peu eſcrit, qu'on doute s'ils l'ont
prattiquée. Ie laiſſe le iugement aux plus doctes , qui ont am-
plement leu & fueilleté les autheurs.

Le premier a eſté compoſé, ou pluſtoſt raſſemblé & extraict
de pluſieurs pieces çà & là eſparſes ſans aucun ordre, par Iean
de Franchiere Cheualier de l'ordre de l'Hoſpital de S. Iean de
Hieruſalem Commandeur de Choiſy en France : retirees non
ſans grād labeur des memoires & brouïllards de trois Maiſtres
fort ſçauans & renōmez en ceſt art : ſçauoir eſt Molopin, Faucōnier du Prince d'Antioche , frere du Roy de Chipre : Michelin, Fauconnier du Roy de Chipre : & Aimé Caſſian , Grec
de nation, Faucōnier des grands Maiſtres de l'Ile de Rhodes.

Le ſecōd eſt vne Faucōnerie de Guillaume Tardif , du Puy en
Vellay, Lecteur du Roy Charles 8. & dediée à ſa Maieſté.

Le 3. eſt la Volerie de miſſire Arthelouche de Alagona, Seigneur de Marauecques , Cōſeil. & Chābel. du Roy de Sicile.

Le 4. & dernier eſt vn recueil de tous les oyſeaux de proye
qui ſeruent à la Vollerie & Fauconnerie, par G. B.

Icy dōc ſōt recueillis & mis par ordre tous les ſecrets de ceſt
art, obſeruez par lōg vſage & bien experimētez : afin que le tēps
gloutō deuorateur de toutes choſes, n'en eſgare la ſouuenāce :
& que d'autant plus ſoient aduācez les nobles eſprits, addon-
nez au plaiſir du vol du Faucon , & à la chaſſe oiſeliere.

TABLE DE LA FAVCONNERIE DE
F. IEAN DE FRANCHIERES, GRAND
Prieur d'Aquitaine.

Le premier liure.

FIN.

DE L'ART DE FAV-
connerie liure premier.

De la difference & diuerse nature des Faucons.

CHAPITRE I.

SELON ce que i'ay peu apprendre des trois maistres Fauconniers deſſuſdits, il y a ſept eſpeces de Faucons de leurre : leſquels ils (ont tout compris ſoubs ce nom general de
Faucon) pource que tous bons Fauconniers (leſquels auſſi
ont pris leur nom du Faucon) ont de tout temps appellé Faucon tout
oiſeau de leurre & de proye. Et neantmoins ont-ils donné à chacune
deſdites eſpeces vn nom propre & particulier : comme auſſi les ayans
ainſi particulierement veuz, cogneuz & nommez, ils les ont puis apres
affaittez & introduicts chacun ſelõ ſa complexion & nature. Et pource mettrons nous orendroict premierement leurs noms pour fin de ce
premier chapitre : puis aux chapitres enſuyuans declarerons de chacun à part & par ordre la complexion & la nature.   Ces ſept eſpeces
doncques ſont.

Le Faucon, dit Gentil.
Le Faucon, dit Pelerin.
Le Faucon, dit Tartaret.
Le Faucon, dit Gerfault.
Le Faucon, dit Sacre.
Le Faucon, dit Lanier.
Le Faucon, dit Thuniſian.

A

Du faucon dit Gentil, & de sa nature.   CHAP. II.

E Faucon dit Gentil, de sa nature est bon Haironnier dessus & dessouz : est bon, pareillement aux Rousseaux ressemblans aux Haironniers, aux Espluquebaux, aux Poches, aux Garsotes, & à plusieurs autres especes d'oiseaux : & principalement est bon pour la riuiere. Cestuy Gentil soit prins niais pour mettre à la Gruë, car s'il n'estoit niais il ne seroit pas si hardy : pource que venant du nid il n'a iamais rien cogneu. A ceste cause si vous l'oiselez premierement sur la gruë, il en sera plus vaillant, & en fin deuiendra bon Gruyer, pource qu'auparauant il n'auoit point veu d'autre oiseau.

Du Faucon dit Pelerin & de sa nature.

CHAP. III.

E Faucõ dit Pelerin est naturellemẽt vaillant, hardy & de bõ affaire: & est moult courtois à sõ maistre. Cestuy faucõ est dit, Pelerin, pource qu'il est oiseau de passage: & va de regiõ en autre comme qui fait vn pelerinage. Et encores dit on de luy, que iamais ne se rẽcontra homme, fust Chrestien ou infidelle, qui ait peu dire auoir veu ou trouué, où sceu où le Faucon fait ses petits, ny son aire: ains se prent tous les ans enuiron le mois de Septembre en la saison qu'il fait son passage. Quand vous en aurez recouuré aucun, aduisez premierement à l'affaicter, leurer & asseurer comme il appartient: puis le pourrez faire à la Gruë, à l'oiseau de Paradis (qui est vn peu moindre que la Gruë) au Hairon, aux Rousseaux, aux Espluquebaux, à Poches, à Garsotte, & à toutes autres sortes d'oiseaux de riuiere. Aussi le pourrez vous oiseler & aduiré pour les champs à l'Oye sauuage, aux Oustardes, aux Olims, aux Fausses perdris, & à toutes manieres d'oiseaux de menu gibier. Car de sa nature il est prompt & propre à tout faire, docile & aisé à apprendre.

Du Faucon dit Tartaret, & de sa nature.

CHAP. IIII.

E Faucon dit Tartaret, est vn oiseau qui n'est pas commun par tout pays, ains est de passage aussi bien que le Pelerin. Cestuy Faucon est plus grand & plus gros que le Pelerin. roux dessus les aisles, au surplus bien empieté & ayant longs doigts. Aucuns dient que ce sont Pelerins d'autre espece: & de fait les Tartarets sont bien peu differens de ceux que vulgairement on appelle Pelerins. Tant est que Tartarets sont oiseaux bien volans & hardis à toutes manieres d'oiseaux, & se peuuent oiseler & aduire à tout ce qui a esté dit du Pelerin. Or faictes cestuy Tartaret & pareillement le Pelerin, leurrer & voler pour tout le mois de May & de Iuin: car ils sont tardifs en leurs muës: mais aussi

quand ils commencent à muer , ils se despouillent promptement.
Cestuy Faucon se dit Tartaret de Barbarie, pource que communément il fait son passage par le pays de Barbarie où il s'en prend plus
grand nombre qu'en aucune autre contree. Comme sont aussi pris
les Faucons Pelerins és Isles de Cypre, Candie, Rhodes, & autres Isles de l'Archipel. Neantmoins en ladite isle de Candie sont en plus
grand & frequent vsage les Pelerins & Tartarets qu'en tous les autres
pays : Pource que les nobles Candiots les font & aduisent plus à la
Gruë, qu'à aucuns autres oiseaux. De fait là plus qu'en autre lieu se
treuuent Tartarets & pelerins singulierement bons & adroits.

Du Faucon dit Gerfault, & de sa nature.   CHAP. V.

E Faucon dit Gerfault est vn Faucon de grande force &
de rare puissance, singulieremét bon oiseau, specialement
apres qu'il a mué. Le Gerfault est bien empieré, & à longs
doigts, & les serres fortes. Il est fin & hardy de sa nature : &
d'autant en est-il plus fort á faire. Car il veut auoir la main douce, &
le maistre debónaire. Cestuy Faucon fait ses petis & son aire és parties
de Prusse & de Damnemarc deuers Lubec. Mais communement il se
prend és confins de l'Alemaigne en faisant son passage. Le Gerfault de
sa nature est propre à tout vol: & le pouuez oiseler & mettre à toutes manieres d'oiseaux de riuieres & de champs, comme dit a esté du
Pelerin & Tartaret.

Du Faucon dit Sacre, & de sa nature.   CHAP. VI.

LIVRE PREMIER

E Faucon dit Sacre, est vn Faucó assez grand, & plus grãd
que le Faucon Pelerin : toutesfois laid de pénage, & court
empieté. Mais si est il de grande force , & hardy à toutes
manieres de voleries , autant ou plus que le Pelerin & le
Tartaret : Toutesfois n'est il point si franc pour faire
grans efforts sur la Gruë, ou faire vn semblable fort vol, comme est le
Pelerin. Maistre Molopin dit que cestuy Sacre est oiseau de passage : &
qu'il ne s'est rencontré homme, quel qu'il fust, qui ait peu dire auoir
veu, sceu, ny trouué le lieu ou vn Sacre feist son aire & ses petits. Combien qu'és côtrees où il se prend, l'on die qu'il vient de Roussie & de
Tartarie, & delà la mer Majeur. Pource qu'és voyages que l'on fait
tous les ans vers les Indes & Isles Orientales, on le prend vers la Nato-
lie, & les contrees de leuant tant en Chipre, Rhodes, & Candie, comme és autres Isles de l'Archipel. Le Sacre encores est plus enclin & plus
propre de sa nature pour la volerie des champs, comme pour l'Oye
sauuage, Butors, Gelines de bois, Phaisans, Perdris, Lieures, & toute
autre sorte de gibier: Et est moins dãgereux en son viure: mais aussi est
meilleur pour la riuiere le Sarret, que le Sacre forme.

Du Faucon dit Lanier & de son naturel. CHAP. VII.

E Faucon dit Lanier, est assez commun en tout pays, specialement en France & és pays circonuoisins. Car il fait
volontiers son aire & ses petis aux bois sur les hauts arbres, ou és hautes roches, selon l'aisance des pays où il se
retrouue Cestuy Lanier est plus petit de corsage que le
Faucon gentil: & est fort beau de pennage , principalement apres la
muë: & est plus court empieté que aucun des autres Faucons. Et dit
Maistre Michelin que le Lanier qui a plus grosse teste, & dont la couleur des pieds tire plus sur le bleu, soit niais ou sor, est meilleur que les
autres. De cestuy Faucon pouuez vous voler en riuiere, & en plusieurs
autres manieres de volerie. Specialement est bon par les prez pour
battre les Lieures, voler Perdris, Phaisans, Chahuans, & toute autre
sorte de menu gibier. Il n'est point dangereux en son past ny en son viure: car il supporte mieux son past gras, qu'aucun des autres Faucons
de gente penne.

Du Faucon Thunifian, & de fa nature,　CHAP VIII.

E Faucon dit Thunifian, approche affez pres de la nature du Faucon Lanier : car il a femblable pennage & fem-
blable pied, toutesfois a-il le corps plus dedié, plus long deuant, & mieux croifé, & la tefte plus groffe & plus ronde, Il
eft appellé Thunifian, pource qu'il fait fon aire & fes petis au pays de
Barbarie, enuiron la ville de Thunis, qui eft l'vne des principales villes de Barbarie, en laquelle le Roy du pays refide auecques fes Gen-
tils- hommes, qui font grand compte de tels oifeaux : qui naif-
fent là , & y font bien recuillis , comme les Laniers en France,
Le Faucon Thunifian eft bon à riuiere , & à tous oifeaux hantans

ſur icelle. Encores eſt il bon aux champs (ne plus ne moins que le Lannier :) bat volontiers les Lieures, & vole tout autre gibier. Ceſtuy Faucon n'eſt pas commun ne cogneu par tout pays, ainſi que ſont autres oiſeaux: & ne s'en trouue gueres ailleurs que audit pays de Barbarie & de Thunis.

De quelques autres oiſeaux de leurre & de poing , & de leur nature.
CHAP. IX.

Aiſtre Aymé Caſſian dit, qu'il ſe trouue encores quelques autres oiſeaux de leurre & de poing, propres au deduit de la volerie, comme le Hobier, l'Eſpreuier, l'Autour, & l'Eſmerillon. combien l'eſmerillon pour ſa petiteſſe & delicateſſe ne vole gueres que aux Allouëttes & ſemblables oiſillons, & que rarement il prenne le Cailletteau & le Perdriau. Les trois autres commes ils ſont plus grands & plus forts, auſſi font ils les vols plus beaux, & plus hautes entrepriſes. Quelqu'vns ont voulu dire qu'on pouuoit dreſſer & leurrer le Corbeau & le Milan : pource que tous deux ſont oiſeaux de proye: leſquels l'on voit iournellement chaſſer de nature, & pourſuyure le gibier. Mais ce ne ſont beſtes ſi nobles comme Faucons & Eſpreuiers: leſquels ſemblent plus s'efforcer à faire vol grãd & hautain pour quelque ſentiment de gloire & honneur de la victoire, que pour appetit de la proye. Où au contraire Milans & Corbeaux ne volent & ſuiuent gibier que pour la cuiſine , & pour contenter leur appetit affamé. Auſſi ne ſe mettent ils iamais à ſuiure ne Gruë, ne Hairon, ny ſemblables oiſeaux de combat: ains ſeulement Poulets & Pigeonneaux & ſemblables, qui n'ont ne vol ny autres defenſes pour ſe ſauuer de leur bec & griffes. Et ceſte eſt la cauſe pour laquelle les Gentils-hommes & nobles eſprits ne s'amuſent à leurrer & affaitter tels oiſeaux , villains poltrons & tripiers de nature : & ſi quelqu'vn s'eſt trouué qui en ait voulu prendre la peine, ce a plus eſté par curioſité, que pour plaiſir qui en peuſt reuenir.

Quels moyens faut garder, pour faire bien voler les oiſeaux.
tant pour riuiere que pour champs

CHAP. X.

Maiſtre

Aistre Molopin estoit d'aduis, que l'oiseau volant pour riuiere, par celuy qui desiroit luy voir faire bon vol, deuoit estre
lasché contre le vent, & au dessus de son gibier, pour luy
donner autant d'auantage de sa môtée. Aussi qu'il faut conduire les Faucons à l'endroit des oiseaux de riuiere : & quãd on les verra bien à leur point, escrier lesdits oiseaux de riuiere, & les chasser en
sus, en les faisant sortir hors de l'eau. Et s'il auient qu'ils faillẽt à se bien
dresser vers la proye, il les faudra lancer à quelque poulet ou autre oiseau vif, pour les arrester, & donner bon enseignement à ses oiseaux,
que de nouuel on met à voller, tant qu'ils cgonoissent bien le vif, &
entendent mieux ce qu'ils doiuent faire. Quant à la volerie du Heron,
maistre Michelin dit, que c'est la plus noble de toutes : Aussi que le
Faucon qu'on y affecte, doit estre bien instruit à cognoistre le vif, & à
sçauoir monter. Que le Faucon Heronnier ne doit point estre em-
ployé à autre volerie que celle du Heron : pource qu'en autre volerie
quelconque ne se faict telle montee, ny effort si grand, qu'au vol du
Heron : partant est bien raison que Faucons Heronniers ne soient mis
plus bas, ny au moindre effort de volerie : attendu aussi qu'il doit bien
suffire au Gentil'homme, ou au Fauconnier, de voir son Faucon bon
Heronnier. Car si on le veut puis apres appliquer à autre legere volerie de commun gibier : il prendra incontinent vn desdain, & vne paresse
telle, qu'au lieu qu'auparauant il estoit bon Heronnier, il ne le sera plus
& s'appoltronnira de sorte, qu'il n'aura plus d'euuie de voler le Heron :
& se voudra arrester au commun gibier, qu'il aura trouué le plus aisé,
quittant & abandonnant toute violence & courageuse hardiesse : qui
reuient à grand dommage & regret à celuy, qui auoit auparauant vn si
bon Faucon Heronnier. Bien est vray, que le Sacre vole à tous oiseaux,
plus aisément que tous les autres Faucons, pource qu'il est prompt &
franc, & commun à tout : mais il est grossier d'entendement, & mal
aisé à façonner, combien qu'en fin il se rende bon, à qui voudra prendre le trauail, qui est necessaire.

Comme il faut conduire le Faucon, à bien voler pour les champs.

CHAP. XI.

Aistre aymé Cassian a dit : pource que quelques seigneurs & Fauconniers prennent plus grand plaisir aux
Faucons faits pour la volerie des chãps, qu'à ceux qu'on
fait voler pour riuiere : que pour bien instruire les Faucons au vol des champs, il faut commencer à les faire
cognoistre les chiens , & à les aymer, soit pour le poil,
soit pour la plume. Car il n'est pas possible se retirer de la volerie des
champs, le plaisir qu'on en desire, si les chiens ne cognoissent & aymét
les oiseaux, & les oiseaux les chiens. Et combien que l'oiseau de sa nature soit mal-aisé à appriuoiser, & entrer en cognoissance & amitié
auecques le chien, ne s'en faut point estonner. Car auec le temps , & la
iournaliere communication que faire on pourra de l'oiseau auecques
le chien, pour l'en asseurer , auiendra qu'en fin ils s'entrecognoistront
& s'entraimeront. Aussi les faut-il souuent mener aux champs à la volerie : car ceste hantise fera qu'ils s'entrecognoistront, & s'accoustu-
meront encores dauantage de l'vn à l'autre. Et pourra on faire bons
Faucons pour les champs, si on les tient bien curez & accommodez, en
leur baillant du premier, du second, & du tiers oiseau qu'on prendra,
vne assez bonne gorgee: & apres cela le faudra retirer petit à petit, pour
le mettre en plus grand erre: car cestuy est vn bon moyen pour mieux
luy faire cognoistre le vif, & en faisant becqueter la teste de l'oiseau
prins, & en manger de la ceruelle, & de chacun autre qu'on prendra
iusques à ce qu'on le vueille paistre à l'heure accoustumee, & lors luy
faudra donner gorgee raisonnable.

De la volerie des champs pour le gros.

CHAP. XII.

Ly a vne autre volerie pour les champs, qu'on appelle, vol
pour le gros : comme quand on fait voler le FAUCON aux
Gruës, aux Oyes, aux Butors, à l'oyseau de Paradis (qui est
quasi aussi grand que la Gruë) aux Rousseaux , (qui re-
semblent aux Herons, aux Espluquebos, aux Valerans , aux Poches,
aux Garsortes, & à plusieurs autres sortes d'oyseaux de grossiere nature, & de cuisine. En ceste volerie les FAUCONS peuuent faire bon
vol partans du poing , que l'on dit à la sourse : toutesfois ne se peu-

uent ils bonnement faire, & bien deduire à ce vol pour le gros, pour
prendre Gruës, Oyes, & autres oiseaux de fort, sans Espaigneul, ou
leurette, ou autre chien appris & façonné auecques le Faucon : duquel le vol pour le gros requiert prompt & present secours, auecques
toute diligence. Si pour ce vol de gros, & pour toute autre volerie
que voudrez faire faire à vostre oiseau, vous le voulez rendre
prompt, hardy, courageux & vaillant : il le vous faut souuent & quasi
tout le iour tenir sur le poing, & le paistre de poulets (tant que vous en
pourrez recouurer) enuiron l'heure de tierce : & apres qu'il sera peu, le
mettre au Soleil, en lieu où il ait l'eau deuant luy, afin qu'il s'y puisse
baigner, quand il luy plaira. Mesmes qu'il y puisse boire, comme bien
souuent il le desire : car le boire luy fait grand bien, & par fois le prend
tant à propos, qu'il le preserue de maladie. Toutesfois quelquesfois
auient, que l'oyseau beuuant apres vne longue maladie, par le boire se
donne la mort : d'autresfois que par le boire il se guerit. Apres celà,
soit baigné ou non, il le faut encores tenir sur le poing, iusqu'à ce
qu'on s'aille coucher : & quand on se va coucher, mettre deuant luy
vne chandelle ou lumiere, qui dure toute la nuict. Si d'auanture il s'e-
stoit baigné : le lendemain le faudroit mettre vne heure au Soleil & iusqu'à ce qu'il fust rechauffé : Mais s'il ne s'estoit point baigné, faudroit
prendre du vin & de l'eau meslez ensemble, puis l'arrouser auecques
la bouche enuiron l'heure de tierce, & apres le remettre au Soleil, & à
faute de Soleil, deuant le feu, tant qu'il soit bien sec : & si on le cognoist bien essuyé, net, & asseuré, trente ou quarante iours apres
on le pourra seurement mener aux champs, pour le faire voler au gibier. Lors si on void qu'il soit en bonne disposition & volonté de voler, le faudra laisser voler à son aise : & s'il prend, luy donner à manger de l'oyseau qu'il aura prins vne assez bonne gorgee : mais si
ce iour-là il ne prend rien, le faudra paistre d'vne cuisse ou aile de poule lauee en eau fresche : en le tenant tousiours sur le poing, ainsi que
dit est. Le lendemain le faudra encores porter à la volerie : & s'il prend
quelque chose, le traicter comme dessus, & le tenir & conduire en ceste façon, tant qu'il soit bien enoisellé : cependant le gouuerner &
conduire tousiours, auecques prudence & sage discretion : pour ce
que par fois il se pourroit mettre bas, & ne pourroit satis-
faire à la force & continuation de son vol. Autres disent, que si
l'oyseau se monstre rebelle au Fauconnier, qui prend peine de l'enseigner à bien voler, sera bon l'arrouser de rechef

d'eau chaudette ou tiede, puis le mettre la nuit au serein, & la matinee
ensuiuant le remettre au Soleil ou au feu : & quand il sera bien essuyé,
& aura bien tiré, on pourra le porter au deduit de la volerie. Et lors
s'il oiselle & prend bien, luy faudra continuer celle trempe: autrement
pourroit-il se rendre enclin à quelque mauuais vice.   Et si voulez
que les oiseaux ayment mieux le gibier, prenez de la canelle, & du succre candy, autant d'vn que d'autre: & en faites de la poudre : & quand
vous luy baillerez sa gorgee de l'oiseau qu'il aura prins, saupoudrez-en
ce que luy en donnerez, & vous le verrez puis apres bien aymer son
gibier.

Les moyens qu'on doit obseruer, pour bien instruire & gouuerner
Faucons & autres oiseaux, soient niais, ou hagars,
& les apprendre à voler & oiseler.

CHAP. XIII.

Aistre Aymé Cassian a enseigné, que pour bien appriuoiser
vn oiseau tout neuf, & le rendre à droit & prompt au vol: est
besoin en premier lieu le mettre sur le poing, puis le chappe-
ronner: & le voiller trois iours & nuits, sans le deschapperonner ou descouurir, mesmes en luy donnant à manger.
Apres ces trois iours & trois nuicts passez, il n'y aura point de danger
de luy oster le chapperon, ne de le faire manger descouuert : mais apres
qu'il sera repeu, le faudra recouurir, & ne le descouurir point, si ce n'est
pour le paistre, iusques à ce qu'il cognoisse bien la chair. Quand il commencera de s'asseurer, il sera bon de souuent le descouurir, & souuent
le recouurir: car c'est le moyen de le rendre bon chapperonnier, pourueu qu'il ait main douce, & gouuerneur patient.   Pour mieux asseurer vostre oiseau, & plustost aussi, sera-il bon de le porter tousiours, ou
le plus souuent que faire se pourra, aux lieux ausquels il y aura grande
compagnie, & plusieurs esbastemens. Lors qu'il sera bien asseuré, petit
à petit faudra le faire venir sur le poing: & en luy monstrant la barre, &
le liant sur icelle, mettre auecques luy sur ladite barre quelque poulaille viue, ou autre oiseau vif, le plus souuent qu'on pourra, & luy faire
plumer & manger à son aise & plaisir, iusques à ce qu'il en ait prins
gorge raisonnable. Apres que vous l'aurez ainsi aduit & façonné, par
quelque espace de temps, deux fois le iour, mesmes auec le leurre, le-

quel il cognoiſtra & le vif auſſi, vous le pourrez lors laſcher à tout la
filiere (qu'on ſurnomme, vn Tien le bien) en le leurrant de plus loing
en plus loing deux fois le iour. Et apres qu'il ſera bien reclamé & bien
leurré, luy faudra apprendre à roder haut en l'air, tant qu'il ſçache biē
monter & roder. Puis apres luy faudra laſcher quelque oiſeau vif : &
quand il ſera deſcendu, luy laiſſer tenir & plumer tout à ſon plaiſir, luy
en donnant gorge competante, comme a eſté dit cy-deſſus. Faudra
auſſi continuer à luy donner plaiſir ſur le leurre : de maniere que iamais
il ne voye, qu'il n'y ait touſiours quelque morſelet de chair lié ou autrement attaché deſſus iceluy : de fait cela luy fera touſiours aymer ſon
leurre & ſon maiſtre, & l'engardera de iamais ſe perdre : & continuant
d'ainſi le traicter, par l'eſpace de quarante iours ou enuiron, vous le
pourrez puis apres faire ſeurement voler. Mais ſera beſoing auparauant qu'il ſoit baigné, & nettoyé dedans le corps, & peu de chair bien
lauee & bien nette : & que chaque nuit on luy ait baillé les cures,
qu'on a de couſtume de donner aux oiſeaux volans. Au ſurplus quand
vous aurez quelque oiſeau niais, vous le faudra ſouuent paiſtre de poulaille, de chair de bœuf, ou de chevre : car les paiſſant de telle viande,
elle les empeſchera d'encliner à quelque faſcheux & mauuais vice. Et
quand ils ſeront bien arreſtez & allongez, les faudra tenir ſur le poing
enchapperonnez : & les penſer & gouuerner en la maniere deſſuſdite
au commencement de ce chappitre. Et apres les trente ou quarante
iours, mis là où il faudra voler : & au premier, ſecond, & tiers vol, bien
doucement traitez, en les retirant peu à peu, tant qu'ils demeurent en
temperature de vol, en leur arrouſant ſouuent la bouche de vin &
d'eau. Car les maiſtres deſſuſdits tiennent que les aucuns d'entr'eux
ſe veulent baigner. Toutesfois il doit bien auoir de la diſcretion, pour
le regard du rocher : pource qu'en fin l'oiſeau pourroit eſtre maigre &
bas, qui plus auroit beſoing d'vne bonne gorge, que du bain, du rocher, & de la bouche. Ce qu'il faut entendre des Faucons ou autres
oiſeaux, fiers de leur nature, leſquels ne veulent eſtre baignez.

*De la difference des Faucons, & de leurs naturelles
conditions.*

Chap. XIV.

Ifferent est le naturel des Faucõs & oiseaux de proye. Car les vns veulent oiseler & voler haut & gras, & les autres plus bas & plus maigres. A ceste cause doit le Fauconnier sur ce auoir bonne cognoissance du naturel de son oiseau, & bonne discretion pour le bien gouuerner. Car tous Faucons sont pour voler & prẽdre grands & petits oiseaux, pourueu qu'ils soient selon leur nature bien gouuernez & conduits. Car les Faucons noirs sont d'vne nature, les blancs d'vne autre, & ceux de roux pennage d'vne autre. Neantmoins ie trouue & est vray, que les Faucons blancs sont sur tous les plus hauts, & de meilleur affaire : aussi pour bien voler desirẽt ils estre tenus plus hauts & plus gras, qu'aucuns autres. Aussi se trouuera le blanc Faucon, past pour past, plus gras & plus haut, que tous autres complexions d'oiseaux: & l'occasion de cela est, que le Faucon blanc est plus doux & gracieux, & plus courtois enuers son maistre en toutes ses actions: & pource s'entretient mieux en bon estat, & plus haut en sa nature & condition, qu'aucun des autres Faucons.

D'aucuns Faucons Gentils differens des autres.

CHAP. XV.

Ntre les Faucons Gentils s'en trouue vne espece, qui est ordinairement de grand courage, mais au surplus d'assez peruerse nature. Aucuns les appellent Faucons Gẽtils d'estrange pays, & dit Molopin que telle espece de Faucõs est mal-aisée à garder saine, cõme les autres: ains se veut tenir maigre, & estre bien soignee: Car elle desire estre tenuë sur le poing, & la faut faire souuent voler: pource qu'elle en vaudra, & s'en portera mieux. & s'il auenoit, que tels Faucons fussent trauaillez des maladies, desquelles les autres oiseaux sont coustumierement vexez, ne leur faut appliquer ne donner aucune medecine: Seulement est besoing les paistre de quelque pigeon, & leur en faire boire le sang, puis emplissez vn pot neuf plein d'eau, & la faites bouïllir au feu, où il n'y ait point de fumee: & l'ayant versee en vn bassin, ou autre vaisseau bien net, apres que elle sera refroidie, & comme tiede, la faudra presenter à l'oiseau : & s'il en boit, on le pourra curer & medeciner comme on a accoustumé de faire les autres oiseaux: combien que aucunesfois, quand l'oiseau malade se met à boire, ce soit vn vray signe de sa mort: nommément quãd

il est grieſuement malade, & la bouche luy deuient blãche & palle. Tãt
est, que ſi vn tel Faucon ſe peut garder ſain : il ſe trouuera à la fin des
meilleurs qu'on puiſſe ſouhaitter: pourueu que la nuiƈt il ne ſoit point
tenu dehors: & quand on le voudra faire voler, qu'auparauant il ſoit
peu de quelque poulaille, & qu'il ait eu cure de plume auec vne iointe: s'il ſe trouue de bonne volonté, & en humeur de voler, lors le faudra-il laiſſer oiſeler tour à ſon aiſe, & à ſon plaiſir, & roder çà & là
auec les autres oiſeaux ainſi qu'il voudra. Et s'il ne fait tant de ſon deuoir, que ſon maiſtre le deſireroit, meſmes qu'il ne prenne rien,
ne s'en donner autre peine : car en luy continuant le deſſuſdict traiƈtement, il ne peut manquer à deuenir tres - bon.

Et pour bien cognoiſtre, ſi le Faucon Gentil ſera pour deuenir bon, ſelon l'aduis de Michelin, faut auiſer s'il a la teſte ronde, le bec court & gros, le col long, les eſpaules larges, les pennes des ailes ſubtiles, les cuiſſes longues, les iambes courtes, & les pieds longs, larges, & grans. L'oiſeau qui aura toutes ces conditions, bien le pourra ton tenir pour Gentil, & à cela ſe pourra bien cognoiſtre. Le Faucon Pelerin, à la verité, auance & ſurmonte de beaucoup du pied, le Faucon Gentil, car il a plus grande priſe, & plus longs doigts.

De la difference qu'il y a entre le Faucon Pelerin & le Faucon Gentil: & comme on les pourra remarquer, & diſcerner l'vn de l'autre, tant à la compoſition du corps, qu'à la maniere de voler.

CHAP. XVI.

DE ces deux manieres de Faucons, i'ay maintesfois diſcouru & diſputé auec pluſieurs excellens Fauconniers, de diuerſes nations, & comme on les peut bien cognoiſtre, & diſcerner les vns d'auecques les autres: à quoy faut bien pres auiſer: car la cognoiſſance en eſt bié ſubtile, & mal-aiſee à ceux qui n'en ont veu, & ſouuent tenu des vns & des autres. Et certainement les Fauconniers de Leuant ſont fort experts en ceſte cognoiſſance: comme ceux du Royaume de Chypre, de Rhodes, de Syrie, & de pluſieurs autres Iſles de l'Archipel, où s'en prend grande quantité en la ſaiſon du paſſage: & par ce moyen les Leuantins les ſçauent cognoiſtre & diſner naturellement. Toutesfois pource que ie ſçay, que nos François deſirent auoir l'addreſſe de les bien diſcerner & recognoiſtre: ie vous en veux icy declarer quelques enſeignes & marques. En premier lieu, le Faucon Pelerin eſt plus grand, & plus gros que le Faucon Gentil, a les iambes plus longues, les pieds plus grands, les doigts plus longs, le col plus long, la teſte plus longue & plus ſubtile, le bec plus long. Quant aux pennes des ailes, il ne les a pas ſi longues, comme auſſi n'a-il pas le col ſi long, que le Gentil: mais il a la queuë vn peu plus grande qu'iceluy. Le pennage du Pelerin grand & petit eſt tout bordé, & plus que du gétil ſor ou mué: & ſe tiét en ſor plus qu'en muë. Encores a le Pelerin la cuiſſe plus platte, & le Gentil l'a plus rõde. Et ſi on regarde tout au long du plat de la cuiſſe du Pelerin, & on y trouue tout le duuet entierement blanc, ſans aucune macule ou difference: on

ſe

ſe peut bien aſſeurer qu'il eſt Pelerin. Et ce peu que i'en ay dit doit ſuf-
fire , pour la ſeure cognoiſſance & remarque du Faucon Pelerin.
Toutesfois encores ſont les Faucons Pelerin & Gentil , bien differens l'vn de l'autre quand au vol. Car le Pelerin ſe tient mieux & plus
longuement ſon aile & en ſon vol bat plus à l'oiſir, & à ſon aiſe , que
ne fait le Gentil : car le Gentil volant ſur aile, bat plus fort & plus viſte
que le Pelerin. De fait pluſieurs Fauconniers expers , diſcernent l'vn
de l'autre au ſeul battement de l'aiſle : neantmoins dient que le Prin-
ſaut le Gentil paſſe le Pelerin, mais qu'au long vol, le Pelerin paſſe tous
autres oiſeaux , pour bon aile qu'ils puiſſent auoir. Et ſe peut dire
Pelerin, meſmement pour le paſſage qu'il fait , comme cy deſſus a eſté
dit. Encores ſe peut louër le Pelerin d'vne grande douceur & courtoi-

C

ſic qui eſt en luy : car quand il aura eu cure au matin , venuë l'heure
qu'on le deura mettre ſur le poing , & le paiſtre , ſi on le met ſur aiſle
il regardera çà & là à l'entour de luy , où il deura prendre ſa contree &
ſa proye : & s'il vnit autres oiſeaux de proye le ſuiuãs derriere ou à ſon
coſté , abbatra ce qu'il pourra de proye , pour les paiſtre : puis la laiſſera paſſant outre , pour trouuer autre gibier , duquel il puiſſe eſtre peu.
Et dient leſdits maiſtres Fauconniers , que pluſieurs fois ils ont veu
maints Faucons Pelerins de la proye par eux priſe , faire telle largeſſe
& courtoiſie aux autres oiſeaux de proye , tant ils ſont de bonne &
douce nature. I'ay pareillement ouy dire à pluſieurs eſtrangers Fauconniers , ſingulierement à ceux des pays , par leſquels ils paſſent &
repairent , comme d'Egypte , de Surie , Cypre , de Rhodes , & autres lieux circonuoiſins , qu'en ces contrees de Leuant , és lieux par leſquels ils paſſent , en la ſaiſon du paſſage , ſe prend ſi grande quantité de ces Faucons dits pelerins , que les vilains qui les prennent ,
les vendent à d'autre villains du pays , qui les achettent pour manger.   Et ſont en ces quartiers à ſi bon marché qu'ils les ont & donnent parfois pour trois ou quatre medins la piece. Le medin eſt vne
piece d'argent monnoyé , qui peut reuenir à la valeur de deux ſouls ,
de monnoye de France. Mais pource que les Mores , Sarrazins & autres gens des pays où on les prend , ſçauent que les Chreſtiens en font
cas , ils leur en enuoyent tant qu'ils peuuent , & leur vendent trente
ou quarante medins la piece. Les Pelerins Faucons , enuiron le mois
de Septembre & Octobre , paſſant au pays d'Inde la Majeur , ou ils ſe
tiennent de trois à quatre mois : puis s'en riuiennent és parties Septen-
trionnales , ſubiettes à la Tramontane , pour faire leur aire , & leurs
petis : mais on ne peut ſçauoir où ils les peuuent faire. De fait ne s'eſt
oncques trouué , ne More ne Chreſtien , comme dit eſt deuant , ou
i'ay parlé du naturel des Faucons , qui ait peu dire auoir iamais veu
aire ne petis de quelque Faucon Pelerin. Et le meſme ſe dit du Sacre. Dient auſſi les maiſtres & expers Fauconniers , qui ont longuement tenu & nourry ces deux eſpeces de Faucons : que le Faucon,
Gentil de ſa nature en toutes ſes actions eſt plus prompt , plus ardent
& plus remuant , que le Pelerin : & l'eſtiment folaſtre & outrageux , à
comparaiſon de l'autre. De faict quand ils viennent à voler enſemble , le gentil eſt plus toſt ſur aiſle , & plus haſtif à monter & à deſcendre que le Pelerin. Et quand de mal-heur il vient à faire vne faute
par deſauenture , il commence à ſe deſpiter & à ſe mettre au chan-

ge sur autre gibier, oi oyseau puissant : de manieres que souuentesfois il est bien mal aisé de les faire reuenir: Mais aucuns disent que du Pelerin tout le contraire, & qu'il est d'autre
complexion : car il est posé & attrempé en
tous ses faits, & sçait bien prendre son
aduantage tout ainsi qu'on veut.

FIN DE CE PREMIER LIVRE.

C ij

Liure Second.

CHAP. I.

NOvs vous auons cy deſſus declaré la diuerſité des Fau-cons & autres oyſeaux de leurre & de poing, & leur na-ture briefuement & ſommairement. Pource que les Gentils-hommes qui prennent plaiſir à la Fauconnerie pourront d'eux meſmes aſſez pratiquer & apprendre la nature & complexion de chacun oiſeau, ſans ce qu'il ſoit beſoin vous amuſer à plus long diſcours de cette matiere. Ie ne me ſuis point auſſi voulu arreſter à plus lōgs enſeignemens de ſiler, affai-ter & leurrer oiſeaux: pource qu'en telle petites pratiques ne cōſitent les ſecrets de l'art de Fauconnerie: & qu'il eſt aiſé à chacun de cognoi-ſtre en peu de temps tout ce qui en eſt: Mais les plus grands ſecrets que i'y voye, & que i'aye appris des trois maiſtres deſſuſdits, ſont pour cō-ſeruer les oiſeaux en ſanté, & les guerir des maladies & autres petis ac-cidens qui leur peuuent ſuruenir par fortune ou par la negligence & pareſſe de ceux qui en ont la charge. Tous leſquels ſecrets ie vous vueil enſeigner cy apres. Nōmément en ce ſecond liure les moyens de cō-ſeruer les oiſeaux en ſanté & de les guerir des maladies & accidens qui leur peuuent ſuruenir en la teſte & parties d'icelles.

Enſeignemens pour conſeruer les oiſeaux de proye en ſanté.

CHAP. II.

MAiſtre Molopin dit, que pour conſeruer Faucōs & toutes au-tres manieres d'oiſeaux de proye en ſanté, il ſe faut ſur tout garder de leur donner groſſe gorge. Specialement de groſſe chair, cōme de bœuf, porc, & ſēblables chairs de dure digeſtiō & facheuſe concoction. Encores vous faut il bien ſoigneuſement donner garde de paiſtre voſtre oiſeau de chair, dōt la beſte ſoit en rut: car vous le verriez toſt apres mourir, ſans luy en auoir donné autre oc-caſiō. Or tiennēt tous les trois maiſtres deſſuſdits que pour auoir dō-né aux oiſeaux groſſes gorges, nōmémēt de telles groſſes chairs, & au-tres chairs froides, ils les ont ſouuēt veuz ſe perdre, ou enchoir, en ma-ladies plus dāgereuſes, que toute autre maladies qui leur puiſſent ſur-uenir. Et partant vueil-ie bien admiſer tous Fauconniers de ſe don-

ner garde de bailler grosses gorges à leurs oiseaux. Et que si en
defaut de meillure chair ils sont contrains les paistre de grosse
chair, qu'ils la trempent Premierement en eauënette, freche en esté,
chaude en hiuer: puis l'espreigent: toutesfois ne leur donét trop es-
printe: car l'eau, qui est laxatiue, sera moyen de la faire plutost passer
& couler, & leur enduire la gorge: aussi leur tiendra-elle les bovaux
plus larges: lesquels se purgeront encores mieux par bas desphlegmes
& grosses humeurs que les oiseaux pourront auoir dedans le corps. Et
ce conuient il entédre des grosses chairs, dont on est par fois côtraint
paistre l'oyseau à faute d'autres: mais non des autres passez vifs & de
bonne digestion. Car faut auoir ceste discretion de recompenser &
refaire quelquesfois son oyseau de quelque bon pas vif & chaud: au-
C iij

trement on le pourroit bien mettre trop bas. Combien que donner chair lauee à l'oiſeau, non trop eſprinte toutesfois en eſté freſche en hiuer chaude, eſt bon & certain moyen de le tenir en ſanté. Diſent auſſi leſdits maiſtres, que pour entretenir tous oyſeaux en bóne ſanté, & les garãtir de maux, leur faut dónner de 15.en 15 ou de 20.en 20 iours de l'aloes cicotrin, le gros d'vne petite febue, & leur mettre au bec enuelopé de quelque petit de chair, ou d'vn boyau de geline pour leur oſter le gouſt & ſentiment de l'amertume. Et quãd l'oyſeau l'aura mis bas, le faudra tenir ſur le poing, apres toutesfois qu'il aura tenu le plus lóg temps que poſſible ſera. Apres ce, le faudra laiſſer ietter les phlegmes & coles qu'il aura dans le corps tout à ſon plaiſir: en reprenãt le reſte de l'aloes qui ne ſera point fondu, car il ſera bon pour vne autrefois. Puis ſoit mis l'oyſeau au ſoleil ou au feu enchapperonné: & ne ſoit peu de deux heures apres, qu'il lui ſera donné de quelque bon paſt vif, gorge raiſonnable. Vous pourres encores à voſtre diſcretion au lieu dudit Aloes faire vſer à voſtre oyſeau de ceſte maniere de pillules communes que les hommes prennent communément pour laſcher le vêtre & eſt maiſtre Michelin d'opinió qu'elles ſont beaucoup meilleures que ledit Aloes, pource qu'elles chaſſent par bas, & font plus grande purgation. Toutesfois de l'vn ou des autres pouuez vſer à voſtre plaſir: mais choiſiſſant les pillules, vous en baillerez à l'oyſeau vne, ou deux à diſcretion, ſelon ce qu'elles ſeront groſſes: puis apres le mettrez au feu ou au ſoleil, & ne le paiſtrez que deux heures apres & lors luy donnerez quelque bõ paſt vif, car il aura tout le corps deſtrempé.

Item par autre moyen paruiendrez-vous à ce meſme effect: Prenant d'Aloes cicotin & de graine de filandres, autant de l'vne comme de l'autre le gros d'vne febue, & le mettant dedans vn boyau de geline du long d'vn pouce en trauers lié des deux bouts, puis le faiſant aualler à l'oyſeau, de maniere qu'il le mette à bas. Puis ſoit mis au ſoleil ou au feu, & ſoit pu de poulaille ou autre pas vif deux heures apres, Ainſi voſtre oyſeau ſe tiendra ſain. Mais notez qu'à vn Autour, il ne luy en faut paſtant donner: pource qu'il n'eſt de ſi forte complexion cóme les autres oyſeaux de proye. Moins encores à l'Eſpreuier, pour ce qu'il n'eſt aſſez fort pour ſuporter ſi forte medecine. Ainſi pareillemét faut il entendre toutes les choſes deſſuſdites, à fin d'en donner a chacun oyſeau ſelon ſa complexion auec la bonne diſcretion des perſonnes, qui a ce s'appliquent.

Autre aduis a encores donné M. Molopin pour la ſanté des oyſeaux

qui eſt, quãd aucũs oiſeaux tiẽnẽt trop leur curre, ou l'on eſt en doute
s'ils ont cure ou non: en ce cas vous leur pouuez donner vn petit d'A-
loes & en defaut d'Aloes, de la racine d'vne herbe, nõmée Chelidoine
ou eſclere, le gros d'vne febue en deux ou trois lopins: & voſtre oiſeau
puis apres viendra à émeutir, & à ietter flegmes & coles: ce qui fera
grand bien à la teſte & au corps. Autre aduertiſſement à d'auantage
donné M. Caſſian: qui eſt, que pour tenir oiſeaux en ſanté, & les faire
bien voler, on les doit ſouuent baigner: & les mettre de l'eau deuant
encores qu'ils ne ſe vueillent baigner: pource que par ce moyen les oiſeaux aucunesfois prennent appetit de boire, & faire boyau, qui leur
ſert de remede & allegement aux accidens qu'ils peuuẽt auoir à cauſe
de l'eſchauffemẽt du foye ou autre intemperie du corps. Et àlors l'eau
qu'on leur preſente, eſt ſuffiſante pour les remettre en meilleur eſtat.
Ce que l'on pourra aiſément recognoiſtre au ſemblant que fera l'oyſeau ſe monſtrant puis apres plus gaillard & allegre. Soient auſſi adui-
ſer tous Fauconiers, que quand ils viendront de voler, ou de gibier, ou
d'ailleurs, & leurs oiſeaux ſeront baignez par pluye ou autre inconuenient, ils les face eſſuyer diligemment au ſoleil ou au feu: car autremẽt
ils ſe pourroient morfondre & refroidir, ou prendre rhumes en la teſte ou au corps: & de là ſe pourroiẽt auſſi engendrer le mal de pantois:
& autres maladies qui de iour à autre ſuruiennent aux oiſeaux par la
negligence des Fauconniers. Et apres qu'ils aurõt ſeiché leurs oiſeaux,
qu'ils ſe gardent bien de les mettre en lieu remugle ou rhumatique:
ains en lieu chaud & ſec, en leur metrant deſſouz les pieds quelques
draps à la perche ou deſſus le bloc. Car bien ſouuent il aduient que les
oiſeaux, qui auront battu ou feru le gibier, ou à la riuiere, ou aux
champs, auront les pieds foullez, froiſſez ou eſchauffez: & à ceſte occaſion s'engendreront les galles & cloux aux pieds, à cauſe des humeurs
qui y deſcendent & arreſtẽt: laquelle maladie (qu'aucuns appellẽt Podagre) aduient par la pareſſe des Fauconiers qui a ce que deſſus ne prẽ-
nent garde. Par ce defaut auſſi viennent ſouuent aux oyſeaux les pieds
& iãbes enflez qui ſont maux perilleux & forts à guerir. Admonneſte
auſſi M. Michelin, que pour tenir voſtre oiſeau bien ſain, vous le deuez
tous les iours faire tirer vers le veſpre auant qu'il ſe mette à dormir.
Et apres qu'il aura enduit & paſſé ſa gorge, luy dõner cure à voſtre diſcretion. Et pourrez, ſi bon vous ſemble, mettre vn petit d'aloes en ladite cure: ou bien luy bailler vne pillule qui luy pourra deſcharger la
teſte: & ce de huiĉt en huiĉt, ou de dix en dix iours.

Il y en a aucuns qui toutesfois leur en donnent bien plus ſouuent

quand ils ne veulent point faire tirer leurs oiseaux. Neantmoins faut-
il bien entendre que le tirer du matin est moul bon, apres que les oiseaux ont cure. Mais si le tirer est de plume, gardez le bien de prendre
plume: afin que ne mettiez rien en cure iusques au vespre. Car deuers
le vespre n'y a nul danger. Soient aussi aduertis le fauconniers de faire tirer leurs oiseaux contre le soleil, en les abecquant vn petit, à
discretion, selon ce qu'ils sont las & affamez, & en attendant qu'ils
voyent aller au desduict.

Maistre Aymé Cassian dit, qu'il a veu & cogneu assez de fauconniers qui iamais ne faisoient tirer leurs oiseaux, disans que ce n'est pas
bonne accoustumance, & que le tirer n'est point necessaire, ains que
les oiseaux en tirant se greuent le corps & les reims. Toutesfois il est
d'opinion contraire, & soustient que en tant que l'oiseau prend exercice a tirer raisonnablement, il en est plus sain de corps, & plus leger
de teste: comme on peut apprendre de tous exercices qui se font auec
moderation. Dict encores que ceux qui tiennent ces opinions de ne
point faire tirer leurs oiseaux sont apoltronis de paresse: qui leur procede du peu d'amour qu'ils portent à leurs oiseaux, ausquels semble
par ce moyen qu'ils craignent faire trop de bien.

Le tirer doncques soit deuers le soleil, comme cy dessus a esté dit:
car l'oiseau s'en deschargemieux des rhumes & eaux qui luy descendent de la teste: & le mettrez puis apres au preau ou à la perche au soleil, afin qu'il s'y esgaye & deduise mieux à son plaisir, puis le remettez au lieu accoustumé.

Autre remede pour oster rheumes & eaux de la teste
en lieu de tirer.

CHAPITRE III.

OIT pris agaric & mis en poudre, Hiera-piera: de ces deux
simples soit faicte vne pillule grosse comme vne moyenne
febue (Toutesfois sera bon y mettre la tierce partie moins
d'Hiera-piera que d'Agaric pour mieux lier ensemble
l'vn & l'autre.) Ceste pillule soit baillee à l'oiseau sur
le Vespre enueloppee d'vn peu de cotton, apres qu'il aura passé
la gorge. Et en default d'Hiera piera, luy pourrez donner cure
du seul Agaric du gros d'vne febue, ainsi que dit est. Laquelle luy
sera

sera cõtinuee en ceste forme par trois iours consecutifs. Apres lesquels vous pourrez voir vostre oiseau deschargé des eaux & rhumes de la teste, & encores de grosses humeurs dont il auoit le corps plein. Et de ceste maniere de cure pourrez vser de mois en mois ou plus ou moins à vostre discretion, & selon la complexion de vostre oiseau. Laquelle a esté experimenté moult profitable, mesmes contre toutes sortes d'aiguilles & filandres qui peuuent aduenir aux oiseaux. Et encores sont d'opinion les trois maistres dessusdits, & plusieurs autres experts Fauconniers, qu'à faute d'autre remede ceste pillule est bonne pour toutes maladies d'oiseaux. L'Agaric & l'Hiera-piera se trouuent aux boutiques des Apothicaires.

CHAP. IIII.

Oit pris Chamelon surmontain (dit en Latin) Siler montanus, basilicon, mil, fleurs de genest, demie once de chacun : ysope, saulge pouliot, calamitte, quart d'once de chacun : noix muscades, quart d'once, iuiubes, sidrac, borac, mommie, armoise, macis, ruë, tiers d'once de chacune: myrabolans indes, myrabolans belleris, myrabolans emplis, demie once de chacun : aloës cicotrin, vn quart d'once. De toutes ces choses soit faite poudre, de laquelle vous donnerez de huit en huit, ou de douze en douze iours à vostre oiseau (à vostre discretion :) & luy en pulueriserez sa chair iusques à la cõcurence de la grosseur d'vne moyẽne febue. Et si l'oiseau faisoit difficulté ou refus d'ainsi la prendre esparse sur la chair, mettez la poudre dedans vn boyau de geline, comme cy dessus vous a esté dit, & ainsi la prendra aiséement. Mais faut biẽ auiser que le tout soit fait nettemẽt, & qu'en quelque sorte que ce soit luy soit couuerte ou desguisee l'amertume de la poudre, de façon que l'oiseau la prenne, & la mette en bas. Et si vostre oiseau venoit à rendre sa chair au moyen de l'amertume ou force de la poudre, ne luy en faudra puis-apres plus bailler sur sa chair, mais dedans le boyau de geline, en la forme cy dessus declaree. Et se faudra garder de le paistre d'vne heure ou demie heure apres. Ainsi pourrez-vous donner de ceste poudre à vostre oiseau à vostre discretion, & selon sa complexion & bonne disposition. Car quelques fois les oiseaux sont ords par dedans le corps à l'occasion des mauuaises chairs dont on les a puz, &

D

qui leur ont fait engendrement & mouuement d'aguilles & de filandres. A cause dequoy se perdent & meurent plusieurs oiseaux. Partant era b on d'vser de la poudre dessusdite pour les conseruer en santé.

Les causes & signes du mal de teste, qui aduient pour auoir donné
aux oiseaux trop grosses gorges, & de males chairs: &
les remedes propres pour les guerir.

CHAPITRE V.

ES trois maistres Fauconniers dessusdits s'accordent sur ce point, & diēt que le mal de la teste vient & procede d'auoir donné aux oiseaux trop grosse gorge, specialement de trop grossiere & mauuaise chair, Pource que quand l'oiseau a trop grosse gorge, il ne la peut passer ne digerer: tant qu'elle vient puis apres à se corrompre & empuantir par dedans pour la tenir & garder trop longuement. Et en ce cas prend plustost mal l'oiseau maigre que l'oiseau gras: puis apres il luy est force de la remettre toute puante. Et s'il aduient qu'il la passe ainsi puante & corrōpuë ceste chair, & la puāteur d'icelle luy vint à estraindre & assecher les boyaux, de façon que les fumees & vapeurs montans à la teste luy causent vn rhume ou catarrhe qui luy reserre & estouppe les aureilles, & autres cōduits du col & de la teste: les constipant auecques le temps de telle sorte, que les humeurs qui ont accoustumé de descendre & purger le cerueau, y demeurent arrestez. A ceste cause s'enfle la teste, au moyen de la douleur & repletion: tant que nature cherchant à vuider, & se descharger de ce qui l'offence, s'efforce de ietter ces humeurs pechans par les aureilles, les narilles, & la gorge, & celà met l'oiseau en grand danger de mourir, si promptement n'y est remedié. Vous pourrez cognoistre ceste maladie de teste à ce que vostre oiseau esternuëra souuent, & sur le vespre fera les grands yeux, fermant par fois l'vn, & puis l'autre, & faisant contenance de dormir, & plus mauuaise chere qui de coustume. Il regarde aussi bien fort les personnes quand il est attaint de ce mal, & est enflé entre l'œil & le bec. Mais quand le rhume fait semblant de yssir par les yeux, les narilles, & les aureilles, lors se faut donner garde de l'oiseau: parce qu'il est en danger de se perdre s'il n'est secouru. Pour guarir ceste maladie, enseigne maistre Aymé Cassian vn bon remede. Et dit que pour purger l'oyseau, & luy alleger son mal de teste, il faut prendre lard de porc, qui ne soit rance ne trop vieil

& du plus gras faire deux lardons, comme pour larder de la chair , ou
peu plus menus, puis le mettre tremper dedans eau fresche toute vne
nuict, ou plus lõg temps, iuſques à ce qu'ils ſoient ſuffiſamment trem-
pez:en changeant l'eau par trois ou quatre fois cependantqu'ils trem-
peront: & de la mouëlle de bœuf bien nette,& du ſuccre de premiere
cuitte, autant de l'vn comme de l'autre, & les batre tres-bien enſemble : puis en faire vne pillule du gros d'vne bonne febue, ou deux plus
petites, & les donner à voſtre oiſeau en luy ouurant le bec par force
pendant qu'vn autre le tiendra. Puis ſoit mis ledit oiſeau au feu ou au
ſoleil : & toſt apres vous pourrez voir comment il ſe nettoyera & pur-
gerà des groſſieres & mauuaiſes humeurs dont il auoit le corps rem-
ply. Et apres qu'il aura bien eſmeuti par trois ou quatre fois, ſoit leué
du feu, ou du ſoleil , & remis en ſa place ordinaire : & ne ſoit pû iuſques à vne heure ou deux apres, que vous le paiſtrez de poullaile, ou
de mouton à demy gorge, Et luy ſoient baillees & continuees leſdites
pillules par la forme cy deſſus recitee par trois iours conſecutifs. Et
les trois iours paſſez apres que l'aurez ainſi purgé verſez vn peu de vinaigre en vne eſcuelle, auec poudre de poiure bien ſubtile, & les meſlez bien enſemble. Puis ouurez le bec à voſtre oiſeau , & luy frottez le
haut du palais de ceſte pouldre ainſi deſtrempee, le mettant puis apres
au feu ou au ſoleil. Ce fait vous apperceurez toſt apres qu'il ſe deſ-
chargera fort de la teſte. Mais auſſi gardez vous bien de donner de ceſte pouldre & vinaigre à oiſeau qui ſoit trop maigre. Car à peine les
pourroit il ſupporter. Tant eſt que l'oiſeau auquel vous en aurez fait
prendre , deura vne heure ou deux apres eſtre pû d'vne cuiſſe de ieune poullaile : Et le lendemain pû à ſes heures deux autrefois de gorge raiſonnable. Mais auſſi vous faut-il ſouuenir de ne luy faire plus
d'vne fois vſer de celle poiurade. Au lieu de laquelle aucuns donnent
d'vne graine qu'on appelle Saphiſagria. Toutesfois eſt ladite graine
moult forte, qui ne la ſçait attremper. Mais ſi vous en voulez donner
à voſtre oiſeau, prenez en ſeulement trois ou quatre grains, & les liez
dedans vn linge, & battez en poudre. Puis verſez vn peu d'eau nette
en vne eſcuelle: & mettez voſtre poudre dedans, & les meſlez enſemble, comme ſi en vouliez faire leſſiue : vous en mettrez puis apres trois
ou quatre gouttes és narrilles de voſtre oiſeau, lequel ce fait ſera mis
au feu o au ſoleil, ainſi que i'ay dit apres la poiurade : & vne heure a-
pres gorge de quelque bon paſt, comme de cuiſſe de ieune geline, ou
autre telle viande delicate.

D ij

Remede pour guarir l'oiseau, qui a mal aux yeux, à cause de rhume, ou distillation de cerueau.

CHAP. VI.

Vand voſtre oyſeau aura mal d'yeux (ce diſt maiſtre Molopin) prenez marguerite franche, auec deux ou trois grains de ſel, & les ayant broyez dedans le creux de voſtre main, faites en diſtiller le ius dedans les yeux de voſtre oiſeau, toſt apres il guarira. Autrement, prenez de la ſoucie (ce dit M. Michelin) & la pillez: puis faites en diſtiller le ius dans les yeux de voſtre oiſeau: & il s'en trouuera bien. Autrement, prenez de la coupperoſe blanche: ce dit maiſtre Aymé Caſſian (& vn œuf frais. Faites cuire voſtre œuf en l'eau, tellement qu'il ſoit bien dur: puis le coupez par moitié coque & tour, & oſtez le moyeau, & au lieu dudit moyeu mettez en chaſque moitié de l'œuf de ladite coupperoſe blanche auſſi gros qu'vne noiſette, puis l'empliſſez d'eau roſe par deſſus la coupperoſe, & la faites chauffer pres du feu iuſques à ce que la coupperoſe ſoit fonduë. En apres eſpreignez-le tout enſemble, & le paſſez par vn linge net, & en mettez le ius en vne phiole, duquel vous ferez diſtiller le plus ſouuent que vous pourrez dedans les yeux de voſtre oiſeau continuant par pluſieurs fois. Et vous aſſeurez que ſoit homme, ſoit oiſeau auquel mal d'yeux vous appliquiez tel remede, il s'en ſentira bien toſt guary.

Moyen ayſé & propre pour conſeruer l'oiſeau en ſanté & en bonne haleine.

CHAP. VII.

Ous auez auſſi à notter, ſeló l'aduis de maiſtre Aymé Caſſiã, que pour reconforter voſtre oiſeau & le cóſeruer en vigueur & ſanté, vous luy pourrez dóner au veſpre quatre ou ſix clouds de girofle (ſelon ce qu'ils ſeront gros) enueloppez en la cure: car ceſte choſe eſt ſouuerainement bonne à tous oiſeaux, cótre le rhume & eaux de la teſte, leur fait auoir l'haleine bonne, & leur garde de puyr, leur reconfortant au ſurplus tout le corps: mais auſſi ſuffira d'vſer deſdits clouds de girofle de ſix en ſix, ou de huit en huit iours, à la maniere deuant dite.

Remede pour le mal de rhume enraciné de long temps,
& qui procede de froidure.
CHAP. VIII.

Ous auez ouy cy deuãt les remedes propres pour alleger & guerir les oiseaux des maux & maladies qui
leur aduiennẽt à raison des grosses gorges, c'est à dire, des mouuaises chairs: maintenant verrez & oyrez
parler des remedes plus conuenables pour guerir le
mal du rhume qui aduiét aux oiseaux par froidure de
cerueau de lõgue-main enracinee. Or est-il qu'à cause de la douleur
prouenãt dudit rhume froid, le plus souuẽt les oiseaux ne peuuẽt bonnement ouurir les yeux, ne les tenir ouuerts. Et de ce mal renaissent
quelques-fois plusieurs autres maladies : comme la taye en l'œil:
(dont plusieurs oiseaux perdent la veuë) : l'ongle en l'œil, comme
aux cheuaux : & par fois aussi leur en vient la pepie en la langue, qui
s'appelle les efforcillõs. Leur aduient pareillement le mal de palais enflé, & souuent le mal de chancre: qui sont maladies moult perilleuses,
si tost n'y est remedié. Or dit maistre Cassian que telles maladies se
concreent & auiennent aux oiseaux à cause des Phlegmes & mauuaises humeurs acumulez dedans leurs corps, ainsi que si deuant a
esté dit de l'autre rhume. Aussi leur peuuent-elles aduenir pour les tenir en lieux rhumatiques & froids : & encores quand quelques-fois
on reuient des champs par tẽps pluuieux : & on remet les oiseaux baignez & mouillez au billot ou à la perche, sãs les auoir fait secher au soleil ou au feu : Pour ces causes donc auiennent souuent aux oiseaux
lesdittes maladies pour ausquelles remedier est besoin faire ce qui
en suit. En premier lieu, soit fait faire vn petit fer en forme d'espreu-
ue ou sonde, qui soit rond par le bout à la grosseur d'vn petit bois:
soit ce fer mis au feu tant qu'il soit rouge, puis en soit donné le feu
à l'oiseau malade tout au plus haut de la teste : car coustumierement
en ce lieu luy tient la douleur : mais adssi gardez bien que ne luy en
donnez trop : & luy reuersez vn peu les plumes en cest endroit : Puis
à l'heure mesmes que luy aurez ainsi dõné le feu sur la teste, prenez vn
autre fer bien subtil : delié & aigu par l'vn des bouts comme vne aiguille, lequel mettrez pareillement au feu tant qu'il soit rouge, puis
en percerez les narilles à vostre oiseau de part en part : Et au bout de
deux ou trois iours prenez vn autre fer qui soit plat par l'vn des bouts,
& enuiron de la longueur d'vn caniuet dont on taille les plumes, le-

quel mettez semblablement au feu tant quil soit rouge : puis en donnerez le feu audit oiseau du taillant dudict fer droictement enrre
l'œil & le bec : mais entendez bien, quand ie dy du taillant dudict fer:
que ce n'est pas à dire qu'il soit tranchant comme pourroit estre vn
cousteau ou trancheplume, ains suffit qu'il soit plat de ceste forme, &
rabbatu & mousse par l'endroict que i'appelle tranchant , ou taillant.
Mais ce faisant donnez-vous bien garde que le feu ne touche au tour-
nat des aureilles ny aux narrilles : aussi vous faudra-il couurir l'œil de
vostre oiseau d'vn petit drapeau mouillé, afin qu'il ne puisse estre offensé de la fumee : Et toutes ces manieres de feu se doiuent donner
deuers le Vespre : Et puis apres donner à l'oyseau demie gorge (ou
moins) de bon past vif. Or ce iour mesmes que le feu aura esté donné
à l'oiseau, le Fauconnier debura auoir fait prouision de limaçons qui
se trouuent aux vignes ou aux iardins sur les arbres & herbes : toutesfois ceux que l'on pourra trouuer sur le fenoil , & qui auront les coquilles rayes seront les meilleurs : & d'iceux en mettra cinq ou six tré-
per dedans lait d'anesse ou de cheure, & en defaut de lait d'anesse ou
de cheure, dedans lait de femme : qui sera mis en vn verre couuert, afin
que les limaçons n'en puissent sortir, Et le l'endemain matin apres a-
uoir ronpu les coquilles . & auoir laué lesdits limaçons en autre lait
fraischement tiré, en pourrez donner à vostre oiseau quatre ou cinq
selon ce qu'ils seront gros : & incontinent apres le mettre au feu ou au
soleil, d'où il ne le faudra leuer iusques à ce qu'il ait esmeuty quatre ou
cinq fois : Toutesfois s'il enduroit bien la chaleur, l'y faudroit laisser
plus longuement : pource qu'elle luy feroit grand bien : Et apres midy
le paistre d'vne cuisse de geline, ou de petis oiseaux, rats, ou sourris qui
valent encores mieux : puis le mettre en lieu chaud & non rhumatique auec bien petite gorge, & venu le vespre, qu'il aura enduit & passé
sa gorge , prenez cinq ou six clouds de giroffle qui soyent rompus
en deux, & les enueloppant en vn petit morceau dechair , faictes tant
qu'il les mette bas , par force , ou autremment en luy ouurant dextrement le bec : Continuez ceste medecine par cinq ou six iours, & vostre
oiseau guarira.

CHAP. XI.

MAistre Molopin a enseigné, q̃ pour guarir l'oiseau du rhume susdit, est bon & biẽ experimeté luy faire vser de la medecine qui ensuit. prenez du saffran & de la camomille battus en pouldre de chacun le gros d'vn petit poix, & les meslez ensẽble. puis soit pris du lard qui ne soit ne rence ne trop fort, & soit faict tremper vne nuict & vn iour, en luy changeant d'eau trois ou quatre fois: si lauerez puis apres ledit lard ainsi tempé en eau fresche & nette: & meslant ledit lard auecques succre de premiere cuitte & mouëlle de bœuf, autãt d'vn comme d'autre ensemble auecques lesdittes pouldres, en ferez cinq ou six pillules de la grosseur d'vne febue, & chasque matin en donnerez vne à vostre oiseau iusques à ce qu'il les ait toutes vsees. puis le mettez au soleil ou au feu: & ne le paissez que vne heure ou deux apres la pillule prise, que vous luy donnerez d'vne cuisse de geline, ou petis oiseaux, rats, ou souris, à demie gorge. Et au soir apres qu'il aura bien enduit, luy donnerez quatre ou cinq clouds de girofle enuelopez en quelque petit lopin de chair ou de peau de geline, ainsi que dessus a esté dit: Aussi auant ceste medecine pouuez-vous donner le feu à vostre oiseau par la forme cy deuant deduire, & semblablement luy faire puis apres vser de medecine des limaçons dessusdits.

CHAP. X.

DIt maistre Michelin, que vn iour ou deux apres que l'oiseau aura vsé des pillules dessusdites, estans par le moyen d'icelles les humeurs ia esmeuz, il sera bon prendre pouldre de poiure auec vn peu de bon vinaigre, & les battre ensemble, puis luy en frotter le haut du palais, & encores luy en faire entrer ou distiller deux ou trois gouttes dedans les narilles: puis apres le mettre essorer au feu ou au soleil & lors luy pourrez vous voir les phlegmes & mauuaises humeurs issir & couler hors de la teste. ce faict, & vne heure ou deux apres, sera pu de quelque bon past vif. Au lieu de poiure, vous pourrez vser de trois ou

quatre grains de ſtaphiſagria en la forme deuant dite : mais ne luy en
faudra bailler qu'vne fois. Et ſi vous voyez que l'oiſeau ait trop grande
peine à vuider les humeurs peccantes : iettez luy de l'eau freſche par
la teſte, & és narilles, & elles paſſeront plus legerement.

Remede pour le mal des aureilles qui vient aux oiſeaux
de rhume ou froidure.

CHAP. II.

A Vcunesfois aduient aux oiſeaux vn mal d'aureilles à cauſe
de froidure & rhume de teſte. Et ſe cognoiſt ceſte maladie
quand l'oiſeau met l'œil de trauers, & ne fait point ſi bon
ne chere que de couſtume, à cauſe des humeurs qui luy
fluent pas les aureilles : comme vous pourrez apperceuoir en y regardant. Pour remede à ceſte maladie enſeigne maiſtre Caſſian, de prendre le fer cy deſſus mentionné, qui a l'vn des bouts rond comme vn
petit pois, & de l'huile d'amédes douces, & s'il ne s'en trouue, l'huile
roſat : & apres que le fer ſera vn peu chauffé, ſoit ce bout rond trempé
dedans l'huile, lequel huile ſera fait degoutter dedans les aureilles de
l'oiſeau, & pour empeſcher qu'elles ne ſe conſtipent & eſtoupent, ſera bon faire entrer tout doucement ce bout de fer rond & ainſi trempé que dit eſt dedans les aureilles de l'oiſeau : ce qui profitera auſſi pour
faire entrer l'huile plus auant. Mais auſſi gardez vous bien de mettre
le fer trop auant, ou trop chaud : car l'vn & l'autre pourront grandement offenſer l'oiſeau. Continuez ceſte medecine par quatre ou cinq
iours conſecutifs, en luy oſtant & leuant touſiours bien doucement les
humeurs fluans aux aureilles, & luy viſitant par fois la gorge pour voir
ſi elle ſera nette : & vous en cognoiſtrez voſtre oiſeau bien toſt & bien
fort allegé : & ſera beſoin d'y pouruoir d'heure : car le tel mal aduient
aucuneſfois le chancre au cerueau de l'oiſeau : qui eſt vn mal incurable, & eſt force que l'oiſeau en meure. Vous en pourrez ſemblablement en ceſte maladie faire vſer à voſtre oiſeau des pillules de lard,
ſuccre, & mouëlle de bœuf, dont cy-deſſus au neufuieſme chapitre a
eſté faite mention : car ie vous veux bien donner aduis des vnes & des
autres, afin d'en vſer à voſtre choix.

Remede

CHAP. XII.

VN autre maladie aduient aux oiseaux que l'on appelle mal de paupieres: pource que les humeurs tombent sur la paupiere, & la font enfler au dessus de l'œil. Et si prompt remede n'y est mis, l'enfleure gaigne tout l'entour de l'œil, & par fois croist tant que l'œil mesmes en est offensé, & bien souuent se perd ou creue si l'oiseau porte longuement ce mal: Et de fait en a-on veu mourir plusieurs oiseaux, à faute d'estre à temps secourus. Or enseigne le bon maistre Cassian pour remede à ceste fascheuse maladie: de prendre ce fer rond par le bout, ainsi qu'à esté deuisé cy dessus au huictiesme chapitre: le faire chauffer, & luy en donner le feu sur la teste, ainsi qu'à esté dit audit chapitre, & semblablement de l'autre petit fer pointu & aigu par le bout luy percer les narilles par la forme deuant ditte: puis luy donner la medecine des limaçons trempez en lait d'anesse ou de cheure, ainsi qu'à esté enseigné au mesme endroit. Ou au lieu de ceste medecine, luy pourrez faire vser des pillules faites de pouldre de saffran & camomille, lard succre, & mouëlle de bœuf, comme cy dessus a esté monstré. Et si d'auenture il ne pouuoit guerir pour toutes ces choses, vsez de la medecine que maistre Molopin dit auoir extraicte du liure du Prince, dőt la recepte ensuit. Soit prise casse fistule, & la faites battre auecques l'ecorce, puis la passez par vne estamine auecques le blanc d'vn œuf meslé ensemble. De tout cela faites vn emplastre esten du sur vn linge delié, & l'appliquez sur l'œil de l'oiseau par trois ou quatre iours consecutifs. Et là où vous congnoistrez qu'il y aura plus grãds amas de phlegmes, dőnez luy en cest endroit là vne touche du cautere ou fer dessusdit. Mais aussi si vous congnoissez qu'il n'y ait autre plus apparente enflure, abstenez vous de luy bailler le feu: ains continuez luy seulement ledit emplastre. Et si feu luy voulez donner faictes mesches de papier: dont chacune soit de là grosseur d'vn fer d'aiguillette, & les ayant allumees au feu, touchez l'en tout doucement sur l'enflure: Mais sur tout donnez-vous garde de luy donner le feu trop aspre:) & par ce moyen il guarira.

E

Du mal de l'ongle, qui vient en l'œil des Faucons, de ses
causes, & signes, & des remedes propres pour
le guerir.

CHAPITRE XIII.

Vcunesfois aduient en l'œil des oiseaux, vn mal qu'on appelle l'ongle, qui vient ainsi comme aux cheuaux, quelquefois de coup, quelquefois de froidure & mal de teste: autresfois au moyen du chapperon, qui trop longuemēt & rudement aura pressé & foulé l'œil de l'oiseau, & autresfois par autres accidens que l'on ne peut éuiter. Ce mal d'ongle se cognoist & apperçoit, quand l'on voit comme vne petite taye en l'œil de loiseau, qui luy vient comme vne bande couurir peu à peu le coin de l'œil du costé du bec estant vn peu noire pardeuant: & c'est pourquoy on l'appelle longle. Et aduient souuent lors qu'elle surmonte la prunelle de l'œil, qu'elle le creue ou perd tout à fait. Pour y donner prompt & seur remede enseigne maistre Cassian, de prendre vne petite aiguille bien subtile enfilee de fil de soie, & en enfiler & enleuer l'ongle bien doucement & dextrement: puis auec vn petit ciseau coupper mignonnement ledit ongle, en la forme & maniere que les bons mareschaux ont accoustumé de le coupper aux yeux des cheuaux: mais aussi donnez vous bien garde d'en trop couper: car l'œil en demeureroit trop laid & difforme. Ce fait soit l'œil arrousé de bonne eau rose par trois ou quatre iours consecutifs: & par ce moyen l'oiseau guerira.

Remedes pour guarir l'oiseau, qui a eu coup en l'œil.

CHAP. XIIII

Duient parfois que l'oiseau a mal en l'œil à raison de quelque coup qu'il a receu. Et dit maistre Cassian, que si le mal est encores petit, & resent en luy lauant l'œil d'eau rose & d'eau de fenoil meslées ensemble en egale quantité, il en resentira prompt allegement. Maistre Molopin enseigne, que si l'oiseau a coup en l'œil, il faut prendre de l'herbe aux Harondelles, vulgairement appellée chelidoine ou esclere, la broyer, en tirer le ius, & le mettre en l'œil de l'oiseau: lequel par ce moyen

guarira. Et ſi ne pouuez finer de ceſte herbe verte, trouuez en de ſeiche & en faites pouldre, laquelle auec vn bout de plume vous ſouffl e-
rez dedans l'œil de l'oiſeau malade. Et ſi n'en pouuez recouurer ny
verte ny ſeiche, prenez la ſemence de Iuſquiane & la broyez, & du ius
mettez luy dedans l'oeil, & il guarira.

Remede pour le mal de la taye en l'œil des oiſeaux, qu'au-
cuns appellent, verole.

CHAP.　XV.

Ne maladie aduient aux yeux des oiſeaux , appellee
plus communement, la taye en l'oeil & par aucuns dicte verole : qui procede du mal de la teſte & de rhume, chéant ſur les yeux par froidure . Et encores ce mal
peut venir de ce que le chapperon touche trop longuement ou ſerre trop fort le deſſus de l'œil de l'oiſeau. Pour remede à
ce mal, maiſtre Caſſian ordonne qu'on face & donne à l'oiſeau la medecine deuant ditte au chapitre cinquieſme de ſe ſecond liure , com-
poſee de lard, de ſuccre, & mouëlle de bœuf, cy deſſus deuiſee pour
purger & nettoier le corps de l'oiſeau. Et faut qu'elle luy ſoit cõtinuee
par trois ou quatre fois à diuers iours. puis le mettre au feu ou au ſoleil, & puis apres le paiſtre d'vn bon paſt vif, vt ſupra : & le bien garder du vent & d'humidité. Apres que voſtre oiſeau aura eſté ainſi
purgé, ainſi la taye ſe montre & deſcouure fort, lors luy faudra donner le feu au haut de la teſte: & pareillemẽt l'autre petit feu entre l'œil
& le bec, en la maniere ditte cy deſſus au chapitre huictieſme de ce
liure, où nous auons enſeigné les remedes pour guarir le rhume. Puis
apres vous luy lauerez l'œil de bonne eau roſe : & ſi voyez que
beſoing ſoit , luy pourrez auſſi appliquer, comme deſſus a eſté
dit , du ius ou de la pouldre de l'herbe d'Arondelle , appellee Eſclere. maiſtre Molopin a laiſſé par eſcrit, que pour remede prompt
& ſeur à ce mal de ſa raye en l'œil, que luy meſme appelloit , ve-
rolle, faut prendre de l'eſcaille d'vne Tortue, & la mettre bouillir dedans vn pot neuf, puis la bien batre, & mettre en pouldre, qui ſoit
puis apres paſſee au trauers d'vn linge bien delié, ou d'vne eſtamine. Prendre auſſi vne de ces coquille de mer , qui ſont longues
en maniere d'vn cor, & la faire bien cuire au feu , tant qu'on la

puiſſe batre & en faire pouldre bien ſubtile : qui ſoit puis apres paſſee par vn linge bien delié ou eſtamine, comme a eſté dit de l’autre
pouldre d’eſcaille de Tortuë. Prendre encores ſuccre candy en pouldre, & de toutes ces trois pouldres faire vne compoſition, y mettant
autant de l’vne que de l’autre, & les meſlant fort bien enſemble. De
ceſte compoſition & miſtion mettrés puis apres dedans l’œil de l’oiſeau malade, luy continuant ceſte medecine iuſques à ce que le voyez
bien guery.

Le bon maiſtre Michelin a enſeigné encores vn autre remede : qui
eſt de prendre vn œuf frais, & y faire vn petit pertuis par lequel on en
puiſſe tirer tout le blanc de dehors. Le blanc ainſi tiré faut prendre
de bonne eau roſe & de la pouldre de ſang de dragon, & les mettre dedans ledit œuf auec le moyeu qui y ſera demeuré, & le tout bien battre & meſler là dedans enſemble auecques vn petit baton. Puis prendre de la paſte, & en boucher & couurir tellement ledit œuf que rien
n’en puiſſe ſortir : puis le mettre au feu & le faire cuire tant que la paſte
deuienne noire ou rouge quand le tirerez hors dudit feu. Prenez puis-
apres tout ce qui ſera dedans l’œuf, & en faictes pouldre bien ſubtile,
que vous paſſerez par vn linge bien delié ou eſtamine, & de ceſte pouldre mettrez dedans l’œil de voſtre oiſeau malade, continuant iuſques
à ce qu’il ſoit bien guery : l’arrouſant toutesfois par interualle d’eaux
de fenoil & de roſes meſlees, comme cy deſſus a eſté dit Maiſtre Molopin à encores laiſſé recepte d’vne autre pouldre, qui dit eſtre ſouue-
raine pour remedier à ce mal : Prenez, dit-il, fiante de Lezart, dit Pro-
uençal, & en faites pouldre : prenez, auſſi pouldre de ſuccre candy, &
de ceſte plus que de l’autre, & les meſlez bien toutes deux enſemble,
depuis en mettez dedans l’œil malade de voſtre oiſeau, & le lauez &
arrouſez par fois des eaux de roſes & de fenoil. comme cy deſſus a eſté
dit. Et eſt ceſte pouldre de ſingulier effait ſur toutes autres, ce dit le
dit maiſtre Molopin.

Du mal de la couronne du bec, de ſes cauſes & ſignes,
& des remedes propres pour le
guerir.

CHAP. XVI.

Vcunesfois aduient vne maladie fur la courône du bec de
l'oifeau, qui decharne ledit bec d'auecques la tefte, Et
dit maiftre Aymé que c'eft côme vne fourmiere qui leur
mange par dedans ladicte couronne: d'ont l'oifeau eft
fouuent en bien grand danger. Ce mal pourrez vous apperceuoir lors que verrez ladite courône du bec deuenir rouffe & peu
à peu defcharner, & feparer d'auecques le bec & la tefte. Or enfeigne
le bô maiftre Caffiã que pour remedier à cefte maladie; Faut prédre fiel
d'vn bœuf, ou d'vn toreau (qui vaut mieux) & le rôpre & efpãdre dedans vne efcuelle : puis mefler & deflaier parmy ledit fiel de l'Aloes cicotrin à difcretion, & tant que de raifõ: De cefte mixiõ oignez la courône du bec & fourmiere de voftre oifeau deux fois le iour, iufques à
ce qu'il foit guery: Mais l'en oignãt gardez-vous biẽ de toucher à l'œil
ny aux narilles : pource que celà luy pourroit beaucoup nuire.

Remedes pour le mal des narilles & du bec.

CHAP. XVII.

Duiẽt auffi par fois aux oifeaux vn mal qui leur fait enfler les
narilles tout à l'entour: & leur monte aucunesfois iufques à
la couronue du bec, & puis fe fait vne croufte laquelle fe venant puis apres à leuer, le bec fe trouue tout defcharné par deffoubs:
Encores par le moyen de ce mal efchet bien fouuent, que l'oifeau ac-
cueille plufieurs petits pouls en la tefte, qui luy couurent & defcendẽt
iufques fur le bec, & entrent dedans fes narilles: Et adoncques l'oifeau
fe donne des pieds efdites narilles, dont luy procede cefte maladie.
Pour prompt & feur remede à ceftuy mal, dit maiftre Caffian qu'il
faut prendre du papier, & en faictes des petites mefches groffes comme
vn fer d'efguillette. Puis prendre & tenir l'oyfeau dextrement, & apres
auoir allumé lefdites mefches à vne bougie, luy en donner le feu fur
l'enflure: mais qu'il ne luy foit donné trop afpre: Apres foit oingt
l'endroit auquel on luy aura donné le feu d'vn peu de greffe de geline,
& par ce moyen il quarira, Aucuns ont efté d'aduis de luy donner le
feu d'vn fer rond: mais il eft plus dangereux que le feu des mefches ou
alumettes fufdites.

E iij

D'vn autre feu qui se donne aux narilles des oiseaux pour les embellir.

CHAP. XVIII.

L se rencontre des oiseaux qui de leur naturel ont les narilles fort petites: aucuns Fauconniers qui pour le cuide embellir, leurs y donnent le feu: mais le plus souuent au lieu de les amender ils les gastent. Toutesfois si pour cest effet vous prend fantaisie de donner le feu à vostre oiseau, faire le pourrez en ceste maniere. Prenez vn caniuet de moyenne taille, & le faites chauffer bien chaut, puis appuyez-le doucement & dextrement sur le bord de la narille de l'oiseau, en esleuant sa main à fin de toucher plus sur le dehors: mais mieux vaudra que ce soit du taillant dudit caniuet, pour luy donner le feu moins paroissant: puis oignez l'endroit eschaudé d'vn peu de gresse de geline : & vous sera leur moyen de rendre à voftre oiseau plus belles narilles.

Du mal des barbillons, qui vient dedans le bec des oiseaux, de ses causes & signes, & des remedes propres pour les guarir promptement.

CHAP. XIX.

Duient aux oiseaux aucunesfois à l'occasion de rhume ou froidure descendant de la teste sur le bec & machoires, vn mal appellé, les barbillons, ou fourchillós: lequel s'égendre dedans le bec de l'oiseau, & luy fait enfler, & puis se rend & s'estend iusques à la langue, de sorte qu'il luy fait perdre l'appetit. Et en fin croist de façó que les oiseaux ne pouuás plus serrer le bec, sót forcez de mourir. Qui est vne maladie partant moult dangereuse. Pour laquelle bien cognoistre dés le commencement d'icelle, prenez l'oiseau, & luy ouurez le bec; & luy contemplez bien la langue & les barbillons s'ils sont plus enflez que de coustume. Et pour vous en esclaircir d'auantage, vous pourrez prendre vn autre oiseau, & luy ouurir semblablement le bec, pour voir s'il aura la langue & les barbillons en mesme point, que celuy que pensez malade: & par ceste conference discerner le poiut & la grandeur du mal. Pour remede maistre Molopin au liure du prince enseigne, qu'il faut prendre amendes douces ou huille d'oliues lauee en quatre ou cinq eaux puis auec vne plume de ceste huille arrouser la gorge & la langue de l'oiseau

trois ou quatre fois le iour, cinq ou six iours durans. cependant si
vous voyez que l'oiseau ne puisse paistre, taillez luy la chair en petits
morceaux, & luy ouurant le bec dextrement & doucement faictes la
luy aualler auec vn petit baston:Mais ne luy donnez que demie gorge
de moutõ ou de poulaille. Ces cinq ou six iours passez, luy soit ouuert
le bec dextrement & auec vn petit cizeau ou caniuet taillé le bout des
barbillons, tant que le sang en sorte: mais aussi gardez vous bien d'en
tailler trop : Apres ce soit l'oiseau oingt & arrouié de sirop de meures
par dedans la gorge, & quelque temps apres d'huille d'amende douces & d'oliues, & continuez tant qu'il soit guary.

Du mal de chancre, de ses causes, signes, & des remedes propres pour les guarir.
C H A P. XX.

E mal de chancre aduient souuent aux oiseaux puz de mauuaises chairs, & de grosses gorges, qui baillees leur ont esté
sans preallablement les lauer ou tremper, ou sans les mon-
der en hyuer d'eau chaude, en esté d'eau froide. Ce qui est
bien souuent cause de grosses flegmes & autres mauuaises humeurs
s'engendrent dedans le corps & les entrailles des oiseaux : les quelles
venans puis apres à s'esmouuoir, montent ou font monter des fumees en la teste, qui causent vne eschauffaison de foye, & font puis
apres paistre & croistre le chancre en la gorge & en la langue de l'oiseau. De cestuy mal vous pourrez apperceuoir, lors que le paissant
vous le verrez laisser choir ce qu'il prend auec le bec, ou l'aualler à bié
grande peine. Et alors luy ouurant le bec vous luy apperceuerez le
chancre en la gorge ou en la langue. Pour guarir ce tant fascheux
mal, maistre Cassian enseigne, qu'il faut prendre huille d'amendes
douces, ou huille d'oliues, lauee ainsi qu'il à esté dit au chapitre precedent, & luy en oindre la gorge & la langue trois ou quatre fois le
iour:Puis apres faire vser à l'oiseau des pillules de lard, de succre, &
mouëlle de bœuf, ainsi que cy dessus elles ont esté deuisees, & ce par
trois ou quatre iours consecutifs. Et ce fait luy donner le past de poulaille ou chair de Mouton gressee de l'huile dessusdite. Et si cest huille d'amendes, ne sera point besoin qu'elle soit lauee. Mais vous faudra
voir & visiter le chancre : Et si vous le trouuez blanc ayez vn petit
fer fait par l'vn des bouts en forme de racloire ou ratissoire, & par
l'autre bout taillant. Si la langue est trop chargee de chancre,

& tant qu'il ne se puisse tirer auecques la racloire, fendez luy bien dextrement & doucement auecques le taillant du long du costé de la langue, puis dudict raclet rasclez toute telle blancheur de chancre que vous y verrez & trouuerez, & gardez bien que rien ny demeure : Puis prenez vn peu de cotton pour essuyer le sang de la langue. Et si tant estoit que l'autre costé de la langue fust pareillement chargée de chancre, fendez le tout ainsi que l'autre, puis prenez l'herbe dicte, Capilli Veneris, & en tirez le ius, & l'en arrosez : Et si ne trouuez de ladite herbe, prenez vn peu de vinaigre : Mais encores mieux vaudra le ius de limon : duquel lauerez sa langue & sa chair iusques à ce qu'il soit du tout bien guery. Encores enseigne maistre Michelin vn autre remede tel qu'il ensuit. Prenez, dit-il, du sirop de meures, & en oignez bien la langue & la gorge à l'oiseau qui aura le chancre par deux ou trois iours consecutifs. Ayez puis-apres du camphre en poudre, du succre candy, ou autre succre blanc, autant de l'vn comme de l'autre, & meslez bien tout ensemble : & de ceste poudre mettez-en vn petit dessus le chancre : car si vous en mettiez par trop, il le pourroit manger trop asprement : mais y en mettant mediocrement, encores donnera elle atteinte au fort chancre iusque à la racine : puis apres soit l'oiseau pu de chair bonne & fresche de Volaille ou de Mouton : laquelle ait esté preallablement lauee en bonne huille d'oliues ou d'amendes douces.

Du mal de la pepie qui vient aux Faucons sur la langue à cause de rhume, de ses causes & signes, & des remedes propres pour la guerir.

CHAP. XXI.

E mal de la pepie vient le plus souuent en la langue des Faucons, à cause qu'ils ont esté puz de mauuaises chairs & puantes, qu'on leur a baillees sans lauer ou nettoyer : à ceste occasion s'engendrent phlegmes & grosses humeurs dedans leurs corps & entrailles, dont les fumees & vapeurs leur montent puis en la teste : lesquelles puis apres condensees en pituité leur descendent sur la langue, & de leur corruption s'y engendre la pepie au bout d'icelle, tout ainsi que l'on voit aduenir aux poulailles. Vous apperceuerez cestuy mal lors que verrez vostre oiseau souuent esternüer, & apres auoir esternüé faire vn cry par deux ou trois fois. Ce que luy voyant faire, le prendrez, & luy visitant la langue trouuerez la pepie au dessous

foubs d'icelle. Pour y donner remede, dit maiftre Molopin au liure du
Prince, qu'il faut prendre bonne eau rofe, & d'vn morceau de cotton
attaché au bout d'vn petit bafton & trempé en icelle eau rofe frotter
& lauer tres-bien la langue à l'oifeau: puis apres d'huile d'amandes
douces, ou d'oliues, ainfi lauee comme cy deffus a efté enfeigné, luy
oindre la langue deux ou trois fois le iour par trois ou quatre iours
confecutifs. Ce fait vous verrez la pepie toute blanche & mollifiee:
& alors prendrez vn caniuet, & de la pointe d'iceluy foufleuerez
la pepie en la tirant tout doucement dehors, ainfi que l'on accouftu-
mé de la tirer aux poulailles. Mais donnez vous garde de ne la tirer,
tant qu'elle foit bien mollifiee: car autremét vous pourrez faire à l'oifeau grand mal & grand dommage. Et n'oubliez, apres que luy aurez
ofté la pepie, de luy oindre & arroufer (trois ou quatre fois le iour)
la langue de l'vne des huilles deffufdictes iufques à ce qu'il foit guary.

Du mal de palais, qui enfle aux oifeaux par froidure & rheume
de tefte, de fes caufes & fignes, & des remedes pro-
pres pour les guarir.

Chap. XXII.

Duient aux oifeaux par fois vne autre maladie, qui eft, que
e palais leur enfle, pource qu'ils font morfondus, & chargez le rheume en la tefte, Ce mal pourrez vous cognoiftre & apperceuoir, lors que verrez voftre oifeau ne pouuant & n'ofant bonnement ferrer le bec: & au furplus faire chere trifte & mauuaife plus que de couftume, & mettre aue-
ques bien grande peine fa chair en bas. Voyant cela fi vous luy ouurez
le bec, vous luy trouuerez le palais blanc & enflé. Mais auffi ayát trouué quelque commencemét de ce mal, il vous faudra bien diligemmét
vifiter le bec de l'oifeau, & regarder s'il y a aucune chofe qui l'empef-
che de le ferrer ainfi que de couftume: Car aucunesfois le bec croift &
furmonte d'vne bande plus que de l'autre, & fait cefte excrefcence que
l'oifeau ne peut pas refferrer le bec à fon droit point.

Pour remede à ce mal enfeigne maiftre Caffian, qu'il faut faire des
pillules de lard, fuccre, & moille de bœuf, compofees par forme cy
deffus enfeignée, & en donner à l'oifeau malade chafque matin vne
ou deux par l'efpace de quatre ou cinq iours. Et ne le paiftre iufques à

F

vne heure ou deux apres la prise desdites pillules : mais à son past luy donner chair de mouton ou poulaille arrousee des huiles dessus-dictes. Ces cinq ou six iours passez, luy faudra ouurir le bec, & auec-ques la racloire mentionnee cy dessus au chapitre du chancre, luy ra-cler tout doucement ceste blancheur apparoissant en son palais. Tou-tesfois si vous apperceuez que l'enfleure soit diminuee, ne sera besoing d'y faire autre chose : ains seulement luy continuer l'arrousement des huiles susdites. Mais si l'enflure se trouuoit haute outre mesure, vous la luy pourriez fendre au long, ou vn peu gerser sans entrer trop auât, pource qu'on le pourroit legerement faire mourir. Puis apres ayant espraint du ius de l'herbe de Capilli Veneris, l'en pourriez lauer par dessus le mal : & tousiours luy arrouser son past des huiles dessusdites iusques à ce qu'il fust bien guary.

Du mal des sangsues, de ses causes & signes, & des reme-
des propres pour le guarir.

CHAP. XXIII.

Vcunesfois il aduient, que les oiseaux se baignans en eaux coyes & croupies, ou en fontaines limonneuses, s'amuse à y boire, & lors leurs entrent petites sangsues dedans la gorge, ou dedans les narilles : lesquelles vien-nent puis-apres à s'enfler du sang qu'elles boiuent dedans le corps de l'oiseau : qui bien souuent en chet en peril de mort à faute d'y donner bon & prompt remede. De ce mal vous pourrez apperce-uoir, voyant la sangsue se remüer dedans la gorge de l'oiseau lors que il prend son past, & aucunesfois se monstrer par les trous des narilles. Pour remede à ce mal, dit maistre Aymé Cassian, qu'il faut prendre quatre ou cinq punaises toutes viues, & les mettre sur vn charbon de feu ardent : puis faire ouurir la gorge à l'oiseau, & luy faire pancher la teste sur ledit charbon, de façon que la fumee de ses punaises bruslan-tes luy puisse entrer en la gorge & és narilles : car lesdictes sangsues y seront incontinent qu'elles auront senty ladite fumee, cherront de-hors. Autre remede extraict du liure du Prince enseigne maistre Mo-lopin : Prenez, dit-il, deux ou trois gouttes de ius de limon, & les faites degoutter dedans les narilles de l'oiseau, verrez qu'inconti-nent apres il mettra les sangsues dehors. Encores a dit maistre Mi-

chelin, qu'en mettant de la moustarde sur les narilles de l'oiseau, il a
par plusieurs fois experimenté que des sangsues en sont issues.

Du mal des machoires, qui vient dedans le bec, de ses
causes & signes, & des remedes propres
pour les guarir.

CHAP. XXIV.

Vcunefois aduient dedans le bec des oiseaux vn mal, que
les Fauconniers appellent vulgairement, le mal des mas-
choires : & procede le plus souuent de trop leur serrer le
chapperon, ou de ce que le chapperon est trop petit. Aduient aussi par fois du rheume de la teste, qui leur descend sur le dos du
bec. Vous apperceurez ce mal de ce que l'oiseau ne pourra bonnement ouurir ne fermer le bec. Pour remede à ceste maladie enseigne
maistre Aymé Cassian, prendre de l'huile d'amandes doulces, & en arrouser tres bien la gorge & l'os du bec de l'oiseau par trois ou quatre
iours consecutifs. Et au defaut de ceste huile d'amande prendre de
bonne huile d'oliues, & la lauer en l'eau deux ou trois fois, & luy en
faire semblable arrousement : mesmes luy en oindre & lauer sa chair,
comme a esté dit cy dessus. Aussi dit ledit maistre Cassian que pour
oster la premiere & principale cause du mal, il sera bon luy faire prendre des pillules de lard, succre, & moüelle de bœuf, par la forme cy
deuant plus au long deduitte.

Du mal de bec, de ses causes & signes, & des remedes,
propres pour le guerir.
CHAP. XXV.

N autre mal & fascheux inconuenient aduient par fois
aux oiseaux par la faute des Fauconniers qui les gardent &
pensent. Qui est vn certain mal de bec, qui le fait rompre & esclatter. Et procede de ce qu'en paissant les oiseaux, aucunesfois il leur demeure quelque petit de
chair au dessus du palais près le bout du bec : laquelle chair se vient
puis-apres à pourrir, & pourrissant corrompt & gaste le bec de l'oiseau tellement qu'on le void se rompre & cheoir par esclats. Autres
fois aduient aussi ce mal à faute d'affiner & appointer le bec à l'oiseau

ainsi qu'il est requis: car il croist tant d'vne part & d'autre, qu'en fin est
force qu'il se rompe : & puis s'y engendre vne formiere, qui les fait esclatter & dechoir. Pour remede à ceste maladie, dit maistre Aymé
Cassian qu'il faut prendre l'oiseau , & diligemment luy visiter le bec,
en le luy taillant & bien nettoyant. Et si on y trouue formiere, la lauer & nettoyer aussi tres bien, tant qu'on la mette dehors,

Du haut mal ou Epilepsie, dont les oiseaux tombent,
par fois, de ses causes & remede propres
pour les guarir.

CHAP. X.

IL aduient quelques fois que les Faucons tombent de l'E-
pilepsie ou haut mal : & leur procede ce mal , comme
dient les maistres Fauconniers , de certaine chaleur de
foye qui leur fait monter les fumees au cerueau, & puis
apres tomber du haut mal. Pour remedier à ce fascheux
inconuenient, maistre Molopin au liure du Prince, dit qu'il faut chercher derriere la teste de l'oiseau, & là on luy trouuera deux fossettes,
lesquelles il luy faut chauffer d'vne verge d'airain ou fil de richard, & il
guarira. Et si celle recepte ne profite, faites celle qui cy apres ensuit.
Prenez le petit fer rond, duquel a esté cy dessus , & le faites fort
chauffer: puis luy en baillez le feu sur la teste par la maniere deuant
dicte : mais que ce soit doucement & dextrement: car autrement le
pourriez tuer. Ce fait prenez lentilles rousses,& les mettez secher au
four, & en faites pouldre subtile : & encore de la limure de fer la plus
deliee que pourrez trouuer, autant de l'vn côme de l'autre,& les meslez & battez fort ensemble auecques du miel de mousches recent. Puis
en ayant fait des pillules de la grosseur d'vn moyen pois, prenez vostre
oiseau, & luy en faites aualler deux ou trois: le tenant puis apres tousiours sur le poing, tant qu'il ait esmeuti vne fois ou deux: puis soit mis
au feu ou soleil, ne soit pu iusques à deux ou trois heures apres, que
vous luy donnerez d'vne aile de pigeon : luy continuant ceste façon
de medecine & regime iusques à sept ou huit iours consecutifs.
Et ce pendant soit ledict oiseau tenu de nuit à la frescheur,&
de iour en lieu obscur. Autre recepte pour guarir de ce mal
enseigné maistre Aymé Cassian , disant qu'il faut tendre à l'o-

feau la peau deſſus la teſte à l'endroit des foſſettes deſſuſdictes , & la
ſont petites veines ou arteres qu'il faudra ſerrer & lier auec vn petit
fil de ſoye : puis apres oindre & engreſſer ceſt endroit de ſang ou
greſſe de poulaille· & conſequemment luy donner des pillules de lentilles & limure de fer par la forme cy deſſus eſcrite, par l'eſpace de
ſept ou huiĉt iours. Et de nuit ſoit tenu au ſerain & au vent, & de iour
en lieu obſcur, comme cy deſſus a eſté dit,& deux ou trois heures a-
pres ſoit pu d'vne aiſle de pigeon ou de volatille de moyenne gorge:
Mais donnez vous garde de tenir autre oiſeau pres de luy, ou le paiſtre ſur meſme gand : Car ceſte maladie eſt dangereuſe & côragieuſe ,
& pourroit prendre à autres oiſeaux qui en ſeroient approchez, ou
puz ſur le meſme gand.

FIN DE CE SECOND LIVRE.

F iii

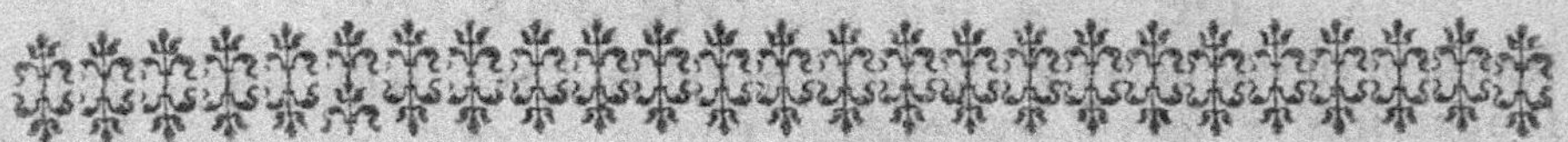

Liure Troisiesme.

CHAPITRE. I.

AV liure precedent nous vous auõs declaré & enseigné au plus pres de bien qu'il nous a esté possible, tous les moyés laissez par escrit & monstrez par ces trois bons & excellés maistres Fauconniers cy dessus nommez, tant pour cõseruer Faucons en santé, que pour les guerir des maladies & accidens qui leur peuuent aduenir en la teste & parties d'icelle : Or reste il maintenant à vous declarer par ordre les maladies qui suruiennent en & dedans le corps des oiseaux, & les remedes propres & requis pour icelles guarir & saner, & remettre les oiseaux au premier & bon estat de leur santé : Ce que i'ay entrepris vous enseigner en ce troisiesme liure · & ne vous rien celer des notables secrets & bons enseignemens que i'ay peu par experience apprendre & sçauoir des trois maistres dessusdits: nommément du bon maistre Aymé Cassien, qui surtous a esté expert & bien experimenté en ce noble art de Fauconnerie.

Du mal de la pierre, ou de la croye qui aduient aux boyaux ou bas fondement des oiseaux : de ses especes, causes & signes, & des remedes propres pour le guarir.

CHAP. II.

OR pour y commencer, vous serez aduertis qu'il aduient souuent aux Faucons vn mal de pierre (qu'aucuns maistres Fauconniers ont voulu appeller, mal de croye) qui les tourmente & vexe merueilleusement. De ce mal de pierre y a deux especes, l'vne se prend & demeure aux boyaux & intestins de l'oiseau: L'autre se tient au bas du ventre pres

du fondement : & se peuuent bien guerir & tirer toutes deux ensemble. Si dict maistre Cassian, que le mal de la pierre, dicte Croye, vient à l'oiseau de manger mauuaises viandes & grosses chairs, lesquelles leur opillent & aboutissent tous les boyaux & le ventre ainsi que cy dessus a esté dit en parlant, du mal de rheume qui prend aux oiseaux par la teste, Et de telles ordures & bouttesses leur aduient vn eschauffemét de foye: Lequel estant ainsi excessiuement eschauffé, leur desseiche les boyaux de telle façon qu'ils ne peuuent esmeutir, & faut que la mort s'en ensuiue, si on ne leur donne prompt & seur remede. La pierre du bas intestin pres le fondement procede de l'ordure que fait l'oiseau à l'esmeutir : & se concree, ladicte pierre au bout du boyau cullier, ou fondement : & deuient tant grosse, que l'oiseau ne

la pouuant ietter dehors, deuient tout maigre, & alangoury, &
en fin demeure conſtipé de telle ſorte qu'il luy conuient mourir,
Toutesfois quand le Faucon eſt de ſa nature chaud & gras, il la iette
bien dehors. Vous pourrez apperceuoir ce mal de pierre ou croye,
lors que vous verrez voſtre oiſeau eſmeutir piece à piece: Car lors
ſe commenceant la croye à engendrer & concreer, le paſſage des
inteſtins deuient eſtroit, d'autant qu'en emporte & eſtouppe la pierre, qui commence à ſe former : Et quand vous le verrez eſmeutir à
deux fois coup ſur coup, & à vne autre fois vn peu plus retardee,
lors vous pourrez eſtre aſſeuré que la pierre ſera formee dedans le
corps. Encores veux-je bien vous aduertir, que luy voyant le fondement eſchauffé & ſortant vn peu dehors les plumes de ſon brayer ordes de ſon eſmeutiſſement, & le voyant pareillement ſouuent mettre
ſon bec dedans ſon fondement, & lors pourrez vous bien ſeurement
apperceuoir qu'il aura la pierre ou croye au fondemēt. Encores quand
il eſmeutit, & fait ſemblant de ſe coucher ſur le poing du Fauconnier
qui le tient, & a les yeux troubles plus que de couſtume, ſçachez qu'il
à la pierre pres du fondement: & pource qu'il ne la peut vuider, eſt en
danger apparent de mourir. Pour remede à ce mal, dit maiſtre Aymé
Caſſian qu'il faut faire vn petit lardon de lard frais & non rance, de la
groſſeur d'vne plume d'Oye, & de la longueur d'vn poulce en trauers:
puis prendre Aloes cicotrin en poudre, & en poudrer entierement ledit lardon: apres auoir pris l'oiſeau, & luy auoir dextrement ouuert
le fondement, luy mettre là dedans ledit lardon, en la forme qu'on
baille aux hommes vn ſuppoſitoire : Et ſi le lardon eſt trop tendre
mol pour entrer dedans le fondement de l'oiſeau, ſoit embroché d'v
ne plume de geline, laquelle neantmoins ne debura paſſer tout outre
ledit lardon car paſſant outre, elle pourroit faire grand mal à l'oiſeau.
Par le moyen doncques de ladicte plume pourrez-vous plus aiſement
paruenir à l'effect dudit lardon, mais auſſi vous la faudra il tout doucement retirer apres que verrez le lardon entré dedans le fondement
de l'oiſeau. Ce fait prendrez des limaçons, & les ayant preparez & ac-
couſtrez en la forme dicte cy deſſus au 8. chapitre du ſecond liure, en
baillerez à voſtre oiſeau ainſi que audict chapitre a eſté plus à plein
deuiſé: Et luy ſera baillee ladicte medecine de limaçons incontinent
apres luy auoir mis le lardon dedans le corps. En defaut de limaçons,
vous luy pourrez bailler auſſi les pillules cōpoſees de lard, mouëlle de
bœuf, & ſucre, par la forme cy deſſus deduicte au cinquieſme &

neufiefme chapitres dudit fecõd liure. Puis fera mis l'oifeau au feu ou
au foleil, & ne fe fera pu iufques à vne heure apres midy. et fi voyez
qu'il endure bien le feu ou le foleil, laiffez ley plus longuement, car la
chaleur luy eft fort profitable : puis foit peu d'vne cuiffe de geline à
demie gorge ou peu plus, & fi pouuez recouurer rats ou fouris, ne faillez à l'en faire paiftre. Car trop mieux valent que pigeons ou gelines.
Er ne foit tenu au vens, finon quand il fera grand chaud. Puis apres au
vefpre quand il aura enduit, luy foyent donnez cinq ou fix clouds de
girofle enueloppez en vn petit de cottõ ou peau de geline, ou rompus
vn peu auecques les dents : Soit cefte forme de medecine continuee
par trois ou quatre iours, (excepté le lardõ fuppofitoire qui ne fe doit
donner qu'vnesfois) & par ce moyen fera fort bien purgé voftre oifeau. Mais auffi donnez-vous bien garde, qu'il ne remette hors les
clouds de girofle. Car meilleure drogue ne plus propre ne pouuez-
vous donner à l'oifeau malade, fpecialemēt de rhume de la tefte,
combien qu'en toutes manieres de filandres, & autres maladie, celuy foit fort idoine fecours, Maiftre Molopin au liure du Prince a enfeigné encores vn autre bon remede à ce mal de pierre : Soit prins, dit-
il, le fiel d'vn petit cochon de laid, aagé de quinze iours ou trois fep-
maines, & mis au bec de l'oifeau de telle addreffe & dexterité qu'il le
puiffe aualler fans le rompre , & fans rien en remetre ou reietter :
puis luy foit donné vn petit lopin du cœur d'iceluy cochon de la groffeur d'vne febue moyennement groffe : Et l'ayãt puis apres mis au feu
ou au foleil, laiffez le ainfi ieufner iufques au vefpre. Cefte medecine
eft moult propre & bien approuuee pour tous aifeaux de proye qui
ont mal de pierre ou de croye. Mais fi c'eftoit vn autour ou vn efpre-
uier qui euft cefte maladie de la croye, ne luy en faudroit dõner qu'v-
ne fois : & aux autres oifeaux eftans de plus forte nature & complexiõ
n'y oura dãger de leur en faire prendre par trois diuers iours. Or l'heure du vefpre venue, vous paiftrez voftre oifeau de poulaille, ou mouton, ou biẽ de quelques petits oifeaux. Et le lendemain aiez lait de cheure, fi en pouuez recouurer, finon prenez lait de femme, & y trempez
la chair dõc voudrez paiftre voftre oifeau : Si ainfi le paiffez trois iours
à petite gorge, fans doubte il fe guarira. Autre remede enfeigne encores maiftre Michelin, pour ceftuy mal de croye ou pierre, difant. Soit
faicte la medecine deffufdicte de lard, mouëlle de bœuf, & fuccre en
pouldre de moyenne cuitte : & faffran en pouldre, moins la moirié
que de fuccre , & des trois autres autant de l'vn que de l'autre : Mais

G

que le lard ait trempé, ainsi que cy dessus a esté dit, par l'espace de
vingt & quatre heures, luy changeant l'eau trois ou quatre fois, & soit
mis de nuict au serain: Puis soyent faictes vos pillules de la grosseur
d'vne moyenne febue, & vne ou deux d'icelles (à vostre discretion)
donnees à l'oiseau qui soit mis au feu ou au soleil, & puis apres à son
heure peu de mouton ou de poullaille par raison: continuez ceste medecine par trois ou quatre iours, luy donnant, si bon vous semble, des
cloux de girofle, par la forme cy deuant enseignée, & vous l'en verrez
bien fort allegé. Luy mesmes à laissé par escrit & enseigné encores
autre bon remede. Prenez, ce dit-il, le cœur d'vn mouton, & l'ayant
couppé en petis morceaux, mettez-le tremper en lait d'anesse ou de
cheure, ou de femme, tout vne nuit: Et le l'endemain matin poul-
drez vostre lait d'vn petit de succre de premiere cuitte, puis de ce
cœur de mouton ainsi trempé dedans ce lait soit pu vostre oiseau
raisonnablement. Si luy continuez par trois iours ceste medecine,
vous le trouuerez grandement soulagé de son mal de croye, & en
pourrez faire vser indifferemment à tous oiseaux sans nul danger.
Autre recepte pour guarir ce mal a enseigné maistre Molopin. Prenez, dit-il, d'vne herbe appellee, Nasitort, & la pillez dedans vn mortier: puis en prenez le ius, & le mettez dedans vn boyau de geline long
d'vn poulce en trauers, qui soit lié par les deux bouts: presentez puis a-
pres ce boyau au bec de vostre oiseau, & faites tant qu'il l'aualle &
mette en bas. Et si ne trouuez du nasitort, recouurez s'il est possible,
d'vne autre herbe comme, Theodin, de laquelle vous ferés comme de la precedente: Puis boutez vostre oiseau au feu ou au soleil, &
ne soit pu iusques à qu'elque my-iour de quelque bon past vif: pource que telle medecine luy aura destrempé tout le corps, laquelle
neantmoins vous continuerez par deux ou trois iours: ou moins, selon ce que verrez que la premiere prinse aura fait bonne ou moindre
purgation. Et par ce moyen vostre oiseau guarira. Autre recepte
pour guerir ce mal, encores maistre Molopin, dit au liure du Prince: Prenez, dit-il, semence de Lambrusque pesant vn tournois, semence d'espargoutte pesant vn tournois, semence de persil pesant
vn tournois semence d'Ache pesant vn tournois, succre de premiere cuitte vne dragme, graine de Staphizagria pesant vn tournois, la moitié de la coquille d'vn œuf, vn demy septier ou peu
plus d'eau de riuiere bien nette, & mettez le tout ensemble en vn
petit pot n'euf, & le faites bouillir tant qu'il vienne à la moitié moins.

Apres soit coulé & passé par vn linge delié, Puis soit prins casse fistule le pesant d'vn tournois, Turbithile, le pesant d'vn tournois. Hermodactyles le pesant de deux tournois, Aloes dit cicotrin pesant trois
tournois: Et de tout ce soit fait pouldre subtile, qui soit mise dedans
ladite eau boullie auec les autres mixtions. Puis mettez ladite eau
ainsi mixtionee dedans la vessie d'vn porcelet, au col de laquelle
vous attacherez bien proprement le tuyau d'vne plume d'oye ou de
quelque autre oiseau pour seruir de conduit au clystere que voulez
bailler à vostre oiseau, & le lierez si bien que rien n'en puisse sortir ou
eschapper : Puis apres appliquerez tout doucement ledit tuyau
au fondement de vostre oiseau, & luy ferez peu a peu entrer toute
ladite eau dedans le corps, par la mesme forme & maniere que vous
voyez bailler les clysteres aux hommes. Puis soit mis au soleil ou au
feu: & ne soit pu iusques apres midy, que vous luy donnerez de la
cuisse d'vne ieune volaille: & par ce moyen il quarira. Or deuez vous
sçauoir & notter diligemment, que de toutes les receptes cy dessus
declarees vous pouuez choisir celles qui vous sembleront mieux à
propos:& d'icelles vser a vostre bonne discretion, pour donner guarison à vostre oiseau malade de la pierre ou croye dessusdite.

Du mal des filandres, qui aduient aux Faucons en plusieurs parties interieures
de leurs corps, & des remedes pour les guarir: Et de ses especes, causes
& signes, & premierement des filandres de la gorge.

CHAP. III.

Es maistres Fauconniers dient & tiennent pour chose asseuree, que tous oiseaux ont des filandres : Dont ils font
trois sortes ou manieres communes & ordinaires: & en a-
toustent vne, 4.espece, pire que les autres(qu'ils nomment
aiguilles): dont sera cy apres parlé en son lieu & ordre. De toutes ces
quatre manieres de filandres aucuns oiseaux en sont plus, & aucuns
moins affligez. Et leur aduiennent ces maladies pour auoir esté puz
& nourris de grosses & mauuaises chairs, & aucunesfois puantes
ou autrement mal nettes : à cause de quoy s'engendrent & multi-
plient en leurs corps les humeurs grosses & vicieuses, qui font lesdites filandres Par fois aussi leur aduient ce mal, du vol qu'ils peu-

uent auoir fait, soit aux champs soit eu riuiere: C'est à sçauoir,
quand l'oiseau volant abattre sa prinse, & s'efforçant à l'abbatre s'est
rompu quelques pitites venes dedans le corps: & à ceste occasion s'espand le sang dedans ses entrailles, & là se seiche & caille, dont viennent & s'engendrent ces filandres en grand nombre. Et puis pour
la puanteur du sang ainsi caillé & figé, qui est tout corrompu de ians
le corps, comme estant le sang hors de ses vases, les filandres viennent
à cercher le plus net du corps pour fuir celle puanteur, & montent
ou au cœur de loiseau ou iusques à la gorge, tellement qu'il en meurt.
Lors quelques vns disent que l'oiseau est mort du mal de la teste, ou
de croye: mais ils s'abusent, car il est mort de filandres, ou d'aiguilles, qui pis est. Or nous dirons premier des filandres, l'abondance
desquelles est aucunesfois si grande, qu'elles viennent à monter iusques à la gorge des oiseaux & iusques au pertuis pres du palais, car où
l'oiseau prent & remet son haleine, & par iceluy montent ou cerueau,
dont aduiēt qu'ils en peuuent mourir. Et pourrez cognoistre, que l'oiseau aura cest inconuenient à la gorge, si quand vous l'aurez pu, les
filandres sentans la frescheur de la chair se remuent en telle maniere
que verrez vostre oiseau qui se prend à bailler souuentesfois, pensant
se courre & ietter ces filandres dehors, dont par fois viennent à ietter leur gorge. Encores pourrez cognoistre que l'oiseau a des filandres en la gorge, quand il s'y grattera du pied: adonc soit pris gentiment, & luy soit regardé dedans la gorge, & vous les verrez remuer
dedans icelles. Pour faire mourir lesdictes filandres, dit maistre Aimé
Cassian, Prenez vne grosse raue, & faites vn trou dedans, en maniere d'vne fossette, & l'emplissez d'eau, & puis mettez ladicte raue dedans la braise bien chaude, & en luy changeant la braise tant qu'elle
soit bien cuitte par l'espace de demie heure ou plus. Et si vostre eau
se diminue, remplissez tousiours vostre dite fossette: combien que de
sa nature la raue rende assez d'eau. Apres soit mise la raue en vne
escuelle, & pressez tout le ius tant qu'il ne demeure rien. Puis prenez
saffran en pouldre du gros d'vn petit pois, & le mettez en la dicte eau,
& luy en lauez sa chair quand le paistrez, & ne luy en donnez que demie gorge. Et si d'auenture il ne se peut paistre, gardez la luy iusques
à ce qu'il ait plus grand appetit de manger. Si vous luy continuez ceste
medecine par trois ou quatre iours continus, sans doubte mourront
lesdictes filandres, & guarira vostre oiseau.

D'vne autre espece de filandres, qui viennent aux estraines & aux rains
des oiseaux: & des remedes propres à les guarir.

CHAP. IIII.

IL y a vne autre espece de filandres qui s'engendrēt & concreent pareillement dedans le corps des oiseaux: lors qu'il
se retrouuent chargez de grosses humeurs, ordures, & pu-
trefaction: dont naissent lesdites filandres: puis cherchans
quelque endroit plus net, montent aux reins & aux estraines des oiseaux, qu'ils persent & gastēt, tellemēt que tost apres on les voit mourir. De ceste espece de filandres vous pourrez apperceuoir, lors qu'or-
rez vostre oiseau crier & se plaindre la nuit, auec vne voix lamentable
cōme, crac, crac, Encore autrement le pourrez vous descouurir, quand
portant au matin vostre oiseau sur le poing vous sentirez qu'il vous e-
straindra plus fort qu'il n'auoit accoustumé: & il fera semblant de se
coucher sur la main, ou se plumer sur le dos à l'endroit des reins ou
estraines. Et lors tenez vous tout asseuré que les filandres ou aiguilles
des reins le tourmentent: & qu'il est en grand danger de mort, si vous
n'y donnez quelque bon & prompt remede. Lequel, si vous en voulez
croire le bon maistre Aymé Cassian, sera tel. Vous prendrez des lentilles des plus rouges que vous pourrez recouurer: & les ferez biē essuyer
& secher au soleil, ou deuant le feu: & prēdrez aussi de la graine à vers
la moitié moins toutesfois que lesdites lentilles, puis de tous ces deux
simples meslez ensemble, ferez pouldre bien deliee & subtille, laquelle
vous delayerez en huille d'olif: puis en ferez vne emplastre, que vous e-
stendrez sur toile ou cuir, & puis l'appliquerez sur les estraines ou reins
de l'oiseau: & la chāgerez apres qu'elle y aura demeuré quatre ou cinq
heures. Et par ce moyen ce dit maistre Cassian, mourront lesdictes filandres. Vne autre recepte enseigne maistre michelin pour faire mourir lesdites filandres. Prenez, dit-il, fueilles de pescher, herbe de ruë, &
herbe de mente: & apres les auoir bien pillees en vn mortier, tirez &
exprimez-en le iust: puis dedans ledit iust delaiez de la poudre à vers:
& en faites emplastre sur toile ou cuir, qui puis apres soit appliquee sur
les reins de l'oiseau, deux fois le iour: c'est à dire vne fois au matin, &
autrefois au vespre, & ainsi continuée par quatre ou cinq iours. Et cestuy vous sera vn bon moyen pour faire mourir lesdites filandres.

G iij

D'vne autre espece de filandres qui viennent aux cuisses des Faucons: & les remedes pour les guarir.
CHAP. V

Vtre maniere de filandres (lesquelles aucuns ont appel-
lees , vers) viennent aux cuisses des oiseaux. Et s'engendrent à l'occasion de ce que par fois les negligens ou mal
aduisez Fauconniers mettent leurs oiseaux sur la perche
sans chapperon : qui est cause de les faire debattre à grande force: tellement qu'ils se rompent par fois les venes des cuisses, specialement les oiseaux Hagars plustost que les sors. Par ce moyen le
sang escoulant des venes rompues s'espand au long des cuisses, & encores au long du bas ventre entre cuir & chair: & de ce sang ainsi caillé
& corrompu se concreent & engendrent puis apres tant de vers ou filandres : qu'il est force à l'oiseau de mourir. Encores aduient par fois
cest inconuenient à l'oiseau, de ce que se battant sur le poing du Fauconnier, il se donne aucunefois forte escousse, & le Fauconnier qui le
porte par colere ou autrement luy en redonne aussi par fois vn autre,
qui est cause de luy faire rompre les venes , & engendrer (ainsi que cy-
dessus est recité) lesdites filandres. Desquelles vous pourrez apperceuoir, voyant vostre oiseau se plumer souuent les cuisses & le ventre, &
en faire choir des plumes. Pour remede à ces vers ou filandres , maistre Molopin enseigne & commande de faire à l'oiseau malade , la medecine ou emplastre du ius de fueilles de pescher, ruë, & mere & pouldre à vers, dont a esté mise la recepte au chapitre precedent cestuy. Ou
bien du ius desdites fueilles & herbes , lauez les cuisses & le ventre de
l'oiseau malade deux fois le iour par quatre ou cinq iours: & sans doute mourront lesdits vers & filandres, & vostre oiseau guarira.

D'vne autre espece de vers ou filandres, que l'on nomme vulgairement aiguilles , &
sont pires que toutes les autres: & des remedes pour les guarir.
CHAP. VI.

Ncores y a il vne autre quatriesme espece de vers ou filandres, plus dangereuses & pernicieuses que toutes les autres,
qui sont nommees aiguilles , à cause qu'elles sont plus courtes & subtilles que les autres filandres qui montent à la gorge & aux e-
straines. Les aiguilles s'engendrent & concreent és corps des oiseaux,

à cauſe des mauuaiſes humeurs qui y abondent, comme nous auons
dit des autres . Mais elles ſont beauconp pires, pource que fuians la
puãteur deſdites humeurs corrompues,& cherchãs lieu plus net, paſſent au trauers des boyaux,& montent iuſques au cœur. Et ſi plus toſt
n'i eſt remedié, l'oiſeau ne peut fuir qu'il ne meure. Vous vo⁹ pourrez
apperceuoir de ce mal d'aiguilles , lors que voirez voſtre oiſeau s'eſ-
courre deſſus le leure Ou quãd le tenant ſur le poing , vous le ſentirez
vous eſtreindre & ſerrer beaucoup plus fort que de couſtume. Pour
remede à ce mal des aiguilles , enſeigne maiſtre Molopin ceſte medecine. Prenez dit-il , Staphizagria , & de l'herbe de Barbarie ou rheubarbe aurãt de l'vne cõme de l'autre:& de l'aloes cicotrin autant que
des deux autres enſemble,& ayant tout mis en pouldre, meſlez les biẽ
'vn parmy l'autre:puis enueloppez ladite pouldre en peau de geline,
ou en cotton la groſſeur d'vne noiſette , & la faites aualler à voſtre
oiſeau. A preſ ce donnez luy de la chair auſſi gros qu'vne febue: puis le
mettez au feu,ou au ſoleil:& ne le paiſſez iuſques apres midy , que vous
luy donnerez demie gorge. Si vous luy continuez ceſte medecine par
trois iours conſecutifs · vous y cognoiſtrez grand amendement, Mais
auſſi ſoiez aduertis de ne faire vſer de ceſte Pouldre à vn oiſeau qui ſoit
meigre: car il ne la pourroit endurer : Soiez auſſi aduiſez de luy mettre
ſur ſa chair du poil de porc taillé bien menu: car il luy pourra grandement profiter. Vn autre bon & ſeur remede pour le mal des aiguilles,
a enſeigné maiſtre Michelin au liure du Prince : duquel vous pourrez
aider & accõmoder au defaut du precedent. Prenez, dit-il , de la corne de Cerf, & la mettez au feu, tant qu'elle ſoit tres bien cuitte,& cõme reduitte en charbon, puis apres qu'elle ſera bien refroidie, mettez-
là en pouldre bien ſubtile. Prenez auſſi d'vne groſſe graine, que l'on a-
pelle en Latin Intibus , autant comme ladite corne , & la mettez pareillement en pouldre : Prenez encores de la pouldre à vers , autant
comme des deux autres : & de l'aloes cicotrin la moitié moins que de
la pouldre de corne de cerf:& de la theriaque, qu'on appelle vulgairement triacle, la moitié moins que dudit aloes. Et toutes ces choſes
bien meſlees enſemble, ſoient deſtrempees dedans du miel,& leſdites
pouldres y mixtionnees peu à peu , tant qu'elles ſoient reduites en
maſſe pour faire pillules : leſquelles vous pourrez former puis apres
de la groſſeur d'vne noiſette, & en donner tous les matins à voſtre oiſeau par l'eſpace de cinq ou ſix iours : & toſt apres ſoit peu à demie gorge. Et ſi la premiere fois que luy en aurez donné vous.

apperceuez qu'il ait vouloir de remettre dehors les iours ensuiuans
vous pourrez enueloper ladite pillule de peau de geline ou de cottõ,
comme auons cy dessus remonstré. Et tiennent lesdits maistres Fauconniers, que ceste forme de medecine est vn prompt & seur moyen
pour faire mourir lesdites aiguilles. Maistre Aymé Caissiã dit, que pour
remede à ce mal d'aiguille est propre la medecine cy dessus recitee,
& par luy enseignee pour les filandres. Prenez, dit-il, de l'herbe de ruë,
& de l'herbe d'absinte, (ou encens puant) autant de l'vne que de l'autre, fueilles de pescher autant que des deux autres: pillez tout ensemble, & en espreignez le ius: dedans lequel mettrez puis apres vn peu de
la pouldre à vers: puis mettrez la medecine ainsi cõposee en vn boyau
de geline, & en faites vser en la maniere dessusdite à l'oiseau malade
des aiguilles. Aussi soyez aduisez que de tous les remedes cy dessus re-
citez vous pouuez faire vser à vostre oiseau, selon vostre bonne discretion, tant pour les filandres que pour les aiguilles. Mais donnez vous
bien garde de donner à vostre oiseau fortes medecines, s'il n'est haut
& gras: autrement ils ne les pourroit supporter.

Des apostumes qui s'engendrent aucunesfois dedans le corps des oiseaux: de
leurs causes & signes, & des remedes pour les guarir.

CHAP. VII.

Ouuent aduient que dedans le corps des Faucons, s'engendrent & forment grosses & dangereuses apostumes:
& leur vient ce mal, pour prendre trop les hayes & les
buissons: ou pour trop se debatre, soit sur le poing, soit
à la perche: de frapper sur leur proye, en quoy faisant
ils se froissent, & s'eschauffent puis se refroidissent, & de ce leur vient
l'apostume. De ce mal vous pourrez prendre indice & demonstration
quand vous verrez les narines de vostre oiseau souuent s'estouper, &
le cœur luy battre bien fort dedans le corps. Pour remedier à ce mal,
enseigne maistre Molopin au liure du Prince ceste medecine. Prenez
dit-il, le blanc d'vn œuf, & le battez bien fort, & des fueilles de chou,
que ferez piller, & en esprindre le ius, puis le mesterez auecque le blanc
de l'œuf battu, & en cõposerez vne medecine: laquelle vous mettrez
dedãs vn boyau de geline, & la ferez le matin prendre à vostre oiseau
que vous ferez puis-apres tenir au feu ou au soleil, & ne le paistrez iusques apres midy, que luy dõnerez d'vn cœur de moutõ, ou d'vne ieune
poulaille. Le lẽdemain prẽdrez du rõmarin, q̃ ferez brusler & reduire
en cẽdre & pouldre: de laquelle vous luy poudrerez sa chair quand le

voudrez

voudrez paiſtre à diſcretion. Puis par trois iours luy donnerez du ſuccre : & le quatrieſme iour enſuiuant retournez à luy donner de telle
pouldre ou cendre de Rommarin, changeant ainſi le ſuccre & la pouldre de trois en trois iours, par l'eſpace de quinze iours : pendant leſquels aduiſez ſoigneuſement à le tenir chaudement iour & nuict, &
ne le paiſtre que de bon paſt à moyenne gorge.

ALou eſchauffement de foye aduient aux oiſeaux, par la faute des Fauconniers qui les gouuernent : c'eſt à ſçauoir, pour
les paiſtre de groſſes, & mauuaiſes chairs, le plus ſouuent
vieilles & puantes à faulte de les lauer & nettoyer : ou au defaut de
ce qu'ils ne ſont baignez, & qu'on ne leur donne l'eau commode &
neceſſaire quand il en eſt meſtier : ou par trop & longuement les faire
voler à iun : Qui ſont tous moyens de faire eſchauffer le foye de
l'oiſeau. De ce mal vous pourrez apperceuoir, voyant voſtre oiſeau auoir les pieds fort eſchauffez, & la gorge changée de couleur,
& comme blanchie à cauſe des fumées montant du foye eſchauffé :
Mais ſi vous trouuez que la langue luy deuienne noire, lors le pourrez
vous croire en grand danger de mort. Pour remede à ce mal, maiſtre
Aymé Caſſian enſeigne pour prompt & propre remede, la medecine
cy deſſus enſeignée pour le mal de teſte, & le mal de pierre : C'eſt à
ſçauoir, de limas detrempez en lait d'aneſſe ou de cheure, par la forme cy deſſus d'eſcritte au ſecond liure chapitre huictieſme : & luy en
donnez au matin par trois ou quatre iours conſecutifs : Et ſi ne pouuez recouurer des ſimples requis pour ladicte medecine : vous pourrez vſer de l'autre medecine, de lard, de mouëlle de bœuf, & de ſuccre, deſcritte au cinquieſme chapitre dudit ſecond liure, & en donner par chaſque matin à voſtre oiſeau l'eſpace de quatre ou cinq iours.
Car par la purgation des humeurs vicieux qu'il aura dedans le corps,
luy fera diminuer la chaleur du foye : Puis apres vous le pourrez paiſtre de mouton ou poulaille baignee en lait : & luy continuer ce paſt
huict ou dix iours : Car le lait eſt vn ſimple fort propre pour temperer
la chaleur du foye : Mais auſſi gardez vous bien de luy donner à manger pigeons, ny autre gros paſt. Apres que voſtre oiſeau aura eſté

H

purgé par le moyen des medecines dessusdictes, & la langue luy sera
amendée: Prenez huile d'amendes douces , & si n'en trouuez, prenez
huile d'oliues lauee deux ou trois fois,& luyen arrousez la langue auec
vne plume, & la gorge trois ou quatre fois par iour : puis d'vne petite
racloire d'argent ou d'autre metail, raclez luy la langue & la gorge iusques à ce qu'il soit bien guary: mais sur tout souuenez vous de luy lauer tousiours son past dedans du lait. Cependant si tant estoit malade
qu'il ne peust manger, gardez vous bien de l'abandonner : mais auec
vne petite fourchette ou vergette mettez luy sa chair à petits morceaux tout doucement dedans la gorge, & tant auant qu'il la puisse
aualler & mettre bas. Car ce n'est que le mal de la langue enflee, qui
le garde de manger: & partant ne doibt estre abandonné. Maistre Michelin enseigne encores la medecine qui ensuit pour rafreschir le
foys de l'oiseau. Prenez, dit-il, de la Reubarbe, & la mettez en lieu frais
tremper toute vne nuict en belle eau claire: & de ceste eau lauez le l'endemain la chair dont voudrez paistre vostre oiseau , luy continuant
ceste medecine par quatre ou cinq iours, vous verrez que le foye luy
retournera en bon estat, & guarira. Mais aussi deuez vous entendre que
ceste eau de Reubarbe pourra profiter à l'oiseau qui ne sera tant ord
dedans, comme cy dessus a esté declaré. Car si ainsi estoit qu'il eust
boutesse dedans le corps : mieux luy vaudroyent les autres medecines
dessusdictes.

Du mal de Chancre qui vient de chaleur de foye, & des remedes pour le guarir.

CHAP. IX.

AVCVNESFOIS aduient qu'à l'occasion de l'excessiue chaleur eschauffant le foye de l'oiseau, le chancre le prent en la
langue ou en la gorge: Pour à quoy obuier & remedier , dit
maistre Aymé Cassian qu'il luy faut faire vser de la medecine dessusdite faite de limaçons : ou de l'autre composée de lard,
mouëlle de bœuf, & succre, le tout par la forme & maniere cy deuant recitée ausdits cinquiesme & huictiesme chapitres du second
liure. Et luy soit lauee sa chair de lait ou d'huile d'amendes douces , ou d'huile d'oliues , au defaut de l'autre : & en soit le chancre arrosé deux ou trois fois le iour tant qu'il soit bien blanc & meurt:
puis raclé auecques la racloire tant qu'il n'y demeure rien. Et si

chair morte s'y prenoit, mettez y vn peu d'Alum en poudre : & continuez le lait ou huille deſſuſdicte tantque voſtre oiſeau ſoit bien
guary.

IL y a de trois ſortes de Pantais : qui eſt vn mal
dont les oiſeaux ſont bien ſouuent affligez : Ceſt
à ſçauoir de pantais de la gorge : l'autre pantais qui
vient de froidure : & le tiers qui aduient aux reins
& rongnons des oiſeaux : comme de chacune d'i-
celles ſera cy apres parlé en ſon lieu & ordre . Or
ce mal de pantalais de la gorge aduient aucunefois
de ce que l'oiſeau eſtant fort, ſe debat ſur la perche ou ſur le poing : &
ſe debattant ſe rond aucunes petites venes du cerueau , puis s'eſpand
ſur le goſſier le ſang eſcoulant des venes rompues , & ſe deſſeche , & e-
ſtant ſec ſe defait par petites eſcailles : Puis de rechef l'oiſeau ſe debat,
& ſe debattant eſmeut quel-qu'vne deſdites eſcailles, qui luy viennét à
couurir quelques conduis approchans de la gorge, & lors il commence à pantaiſer, Puis de rechef viens à ſe debattre, & ſe debattant faict
approcher leſdictes eſcailles plus pres de la gorge : leſquelles par fois
ſe mettant de trauers, & luy empeſchent tellement la reſpiration & le
cours de l'haleine, qu'en fin il eſt forcé de mourir. Et à la verite c'eſt ceſte eſpece de pantais que fait principalement & ordinairement mourir les oiſeaux. Defait qui en voudra faire preuue plus certaine , face
ouurir & fendre la gorge à l'oiſeau que l'on croit mort de ce mal du
pantais : & on y trouuera l'eſcaille ou eſclat qui en aura donné l'occaſion. Maiſtre Aymé caſſian dict que bonnement on ne peut donner
remede à ce mal : pource qu'il tient à vn pertuis appellé la quenoüille
de la gorge, par lequel l'oiſeau prend & remet ſon haleine : Toutesfois
dict ledict caſſian qu'il a veu reſentir quelque allegement aux Faucons malades du pantais de la gorge, les mettant en vne chãbre claire
& nette, de laquelle toutes les feneſtres ſoyent ouuertes, treillees neantmoins de façon que l'oiſeau ne puiſſe yſſir dehors. faut auſſi qu'en
ladite chãbre ſoyẽt miſes deux ou trois perches, afin qu'il puiſſe ſaillir
de l'vne à l'autre : & que la chãbre, s'il eſt poſſible, ſoit expoſee au ſoleil

de leuant, Faut auſſi que l’oiſeau ait touſiours de l’eau deuant ſes yeux:
Et quand on le veut paiſtre, que ſa chair ſoit taillee en petis morceaux
à fin qu’il ne s’efforce point à tirer : mais qu’il ne ſoit pû qu’à demie
gorge, & ſeulement vne fois le iour : Et ſur tout ſe faut bien donner
garde de luy donner bœuf, ou autre groſſe gorge. Ainſi le pourrez-
vous tenir trois ſepmaines ou vn mois, puis aduiſerez s’il ſera point a-
mendé. Et ſi le trouuez amendé, ſoit remis tant qu’il ſoit bien guary.
Cepandant n’oubliez à luy lauer & baigner touſiours ſa chair dedans
du lait, ou en huile d’amendes douces:& celuy pourra eſtre cauſe d’vn
grand bien:Car bien peu d’autres remedes ſe trouue pour amender
ou guarir ce mal de pãtais de gorge, depuis que l’oiſeau en eſt ſurpris.

VNe autre maniere de pantais aduient aux oiſeaux par
froidure & morfondure : c’eſt à ſçauoir quand ils ſe
baignent aux champs en volant , & puis apres ne ſont
ſechés ne eſſuyés à propos, ne mis en lieu ſec & chaut,
où l’humidité par eux accueillie ſe puiſſe eſparer & aſ-
ſecher. Aduient auſſi aucunesfois de pantais à l’oiſeau pour auoir eſté
mis en lieu remugle & humide, ou auquel il ait fumee ou pouldre re-
muee:qui ſont tous moyens de le faire pantaiſer:c’eſt à dire de luy faire remettre ſon haleine à peine, qui eſt le propre accident du Pantais.
Maiſtre Molopin au liure du Prince contre ceſt eſpece de pantais, enſeigne le remede qui enſuit. Prenez, dit il, limures de fer bien menues,
& farine de lentilles, autãt de l’vn que de l’autre:& meſlez tout enſemble auecques miel, de maniere qu’en puiſſiez faire pillules : leſquelles
ferez du gros d’vn pois, & en baillerez deux ou trois le matin à voſtre
oiſeau par trois ou quatre iours cõſecutifs:puis le paiſtrez apres le midy de quelque bon paſt vif & delicat. Et ſi au bout deſdits quatre iours
vous y trouuez quelque amendement, mettez luy puis apres par deux
ou trois iours de la pouldre d’orpigment ſur ſa chair lors que viẽdrez
à le paiſtre, & celuy pourra eſtre moyen de guarir. Toutesfois où toutes les choſes deſſuſdites ne luy profiteroient, vous pourrez eſſayer
de la medecine qui enſuit, laquelle maiſtre Aimé caſſiã enſeigne pour
bien fort remediable à ce mal. Prenez, dit-il d’vne herbe qui ſe nõme

en Latin Pulmonaria: & apres l'auoir fait bien deſſecher au ſoleil, faites
en pouldre bien ſubtile : puis prenez beurre frais trois fois autant que
de ladite pouldre, & trois fois autant de miel que de beurre : puis mettez tout enſemble en vn pot neuf, & le faites bouillir, & n'oubliez de
l'eſcumer en bouillant, & apres qu'il ſera bien refroidy, faites en pillules qui ſoient de la groſſeur d'vn pois: & luy en donnez deux ou trois
tous les matins de quatre ou cinq iours, ainſi que dit à eſté en la recepte
precedente : & le paiſſez & gouuernez au ſurplus en la forme y men-
tionnée.

Autre medecine enſeigne maiſtre Michelin pour le mal du pantais.
Quand l'oiſeau pantiſe, ce dit il, prenez de l'herbe de Capilli Veneris
qui croiſt aux prez, racines de perſil, & racine d'ache, & pommes de
ſainct Iean vieilles, qui ſoient parees (ces pommes viennent couſtu-
mierement plus-toſt que les autres:) toutes ces choſes ſoient miſes enſemble en vn pot neuf de moyenne grandeur, & faites bouillir au long
du feu : puis en ſoit l'eau du bouillon coulee par vn linge net, & en icelle mis du ſuccre fin, auec vn peu de mouëlle de bœuf taillée bien menu
& le tout bien battu & meſlé enſemble.   De ceſte compoſition vous
baillerez à voſtre oiſeau vne fois au matin & vne fois au veſpre, vne
cuillerée, que luy ferez prendre auecques vne cuiller ou auec vn petit entonnoir: comme verrez qu'il vous ſera & à l'oiſeau plus aiſé &
commode, & continuez d'ainſi le faire par l'eſpace de quatre ou cinq
iours: pendant leſquels vous ne paiſtrez voſtre oiſeau iuſques apres
midy de poulaille auecques le ſang; & touſiours luy arrouſerez ſon paſt
d'huile d'amendes douces, ou d'huile d'oliſ au defaut de l'autre. Apres
toutesfois que vous aurez laué ladite huile dedans deux ou trois eaux.
Et encores apres que ſa chair ſera, ainſi que dit eſt, arrouſee, il la faudra poudrer d'vn peu de ſuccre fin, & d'vn peu de ſaffran, moins la
moitié que de ſuccre. Apres leſdits quatre ou cinq iours, ſi voyez que
meſtier en ſoit, vous luy pourrez d'abondant par quatre ou cinq autres iours pouldrer ſon paſt d'orpigment ſans greſſe : & puis apres reprendre l'huile deſſuſdicte iuſques à ce qu'il ſoit bien guary.

De la tierce eſpece de pantais, qui tient és reins & rongnons
de ſes cauſes, ſignes, & accidens : & des remedes
propres pour la guarir.

CHAP.   XII.

H iiij

IL y a vne tierce autre espece de pantais, qui afflige les
Faucons de la part des reins & rongnons. Et leur aduient
souuent ce mal, apres qu'ils ont esté vexez de quelque
autre griefue maladie : de laquelle neantmoins ils sont
reschappez par le bon soing & diligente cure que le Fauconnier en a peu auoir, & par le moyen du reliquà des mauuaises humeurs qui auoient causé ladite maladie, l'oiseau apres qu'il semble en
estre guary vient à pantaiser. Or gist la cause de ceste maladie és reins
de l'oiseau, esquels se concree & engendre ie ne sçay quel mal resem-
blant à chancre, qui est de la grosseur d'vne febue : qui fait que l'oiseau
vient tousiours de plus en plus à s'enfler : & se trouue en fin auoir l'e-
stomac pantais, & empesché de telle façon, qu'il est contraint rendre
& reietter son past. Ceste espece de pantais est moult diferente des autres: car vous verrez souuent aduenir que le pantais laissera l'oiseau par
l'espace de six ou sept iours, & puis le reprendra plus fort que deuant
aucunesfois le lasche & intermet de mois en mois, ou de trois en trois
mois: de maniere qu'il le portera quelquesfois tout vn an. Vous pourrez apperceuoir de ce mal, lors que verrez l'oiseau pantaisant mouuoir les reins plustost & plus fort que les espaules: ou au contraire aux
autres especes de pãtais, l'oiseau remuë plustost & plus fort les espaules que les reins. Encores en aurez-vous plus certain indice, quand
vous verrez le pantais lascher par intermission huit ou dix iours vostre
oiseau, & puis-apres le reprendre. Et s'il aduenoit qu'il en mourust, faites le ouurir: & vous trouuerez comme vne glande au dessus de ses roi-
gnons ou estrenes. Pour remede à ce mal, enseigne maistre Aymé Cassian ceste recepte. Prenez, dit-il, racines d'asperges, racines de capres,
racines de fenoil, racines de persil, & racines d'ache, & les faites toutes bouillir ensemble dedans vn pot neuf, tant que l'eau en laquelle
elles auront bouilly vienne des trois parts aux deux. prenez aussi vne
tuille qui soit vieille (car plus sera vieille, mieux vaudra) & en faites
poudre bien subtille. puis quand voudrez paistre vostre oiseau, ayez
tousiours fresche & bonne chair, & non de bœuf : & la faites tremper
en l'eau, en laquelle auront cuit lesdites racines, dedans vne escuelle,
enuiron vn quart d'heure deuant que le paistre: mais donnez vous garde que vostre eau où vous tremperez vostre chair, soit tousiours nettement gardee. Et quand vous aurez le matin donné à vostre oiseau
malade sa chair trempee en ladite eau : donnez luy au soir chair pou-
dree de ladite poudre, changeant ainsi de fois à autre: mais le paissant

ne luy donnez que demie gorge parfois, & autresfois quand le verrez
en appetit, donnez luy tant de chair, qu'il en voudra manger & prendre. Continuant ceste medecine par huit ou neuf iours , ou plus si
voyez que besoin soit, vous en ressentirez quelque amendement. Tou-
resfois si ceste maladie estoit trop enracinee, & l'oiseau l'auoit portee
longuement, à bien grande peine en pourroit-il guerir: tãt est qu'y ob-
uiant & pouruoyant diligemment du commencement plusieurs Fauconniers & Gentils-hõmes ont trouué & experimenté grãd soulagement de la medecine dessusdite. Maistre Cassian a enseigné encores vn
autre moyen de guarir l'oiseau de ce mal : lequel est souuerain & bien
approuué, combien qu'il semble dangereux & difficile. Si vostre oiseau, dit-il, a porté cestuy mal de pantais six ou neuf mois, ou vn an , &
vous le voulez guarir, tenez le haut & en assez bon point, & s'il est possible qu'il soit tousiours bien net dedans le corps. Si le prenez tout
doucement, & le mettez en maillolet, puis sera ouuert, ainsi que l'on
ouure vn coq, quand on le veut chapponner. Et quand aurez fait ceste
ouuerture , vous tournerez tout doucement les boyaux de l'oiseau,
tant que luy puissiez voir l'eschine à l'endroit des reins. Lors regardãt
en haut, vous voirez comme vne petite vessie qui commencera à dur-
cir , & sera aussi grosse qu'vne febue. Aucunesfois vous y en trouuerez
deux, pendans à vn petit filet , esquelles entre aussi par fois quelque
chancre & ont la forme d'vne glande. Et quand vous les aurez choi-
sies de l'œil, prenez quelques petites pinsettes , & les tirez dehors, en
sorte qu'il n'y demeure rien : puis soit recousue l'ouuerture de fil de
soie rouge ou blãche, ou au deffaut de ces deux, de quelque autre couleur. Mais la recousant donnez vous bien garde d'atteindre ou prendre les boyaux de l'oiseau, lequel vous mettrez puis apres sur vn coussin en quelque lieu obscur & haut, qui ne soit point rheumatique: puis
le paistrez de bon past vif taillé bien menu : qui luy fera encores plus
grand bien, si le voulez arrouser de la bonne huille d'amendes douces.
Toutesfois si vous cognoissiez qu'il fist quelque difficulté d'en men-
ger à cause de l'huille, il se faudroit abstenir de l'arrouser pour ceste
fois. Et dit ledit maistre Aymé Cassiã qu'il en a ouuert plusieurs en son
temps de la façon cy dessus recitée, qui ont recouuré leur santé. Mais
doibt estre aduisé le Fauconnier, qu'il vaudra mieux faire telle ouuerture au decours de la Lune qu'en son croissant combien que de ce
maistre Michelin au liure du Prince n'ait fait aucune mention.

Du mal de morfondure, qui aduient à l'oiseau par quelque acci-
dent, des signes & causes dudit mal & des remedes
propres pour le guarir.

CHAP. XIII.

ES Faucons par fois se morfondēt à l'occasion des trop grosses gorges qu'on leur donne : specialement quand ils sont
mouillez : car ils ne peuuent passer ny enduire leur gorge, à
cause du froid qui les restraint:& ne la pouuans bien cuire &
digerer , force est que elle se conuertisse en flegmes & autres grosses
humeurs, qui font perdre à l'oiseau l'appetit du past,& puis apres vient
à mourir,comme dit le liure du Prince. Or vous pourrez vous apperceuoir de ceste morfondure , lors qu'apres auoir sur le vespre baillé à
vostre oiseau grosse gorge, vous verrez le lendemain matin qu'il aura
perdu l'appetit du past, à cause qu'il sera refroidy & lent plus que de
coustume. Pour remede à ceste maladie, dit maistre Molopin au liure
du Prince, qu'estant l'oiseau ainsi morfondu & degousté il ne doibt e-
stre pu de tout le iour que commencerez à vous en aduiser : ains doit-
on seulement mettre de l'eau deuant luy:& s'il en veut boire ou s'y baigner,ne laisser faire à son desir:puis luy ietter vn pigeon vif deuant luy
& s'il le prend & tuë,luy en laisser boire le sang tant qu'il voudra , puis
apres ne luy en donner à manger sinon vne cuisse pour le plus : apres:
cela le mettre reposer en lieu chaud & sec, pourueu qu'il y ait tousiours de l'eau deuant luy, & se bien garder de luy donner grosse gorge. Mais sera bon de luy bailler par l'espace de quatre ou cinq iours
cinq ou six clouds de girosle enueloppez en peu de cotton.

Du mal vulgairement appellé le mal subtil, de ses causes, & si-
gnes , & des remedes propres pour le guarir.

CHAP. XIIII.

V cunesfois sont les oiseaux vexez d'vne maladie, que les
Fauconniers ont nommee, le mal subtil: ou pource qu'elle
rend l'oiseau maigre, delié & subtil, ou pource que promptement & subtilement il passe & esmeutist tout ce qu'on
luy baille. Et de ce mal se perdent plusieurs oiseaux, à faute de s'en don-

ner

ner garde de bonne heure. Or le pourrez vous defcouurir & apperceuoir à ce que verrez, que quand vous luy aurez le matin dōné quelque groſſe gorge, il aura incontinent paſſee. Et ſi vous luy en donnez
puis apres vne autre pareille à midy, il la paſſera encores plus legerement : Encores ſi luy en donnez vne tierce au veſpre, elle ſera auſſi
toſt paſſee. Qui pis eſt, plus mangera, plus deuiēdra megre. Ce mal aduient couſtumieremēt de ce, que quand vous voyez voſtre oiſeau fort
megre, vous efforcez de bien toſt le remettre ſus, & pour y cuider paruenir, vous luy donnez de trop groſſes gorges de pigeons, ou autres
bonnes chairs, penſans par ce moyen le remettre & rēdre gras en peu
de iours. Mais il en aduient tout au contraire : par ce qu'ayant l'eſtomach greué & offencé de ſi groſſes gorges, il ne les peut naturellemēt
digerer : pource qu'il a le foye alteré, duquel la chaleur tēperee eſt cauſe de toute bonne digeſtion naturelle. Doncques pourrez vous iuger
l'oiſeau affligé de ce mal, quand le verrez tel que cy deſſus a eſté recité : & au ſurplus fort affamé, & eſmeutiſſant beaucoup plus ſouuent, &
en plus grande quantité que de couſtume : Maiſtre Molopin au liure
du Prince, dit que pour prōptement & ſeurement remedier à ce mal,
faut prendre le cœur d'vn mouton, & le laiſſer toute vne nuiĉt tremper dedans du lait d'aneſſe, ou de cheure, apres toutesfois qu'on l'aura mis en morceaux aſſez petis : car il en trempera mieux : Et le l'endemain matin en donner à manger le quart à voſtre oiſeau : vn peu apres
midy autant, & au veſpre le demourant : & luy faire cependant prendre & aualler le plus que vous pourrez dudiĉt lait : Luy continuant ceſte forme de viure par l'eſpace de cinq ou ſix iours, & iuſques à ce que
verrez qu'il commencera à faire ſes eſmeutes plus naturelles. Et apres
ce que l'aurez veu plus naturellement eſmeutir, vous le paiſtrez peu à
peu & aſſez raiſonnablement de quelque bon paſt, dont la chair ſera
arroſee de quelque bonne huile d'amendes douces, & ce par trois ou
quatre iours, pendant leſquels il ne ſera pû que deux fois le iour. Mais
fait à fait que le verrez amender, croiſſez luy ſon paſt peu a peu, afin
qu'il puiſſe en greſſer & reuenir en ſon premier eſtar. Et luy continuez
touſiours le lait ainſi que nagueres vous a eſté enſeigné. Car le lait d'aſ-
neſſe & de cheure eſt fort propre à ceſte maladie : & comme dient au-
cūs, à toutes autres maladies d'oiſeaux. Maiſtre Aymé Caſſian enſeigne
encores vne autre récepte pour guarir ceſtuy mal ſubtil. Prenez, dit-il,
vne tortue de garrigues : c'eſt à dire, q̃ celles qui viuēt en terre en lieux
ſecs, & qui n'entrent point en l'eau : & apres que vous en aurez ſeparé

I

la chair d'auec les escailles, mettez la tremper en lait d'anesse, ou de cheure, ou de femme, au defaut des autres : & en paissez vostre oiseau, peu au premier past, plus au second, encores plus au tiers, en augmentant ainsi de peu à peu iusques à six ou sept iours : Puis apres paissez-le de cœur de mouton trempé dedans le lait susdit, cõme cy dessus a esté monstre, luy en augmentãt ainsi le past de peu à peu, iusques à ce qu'il soit biẽ guary: Et ne le tenez en lieu rheumatique, mais en hiuer en lieu chaud, & en esté en lieu frais, & tousiours enchapperonné. Continuãt de le traicter de ceste façon, tenez vous seur qu'il guarira.

Autres remedes propres pour l'oiseau qui n'enduit, & ne peut passer sa gorge
CHAP. XV.

Lors que verrez vostre oiseau degousté, & ne pouuant enduire ou passer sa gorge, donnez luy petit past : mais qu'il soit de rats, ou de souris. mesmes de grands rats: car ils sont bien plus substancieux que les petis : & ne luy en donnez que demie gorge, car il la digerera mieux, & plus naturellement. Autrefois soit peu de chair de poulaille, ou de bon mouton trempee en lait d'anesse, ou de cheure, ou de femme, ainsi que cy dessus a esté dit, & ne luy en donnez que le quart de sa gorge. Mais quand le voudrez paistre de vif, baignes luy sa chair en sang, & celà luy sera fort grand bien, Continuant ce traittement par quelques iours : vous remettrez sus vostre oiseau. maistre Michelin dit, que quand on void vn oiseau qui ne peut enduire ne passer sa gorge, c'est signe qu'il est refroidy dedans le corps, & luy manque la chaleur naturelle. Et que pour y dõner remede, faut prendre vin blanc bien subtil qui soit chauffé tiede, & dedans iceluy tremper la chair dont on veut paistre l'oiseau, & toutesfois luy donner peu à manger, deux fois le iour seulement , & augmẽter petit à petit à mesure que l'on y cognoistra amendement. Mais aussi sera bon luy changer souuent son past, & de chairs de bon suc, & de legere digestion. Ce traittement debura estre continué iusques à ce que on le voye remis sus: en luy donnant d'abõdant tout les soirs cinq ou six clouds de girofle enueloppez en peu de cotton : pource qu'ils luy eschaufferont la teste & tout le corps, & par ce moyẽ luy ferõt moult grand bien & plus encores si le cotton sera trempé en vn peu de bon vin blanc vieil. Aucunesfois aduiẽt que l'oiseau ne peut enduire ne reietter sa chair, pource qu'on luy aura donné trop grosse gorge, laquel-

le il n'aura peu digerer : Ou pource que s'eſtant eſgaré auecques ſa
proye, il ſe ſera (eſtant affamé) puſi gloutement , qu'il n'a puis apres
peu enduire ne reietter ſa gorge. A ceſte cauſe tout Fauconnier doit
eſtre diſcret, & bien ſe garder de donner à ſon oiſeau trop groſſe gorge. Pour y remedier, dit maiſtre Aymé Caſſian, qu'il faut mettre eau
freſche dedans vn vaiſſeau net , & la poſer deuant l'oiſeau , & s'il luy
prend enuie d'en boire, l'en laiſſer boire à ſon plaiſir. Puis prendre lard
de porc du plus gros & qui ne ſoit point rance, le gros d'vne febue , de
la poudre de poiure les deux parts moins que le lard , cendre la tierce
partie moins auecques vn petit de ſel, & le tout bien battre & meſler
enſemble & en faire vne pillule de la groſſeur d'vne moyenne febue,
la luy mettre au bec, & tant faire qu'il la mette bas : puis ſoit poſé au
ſoleil ou au feu, & toſt apres y cognoiſtrez amédement & qu'il enduira ſa gorge. Mais auſſi gardez que l'oiſeau auquel vous baillerez ceſte
pillule ne ſoit trop maigre : car à peine le pourroit-il ſupporter. Maiſtre Molopin enſeigne encore vn autre remede faiſant meſme effaict.
Prenez, dit-il, l'oiſeau doucement & dextrement, & luy fendez la gorge, puis luy en tirez gracieuſement la chair dehors : Et apres que l'aurez eſſuyée d'vn peu de cottõ mouillé en vin, recouſez-la de fil de ſoye
vermeille, puis l'oignez de greſſe de geline : & tantoſt apres paiſſez-le
de quelque cuiſſe de geline trempée dedans le ſang , & la luy taillez en
petis morceaux : Par ce moyen vous pourrez ſauuer voſtre oiſeau. Encores ont enſeigné ces bons maiſtres vn autre remede : Qui eſt, que
quand voudres faire reietter & rendre la gorge à voſtre aiſeau , vous
faudra prendre poudre de poiure, & la mettre en peu de vinaigre : puis
en frotter le palais de voſtre oiſeau par le haut auecques le bout du
doigt, toſt apres la mettre hors. Si vous voulez vous luy en pourrez
bien mettre auſſi deux ou trois gouttes aux pertuis des narilles, car encores plus toſt il la mettra hors. Mais ſi vous voyez qu'il l'ait mis hors,
& neãtmoins que le poiure luy face trop de mal : lauez luy d'eau fraiſche la bouche, le palais, & les narilles, afin de les luy netoyer. Si ne luy
voulez faire vſer de celle poiurade, vous luy pourrez mettre du poil
de la queuë de cheual dedans les narilles : & s'il remet, par ce moyen,
ne ſera beſoin luy faire autre choſe.

Autres remedes pour guarir l'oiſeau qui remet ſa chair , & ne la peut enduire.

CHAP. XVI.

I ij

Duient parfois que l'oiseau, quand il a esté pu, ne peut tenir sa gorge, ains incontinent la rejette, & en procede l'occasion de ce qu'on le paist de quelque grosse chair non lauee, ou ia toute infectèe. Aucunefois aussi l'oiseau se desgouste pour ce qu'il est plein dedans le corps, & pour ce ne peut tenir sa gorge. A ceste cause tout Fauconnier se doibt bien garder de coupper la chair de son oiseau de quelque cousteau salle ou malner, & dont on ait au parauãt taillé aulx, porreaux, ou oignons, ou autre chose puante: mais sur toutes choses se fault bien garder de luy donner trop grosse gorge. Pour obuier à ce mal, lors que verrez vostre oiseau remettre sa gorge: ne le paissez de tout ce iour, ains le mettez au soleil, auec vn vaisseau net plein d'eau nette deuãt luy, & s'il en veut boire soit laissé boire à son plaisir, car cela luy fera grand bien. Et quand puis apres viẽdrez à le paistre ne luy dõnez que vn quart de gorge. Aussi par fois le pourrez vous biẽ paistre de vif, & en le paissant ainsi petit à petit, il se pourra remettre ius. Toutesfois si vous voyez qu'il ne puisse encores retenir sa chair, donnez luy à mãger petis rats, ou petites souris, ou petis oiselets si rats & souris vous defaillent, & luy continuez ce traittemẽt iusques à ce qu'il soit bien guary. Et si ce remede ne vous vient à effait ou à gré, vser pourrez du conseil de maistre Molopin, qui dit au liure du Prince, que quãd l'oiseau remet sa gorge, & ne la peut retenir, faut prẽdre coriandre, & la mettre en poudre bien subtile, puis la detrẽper en eau tiede, & ceste eau faire puis apres passer par vn linge delié, & en lauer la chair de vostre oiseau auant que de l'en paistre par l'espace de quatre ou cinq iours: Et si pour cela ne guerissoit, vous pourrez experimenter ceste autre recepte qu'enseigne maistre Michelin. Prenez, dit-il, fueilles de laurier, & apres que les aurez bien lauees mettez les en pot neuf auec du vin blanc, & les y laissez tant bouillir que le vin reuienne à sa iuste moitié, & puis apres refroidir auecques les fueilles. Et quand ce vin sera froid, faictes en tãt boire à quelque ieune pigeõ qu'il s'en enyure, & en meure: Apres soit pu l'oiseau de la cuisse de ce pigeon, ou d'autãt que monte la cuisse. Et s'il ne retiẽt iceluy past, ains le remet, faictes ce qui en suit, suyuãt le cõseil de maistre Aymé Cassiã. Prenez, dit il, des cigales: (cigales sont comme sauterelles ou grandes mouches, qui à la grand chaleur de l'esté se posent, & chantent sur les arbres) & les faictes biẽ secher au four ou au soleil, puis en faictes poudre bien subtile, de laquelle vous poudrerez la chair de vostre oiseau auant que l'en paistre, & par ce moyen il guarira.

*Autres remedes propres, pour remettre l'oyseau desgousté, & luy faire
reuenir l'appetit de manger.* CHAP. XVII.

Vcvnesfois l'oiseau se trouue auoir perdu l'appetit de man-
ger, à l'occasion de ce qu'on luy aura peut estre, donné trop
grosse gorge vers le vespre : laquelle il ne peut enduire ne
passer la nuict ensuiuant, pource qu'il est plein & ord par dedans le corps : & par ce moyen perd l'appetit de manger. Or dit maistre Molopin, que quand vostre oiseau sera desgousté, & aura perdu
l'appetit de manger, il vous faut prendre de l'aloës cicotrin, sucere
d'vne cuitte, & mouëlle de bœuf, autant de l'vn comme de l'autre,
fors qu'il y ait vn peu moins d'aloës : & apres auoir bien tout meslé ensemble, en faire vne pillule de la grosseur d'vne febue, & la donner le
matin à l'oiseau : puis le tenir au feu ou au soleil, tant qu'il ait vomy
& reietté toutes les colles & superfluitez qu'il a dedans le corps : & ne
soit peu iusques à midy : luy continuant ceste medecine & traittement par trois ou quatre iours, vous luy verrez tost apres recouurer
entierement son bon appetit. Encores vn autre bon remede enseigne
maistre Michelin pour donner guarison à cestuy mal. Prenez, dit-il
pillules communes : (c'est à dire, de celles que l'on ordonne & donne
communement aux personnes malades pour purger le corps) & en dô-
nez le matin deux à vostre oyseau : puis l'ayant mis au feu ou au soleil,
auecques le chapperon en teste, laissez le vomir tant qu'il voudra. Si
dit le liure du Prince que les pillules susdittes sont bonnes à donner à
tous Faucons au commencement du mois de Septembre. Pource
que s'ils ont filandres, ou autre mal dedans le corps, ils en sont par ce
moyen bien purgez & nettoyez. Mais pour reuenir à nostre propos,
apres que par trois ou quatre iours vous aurés fait à vostre oiseau desgousté vser desdites pillules, si pource l'appetit ne luy estoit reuenu,
poudrez luy aux trois ou quatre iours ensuiuans sa chair de limeures
de fer, & l'appetit luy reuiendra. Dit outre maistre Aimé Cassian, si le
Faucon de fortune a perdu son bon appetit, luy soit baillé vn pigeon,
lequel on luy laissera tuer & boire le sang à son plaisir : mais apres ce
on ne luy en donnera à manger qu'vne cuisse, ou la valeur d'vne cuisse.
Et s'il ne vouloit tirer, luy faudra tailler en petis morceaux, & l'arrouser de quelque bonne huile d'amendes douces ou d'oliues, ou la poudre de sucere & luy continuer ainsi peu à peu tant qu'il ait recouuré
son bon appetit.

E iij

Autre remede pour remettre sus vn oiseau, quand il est trop maigre.
CHAP. XVIII.

Nseigne le bon maistre Aymé Cassian, quand vostre oiseau est par trop descharné, si le voulez remettre en gresse, paissez-le de bonnes viandes, specialement de rats & de souris, si en pouuez recouurer. Car ils sont bons & de leger past, comme aussi sont les petits oisillons: mais ne luy en donnez que demie ou moindre gorge. La poulaille est bonne de sa nature, toutesfois elle n'égresse pas tant, comme la chair de moutõ. Le traittant de telles viãdes petit à petit, vous le verrez reprendre chair: & se mettre en gresse. Le mesme maistre Cassian enseigne encores vn autre remede pour mesme effaict. Prenez dit-il, vn pot neuf, & mettez de l'eau dedans que vous ferez bouillir au feu. Dedans ceste eau bouillant mettez deux cuillerees d'huile d'oliues & quatre cuillerees de beurre frais, & faites le tout bien bouillir ensemble. Puis prenez chair de porc frais, de laquelle bien lauee & trempee en l'eau dessusdite vous ferez paistre vostre oiseau. Et si pouuez recouurer des limas qui se trouuent en l'eau courante, luy en soit donné au matin. Car ils le purgeront des grosses humeurs qu'il a dans le corps, & luy donneront substance.

Autres remedes pour vn oiseau qui est alenty & paresseux, & n'a volonté de voler.

CHAP. XIX.

I vn faucon ou autre oiseau est remis & paresseux, & ne vole point de bon hait, dit maistre Aymé Cassian, qu'il doit estre recongneu & reuisité par les maistres Fauconniers, & puis par eux traitté & mediciné comme il appartient. C'est à sçauoir, en le baignant, & luy mettant l'eau deuant luy: & s'il est haut & ord, luy soit la chair bien lauee: & faire la medecine deuant ditte, de lard, mouëlle de bœuf & succre : & si l'oiseau estoit deshaitté de voler à cause de quelque accident de maladie, il y faudra pouruoir par les remedes propres à chacune desdites maladies, selon ce qui en a esté cy dessus particulierement enseigné.

FIN DE CE TROISIESME LIVRE.

Liure Quatriesme.

CHAPITRE. I.

VOvs auez cy deuant peu entendre les remedes propres pour les maladies qui viennent dedans les corps des oiseaux · & cy apres vous pourrez apprendre les causes, signes & remedes des maladies qui aduiennent aux Faucons par dehors ses corps : & partant se descouurent & voyent à l'œil se touchent & manient de la main, & consequemment sont plus aisees à cognoistre, & à guarir: comme celles qu'on voit naistre, croistre, moindrir, empirer, ou amender à veuë d'œil : & desquelles au surplus les signes & causes sont plus certains, & moins secrets, comme aussi sont les remedes. Et neantmoins telles maladies sont autant ou plus de nuisance à l'oiseau, & autant ou plus luy empeschent ses actions & allegresses, comme celles qui luy occupent & vexent les principales interieures parties du corps, & de la teste, & dont a esté parlé bien au long au trois liures precedens. A cestes doncques doit le Fauconnier prendre garde d'aussi pres, comme à toutes les precedentes : & estre diligent à y pouruoir & remedier promptement: d'autant que ces mots exterieurs, desquels nous entendons discourir en ce quatriesme liure, outre ce qu'ils donnent peine & grand trauail à l'oiseau. encores luy rendent-ils le corps plus laid & difforme , & d'autant plus mal agreable aux yeux de tous ceux qui le voyent, soient Fauconniers ou autres personnes.

E plus commun & dangereux de tous ses maux exterieurs
qui viennent hors du corps des oiseaux, est celuy que vul-
guairement tous Fauçõniers appellent, la taigne. Or pour
en auoir plus entiere & certaine cognoissance, est besoing d'entendre, qu'il y a trois especes de taigne: de chacune desquelles especes nous ferons particulier traicté. La premiere espece de taignes, est quand les grosses & grandes pennes des ailes & queuës des oiseaux leur cheent & tombent. La seconde espece est quand la taigne
mange

mãge & ronge lefdites grandes pennes tout au long du tuyau, de telle façon que par laps de temps rien n'y demeure. La tierce efpece eft,
quand lefdites grandes pennes fe fendent tout au long de la verge,&
par ce moyen fe corromptent, & empefchent l'oifeau de bien voler.
De toutes ces trois efpeces combien que le nom foit vn, neantmoins
les caufes,& les fignes, & femblablement les remedes font diuers &
differens.

De la premiere efpece de la taigne, & de fes caufes, fignes & remedes.
CHAP. III.

Ous vous auons dit au chapitre precedent , que la premiere efpece de la taigne eft, quand les plus groffes & grandes
pennes des ailes & queuës des oifeaux leur tombent &
cheent. Si dit le bon maiftre Aimé Caffian, que plufieurs
bons oifeaux il a veuz fe perdre de ce mal au deffaut d'y donner prôpt
remede. Et qu'il leur procede a l'occafion de la chaleur de foye, & autrefois à caufe de quelque exceffiue ardeur & diftemperature de tout
le corps. Et de ce font figne les veffies que l'on apperçoit deffus les
ailes & queuës denuëes de plumes. Ceftuy mal eft contagieux, & fe
doit bien garder le Faucônier d'approcher autre oifeau, ou le percher
pres de celuy qui en fera entaché. Mefmes dit iceluy maiftre Caffian.
qu'il fe faut auffi biẽ garder de dõner à manger à autre oifeau deffus le
gan du Faucõ qui aura la taigne. L'on ce peut bien apperceuoir de ce
mal, quãd on void l'oifeau fouuẽt toucher le bec deffus les tuyaux des
groffes pennes de fes ailes & de fa queuë, comme s'efforçeant de les
faire choir. De fait quand vous luy verrez faire cefte contenance,foit
vifité: & vous le trouuerez vexé de la taigne. Pour obuier à ce mal
faut (ce dit maiftre Caffira) prendre l'oifeau, & aduifer aux endroits
dont luy feront tombees les plumes: & là vous trouuerez vne ou plufieurs veffies, qui vous feront certain indice qu'il eft malade de la taigne. Lors faites vne petite brochette d'vn bois appellé Sapin, qui eft
de fubftance graffe,&vifqueufe:& n'eft point befoing de la faire aiguë
par vn bout plus par que l'autre, pource qu'il ne faut pas auffi qu'elle
entre ou iffe en malaife & cõme à force, ains doucement & legeremẽt.
Et fi vous ne pouuez recouurer dudit bois, prenez vn grain d'orge,
& luy coupez la pointe, puis l'oignez d'vn peu de theriaque, ou d'uile
d'oliues: & le mettez dedans le pertuis d'où fera tombee la penne, de

K

telle maniere qu'il en forte vn petit bout au dehors, afin que ledit pertuis ne s'eftoupe ou ferme puis apres foit prinfe vne lancette, ou vn trancheplume, & luy en percez ladite veffie ou veffies, tãt qu'en faciez faillir vne eau rouffe qui fera dedans. Apres prenez aloes cicotrin mis en pouldre, & du fiel de bœuf, & mettez l'vn & l'autre dedans vne efcuelle, & les battez & meflez tres-bien enfemble, & de ceft onguent oignez cefte veffie perfee tout à l'entour : mais donnez vous bien garde qu'il n'en entre rien dedans ledit pertuis de la penne:car il en pourroit aduenir grand mal à l'oifeau. Apres celà fait, prenez lentilles des plus rouffes que pourrez recouurer, & limures de fer moins la moitié que de lentilles, & apres que les aurez bien meflees & battues enfemble auecques du miel, faites pillules de la groffeur d'vn poix, & en donnez à voftre oifeau tous les matins deux ou trois puis le mettez au feu ou au foleil : & le paiffez apres midy de poulaille ou de mouton de affez bonne gorge. Et fi vers le foir vous voulez donner defdites pilulles à voftre oifeau, faire le pourrez. Mais vous fouuienne de tremper fa chair dedans lait d'aneffe, ou de cheure, ou de femme,comme deffus a efté dit : car celà luy fera grand bien:& auffi de fouuent vifiter les iarfures defdites veffies perfees, pour les oindre de rechef dudit onguent,fi befoin fera.Luy continuant tout ce traittement par cinq ou fix iours, vous verrez qu'il fe guarira de ladite taigne.

De la feconde efpece de taigne, de fes caufes & fignes, & des
remedes propres pour le guarir.
CHAP. IIII.

LAfeconde efpece de la taigne,comme a efté cy deffus enfeigné,prend auffi és grandes pennes des ailes & queuë des oifeaux,& les ronge & mange tout du long,de maniere que fi on n'y pouruoit de bône heure,à la fin il n'y demeure riĕ. Et ont laiffé par efcrit les mefmes Fauconniers deffufdits, que ce mal aduient aux Faucons par la negligence de ceux qui en ont la charge & la garde: c'eft à fçauoir,à faute de les baigner, & curer en temps & lieu mefmement de les tenir en lieu net, ains pour les auoir tenus en lieu ord,plein de pouldre ou de fumee. Et telles ordures leur engendrent vn humeur ou excrement aigre & aigu, qui les ronge & mange ainfi tout le long des groffes plumes des ailes de la queuë. A cefte caufe admoneftent expreffement & diligemment lefdits maiftres

tous Gntils-hommes & Fauconniers de iamais ne tenir leurs oiseaux
en lieu ord, mais au plus net & honneste que possible leur sera. Ce mal
encores peut aduenir aux Faucons pour estre nourris de mauuaises
chairs, ordes & puantes : qui sont causes de les charger de poux & taignes, qui leur mangent & gastent le pennage. Pour remede à ce mal
enseignent les maistres susnommez la medecine qui ensuit. Prenez, ce
disent-ils, cendre de serment de vigne, & en faites laissiue la plus forte
que vous pourrez, de laquelle vous lauerez vostre oiseau vne fois le
iour, & le laisserez tres-bien ressuyer : apres ce prendrez bon miel de
mousches, en oindrez toutes les pennes entachees de ce mal. Encores apres vous faudra prendre sang de dragon, & alun de glas, & de ces
deux battus ensemble faire pouldre bien subtille, dont vous pouldrerez puis-apres tous les tuyaux, & pennes dessusdites : & par ce moyen
vostre oiseau guarira.

　　Maistre Aimé Cassian dit que pour obuier à ce mal, il s'est souuent
bien trouué de la recepte qui ensuis. Prenez, dit-il, vne taulpe, de celles qui fouillent aux prez, & la mertez dedãs vn pot de terre tout neuf
qui soit bien estouppé & bien lutté, & puis mis au feu tout vn iour : &
en ayant retiré la taulpe, en ferez pouldre bien subtille, de laquelle
vous pouldrerez les grosses pennes & leurs tuyaux entachez & gastez
de taigne, apres les auoir tresbien lauez de la laissiue de serment par la
forme cy deuant dite : & par ainsi vostre oiseau se guarira.

De la tierce espece de taigne, de ses causes & signes, & des
remedes propres pour le guarir.

CHAP. V.

A tierce espece de taigne, dont nous auons cy dessus parlé, est quand l'humeur peccãt ne ronge pas la penne de
l'oiseau : mais la fait fendre de long en long de la verge
mal aduient, ce dient lesdits maistres, de ce que les oiseaux
ne sont pas tenus nettement, ne curez, baignez, pus, &
gouuernez comme ils doiuent : Dont se concree ceste humeur
vicieux qui leur fait ainsi fendre & rompre les pennes. Pour remede à cestuy mal enseigne maistre Molopin au liure du Prince, la medecine qui ensuit. Prenez, dit-il, vne canne verde, & la fendez
tout du long : puis la raclez par dedans, & il en sortira ius ou suc,

duquel ius suc vous baignerez & mouilleres les pennes fendues de
vostre oiseau tout le long des fentes & par ce moyen elles se repren-
dront reserreront tout ainsi qu'elles estoient au parauant ladite taigne. Et s'il tomboit d'auāture puis apres quelqu'vne desdites pennes,
soit mise dedans le pertuis du tuyau, la tante du bois de Sapin , ou le
grain d'orge, ainsi que cy dessus a esté enseigné : & ce faisant vous verrez que vostre oiseau mettra la plume plus droitte.

Si vn oiseau a l'aile rompue par quelque accident , qu'els moyens
il faut tenir pour la luy remettre, & le guarir.

CHAP. VI.

S'il aduient par quelque accident que vostre oiseau ait l'aile
rompue, vous vseres de ce remede, qu'enseigne maistre Molopin au liure du Prince. Premierement faut que l'aile rompue soit bien remise & reioincte à son droit point : & puis que
l'onguent, dont la composition sera cy apres enseignee, luy soit mis
en cataplasme sus l'endroit de la rupture. Et apres luy auoir bien dextrement appliqué ledit cataplasme dessus la rupture, luy remettre &
disposer bien doucement les deux ailes croisees dessus le dos, en la
mesme forme qu'il a de coustume de les tenir en pleine santé · Puis
l'emmaillotter d'vne bonne bande, de façon qu'il ne puisse remuer les
ailes en maniere que ce soit. La recepte ou composition dudit onguēt
est telle qu'il en suit. Soit pris sang de dragon, terre d'Armenie appellee vulgairement boliarmeni, gomme Arabique, encens blanc , momie, mastic, aloes cicotrin, autant de l'vn comme de l'autre , farine
bien delice autant que besoin sera : soyent toutes ces choses destrempees en blanc d'œufs, & fait onguent : lequel sera puis apres appliqué
en cataplasme en la maniere dessusdite. Lequel premier cataplasme
ne sera remué ne changé de cinq ou six iours apres ledit premier appareil, & quand on y remettra autre cataplasme, se faudra bien son-
gneusement donner garde que l'aile rompue ne soit desmeute ny es-
branlee en maniere que ce soit. Car pour petit qu'on la desmeuue ou
desloche tout ce qu'au parauant on y pourroit auoir fait, seroit perdu & gasté : & l'oiseau en grand danger de demeurer pareillement
perdu & affolé à iamais sans esperance de salut. Or le faudra-il traitter & medicamenter en la maniere dessusdite par l'espace de douze ou quinze iours : & pendant iceux le tenir & faire reposer sur vn

couſſin biē mol afin qu'il y demeure plus à l'aiſe & à ſon repos. Au paſt
luy faudra auſſi tailler ſa chair à petis morceaux, & luy en donner aſſez
bonne gorge: car il n'aura point meſtier d'eſtre tenu ny gras ny maigre
pour plutoſt recouurer ſa guariſon.

Si l'oiſeau ne ſouſtient bien ſes ailes, quelle en eſt la cauſe, &
quels ſont les moyens d'y remedier.

CHAP. VII.

Vand l'oiſeau ne ſouſtient bien ſes ailes: c'eſt pource qu'e-
ſtant mis ſur le poing ou ſur la perche, il s'eſt trop aſpre-
mēt debattu ſe debattāt s'eſt eſchauffe & puis refroidy: &
ce refrodiſſement luy a fait alentir & pendre les ailes : Pour
remedier à ce mal, enſeige maiſtre Aymé Caſſian, qu'il faut prendre
vn pot de terre tout neuf , & l'emplir de fort bon vin: puis mettre
dedans ledit vin, ſaulge, mente, & pouliot, autant de l'vn que de
l'autre, & apres auoir mis ledit pot pres du feu, faire le tout bien
bouillir enſemble. Et quand ils auront bien bouilly, tirez le pot hors
du feu, & le mettez ſur charbons & cendre chauds, bien couuert &
eſtouppé de drap ou linge, afin qu'il n'en puiſſe rien ſortir. Apres celà
faites vn pertuis aſſez grandet au melieu du drap ou linge dont aurez
couuert voſtre pot, par lequel pertuis en puiſſe ſortir la fumee. Puis
mettez voſtre oiſeau ſur le poing, & apres luy auoir releué les ailes, le
tenant droit ſur ledit pertuis, laiſſez-le parfumer de celle fummee &
cha leur iſſant dudit pot: & ly tenez ſi longuement, qu'eſtant bien reſ-
chauffé & parfumé d'icelle fumee , il en ſoit comme baigné & en
ſueur. Apres ce tenez-le pres du feu ou en autre lieu chaud: car s'il venoit à ſe refroidir, ce ſeroit mal pire que le premier. Tant eſt que luy
continuant ce traitement trois fois le iour par l'eſpace de quatre ou
cinq iours, vous y apperceurez grand amendement, & le verres toſt
apres bien quary.

Si l'oiſeau à l'aile disloquee & demiſe hors de ſon lieu, quels moyens
faut tenir pour la remettre, & le quarir.

K iij

CHAP. VIII.

Vand vostre oiseau en volāt trop rudemēt, ou donnāt atteinte à la proye qu'il poursuit, se sera démis l'aile hors de son lieu & siege naturel, vous luy donnerez prompt & seur remede, le traittant de la façõ qui ensuit, & qui enseignee a esté par maistre Aymé Cassiā: Soit, dit il, prins l'oiseau doucemēt, & luy soit l'aile disloquee, dextrement remise en son lieu. Puis sur l'endroit de la dislocature soit mis vn cataplasme de l'onguent de sang de dragon, boliarmeni, nommé, &c. ainsi composé comme a esté monstré cy dessus au chapitre 6. de ce quatriesme liure, auquel est parlé de l'aile rompue, puis soit emmaillotté, & laissé en ceste maniere trois ou quatre iours. Au past luy soit sa chair taillée en petits morceaux, afin qu'en mangeant il ne se contourne ny efforce.

Si l'oiseau a de mal-auenture l'aileron rompu, quels remedes
sont propres pour luy racoustrer.

CHAP. IX.

I vostre oiseau de fortune auoit l'aileron rompu : maistre Molopin au liure du Prince couseille vser des mesmes receptes, remedes & traittemens, qui n'agueres ont esté monstrez pour remettre & racoustrer son aile rompue. Et si besoing est, en l'vne & en l'autre rupture, apres auoir reioint & reuni dextrement le membre rompu, le faudra lier auec petites lattes, afin de l'affermir d'auentage: Aussi faudra-il au past luy bailler sa chair en petits morceaux, comme aux chapitres precedens a esté monstré: afin que tirant il ne se contourne, & desmeuue les pieces iointes:& au surplus le tenir & faire reposer emmaillotté sur vn coussin pour les mesmes causes cy dessus deduites.

Si l'oiseau a la iambe ou cuisse rompue, quels moyens il faut tenir
pour la remettre & guarir.

CHAP. X.

SIl aduenoit par quelque accident que voftre oifeau euft iambe ou cuiffe rompuë, maiftre Aymé Caffian donne aduis de le traitter & medicamenter en cefte forte. Premierement, fi c'eft la cuiffe qu'il ait rompuë, luy faudra plumer ladite cuiffe : & puis apres auoir doucemēt & dextrement reioint la rupture, y appliquer vn cataplafme de l'onguent qui enfuit: Soit prinfe efcorce de chefne fechee, battuë, & mife en pouldre, & auec vn peu de fang de dragon, icelle pouldre meflees & delayees en blanc d'œufs:& de ceft onguent couurez le def-fufdit emplaftre:lequel emplaftre ayant appliqué fur la rupture, ban-dez ladite cuiffe ou iambe d'vne bande de linge bien propre:mais gar-dez-vous bien de la trop ferrer ou eftreindre : car celà pourroit eftre caufe de faire fecher le pied à voftre oifeau:Or bien pourrez-vous laif-fer ledit emplaftre de premier appareil cinq ou fix iours fans le renou-ueller : mais puis apres le pourrez changer de deux en deux, ou de trois en trois iours, iufques à ce que voftre oifeau foit bien guary. Au paft luy faudra tailler fa chair en petis morceaux, & toufiours le tenir fur la perche auecques le chapperon en la tefte.

Si l'oifeau eft bleffé de coup, quels moyens & remedes font propres
pour le bien traitter & guarir.
CHAP. XI.

QVand voftre oifeau fera bleffé de coup, comme de ferre-ment bafton, bec de Hairon, ou a autre chofe femblable, maiftre Aymé Caffian a laiffé par efcrit le remede qui en-fuit. Prenez, dit-il, de l'herbe vulgairement appellee pied de colomb, autrement herbe Robert, & l'ayant pillee en vn mortier, ex-primez-en le ius. Puis foit prins l'oifeau, & fa playe vifitee:& fi le coup eft grand & noir à l'entour, & neantmoins il n'y ait pas grand pertuis, en faudra faire l'ouuerture plus grande, ainfi que l'on verra en eftre be-foin, & dedans ladite playe mettre du ius de l'herbe fufdite, & deffus icelle puis apres en appliquer le marc en forme de cataplafme, & le bander bien mignonnement, & puis n'y toucher de 24. heures. Auffi doit eftre le Fauconnier aduerty d'arracher les plumes de l'entour de la playe, en tant qu'il les verra faire nuifance & empefchement à l'application du medicament. Or a ladicte herbe Robert telle vertu que la playe, a laquelle eft appliquee en la matiere def-

susdite n'apostume point : qui est vn admirable soulagement pour les
oiseaux. Toutesfois au deffaut de pouuoir recouurer de ceste herbe
de pied de colomb en sa verdeur & vigueur, & consequemment du
ius d'icelle, prendra peine le Fauconnier d'en auoir de la seche & la
mettre en pouldre : & d'icelle poudre se pourra aider ne plus ne moins
que du ius. Appliquant l'vn ou l'autre (à son aisance & commodité)
à la playe par la forme cy dessus desseignee, apres auoir neantmoins
bien nettoié & laué ladite playe de vin blãc: car l'vn des grands secrets
& moiens de bien tost guarir l'oiseau blessé, est de luy tenir tousiours
sa playe nette. Encores a enseigné maistre Molopin au liure du Prince,
vn autre bon & seur moyen pour guarir promptement le coup ou
plaie du Faucon blessé. Prenez, dit-il, huile rosat, & gresse de geline
autant de l'vne comme de l'autre, vn peu moins d'huile violat, & la
moitié moins de terebenthine, si les meslez & fondez toutes ensemble. Puis prenez encores, de l'encens blanc & du mastic autant de
l'vn comme de l'autre, & en faites poudre:Et si vous pouuez d'auantage finer de celle poudre de ladite herbe Robert, mettez toutes ces
trois pouldre ensemble parmy lesdites huiles & gresse, & les remuez
& battez fort ensemble auecques vn baston, iusques à ce que les voiez
bien viues & incorporees, & reduites en forme d'onguent. Et si la
playe de l'oiseau sera grande & fort ouuerte,aduisez premierement de
la recouldre bien doucement & dextrement, laissez toutesfois au
plus bas vn pertuis,auquel puissiez appliquer & faire entrer vne tente
de cherpie oincte de l'onguent dessusdit. Duquel ferez aussi cataplasme, qu'appliquerez puis apres sur ladite playe.Par iceluy pertuis (lequel demourera ouuert par le moyen de la tente que souuent vous y
renouuellerez) se purgera peu à peu ladite playe: & par la vertueuse
efficace de cest onguent, l'oiseau recouurera bien tost sa santé. Autre
recepte a enseigné maistre Michelin pour guarir coup ou playe de
Faucon: Si vostre oiseau, dit-il, a playe par Gruë, ou Hairon,ou autre oiseau semblable, ostez luy la plume tout à l'enuiron de la playe.
Laquelle estant si profonde qu'elle ne puisse bonnement estre recousue: mettez dedans icelle promptement de la pouldre dont la composition ensuit. Soit prins sang de dragon, encens blanc, aloés
cicotrin, & mastic,autant de l'vn que de l'autre, & le tout bien battu
ensemble soit reduict en poudre bien subtille: & de ceste pouldre
medicamentez ladite playe ainsi que a esté predit:Puis soit ladite plaie
aux enuirons & par dessus oincte d'huile rosat ou d'huile d'olif tiede
pour

pour l'adoucir, Mais si la place n'estant profonde, qu'elle ne se puisse
bien couldre, soit recousue: en y laissant toutesfois au plus bas endroit
d'icelle vn petit pertuis pour la purger, ainsi qu'a esté cy deuant remonstré. Puis soit pris le blãc d'vn œuf, & appliqué dessus la playe par
forme d'emplastre, apres toutesfois qu'elle aura esté arrousee d'huile de roses, ou d'oliues, comme nagueres a esté dit : & que pareillement sur la cousture aurez mis de la pouldre susdite : & encores mis
audit pertuis la petite tente pour tousiours le tenir ouuert : & par ce
moyen mondifier la plaie à quoy proffitera moult l'onguent dessusdit, duquel ladite tente sera oincte. Continuant ceste façon de traittement à vostre oiseau, vous le verrez tost guary. Encores autres medicament à ce mesme effait a conseillé le bon maistre Aymé Cassian.
Si vostre oiseau, dit-il, a eu coup de bec de Gruë, Hairon, ou autre oiseau, prenez demie-once de mastic, quart d'once de boliarmeni, demie-once gresse de geline, vne once d'huile rosat, vne once d'huile
violat, vn quart d'once de terebenthine, vne once d'herbe pied de
coulomb, & vn quart d'once de cire vierge : Soyent toutes les choses
liquides susdites mixtionnées, fondues & battues ensemble : & les
pouldres de mastic, boliarmeni, & herbe Robert (que vous aurez ia
au parauant faites) meslees parmy lesdites huiles, gresses, & cire mi-
ses sur le feu, & remuees auec vn baston peu àpeu, tant que le tout soit
bien incorporé ensemble, & reduit en forme d'onguent, Mais gar-
dez-vous en mixtionnant de luy donner le feu trop aspre : Puis mettez dudit onguent) qu'aurez ainsi fait chauffer en vn pot net & neuf)
sur linge ou cuir, & en appliquez le cataplasme sur la playe de vostre
oiseau: apres qu'aurez mis la tente oincte de cedit onguent en la maniere cy dessus deduitte. Et s'il aduenoit que l'oiseau eust coup orbe
auec contusion sans playe ouuerte. Prenez, dit ledit maistre Cassian,
mommie en pouldre, & la delayez en sang de coulomb, ou de poulaille, & luy mettez dedans la gorge: & ne paissez de deux heures apres,
que luy donnerez gorge raisonnable : Toutesfois si la contusion ou
froissure paroist & se monstre à l'œil, n'oubliez de l'arroser d'huile rosat ou violat à vostre aisance & commodité, Vous souuienne aussi en
toutes les blessures cy dessus declarees de bander & emmaillotter vostre oiseau, si vous cognoissez qu'il en soit besoing.

L

CHAP. XII.

Aeunefois les pieds enflent aux oiseaux par quelque froidure : à l'occasion de ce que s'estans eschauffez à battre
le gibbier, ils se sont puis apres morfondus, à faute de
leur mettre quelque drap soubs les pieds quand ils sont
retournez de la volerie. Autrefois ce mal de podagre leur aduient
à cause qu'ils se trouuent pleins de grosses & mauuaises humeurs, lesquelles au trauail s'esmeuuent, & deuallans sur les pieds y font l'enflure. Ceste maladie vexe plus souuent les Faucons surnommez, Sacres, que toutes autres especes d'oiseaux : pource qu'ils sont pesans,
& ont les pieds gras de leur nature. Or enseigne le bon maistre Aymé
Cassian, quand l'oiseau a les pieds enflez, de commencer son traitement par purgation, en luy faisant vser de la medecine de lard, succre, & moëlle de bœuf, dont la recepte a esté descrite au cinquiesme chapitre du second liure, & si souuent mentionnee par tout ce
discours. De ceste composition donques seront faites trois pillules de
la grosseur d'vne moyenne febue, & puis donnees à vostre oiseau par
trois diuerses matinees : lequel sera puis apres mis au feu ou au soleil,
& deux heures apres pu de quelque bon past : Puis ayez vne once
de boliarmeni, & demie once de sang de dragon, & les faites battre
& mettre en pouldre, laquelle vous destrempez & meslerez fort
dedans le blanc d'vn œuf, & de cest onguent oindrez les pieds enflés
de vostre oiseau deux fois le iour, par l'espace de trois ou quatre
iours : pendant lesquels vous n'oublirés aussi de luy mettre quelque
drap dessoubs les pieds pour le tenir plus chaudement. maistre Molopin au liure du Prince donne aduis d'vn autre remede qu'il dit e-
stre souuerin & bien aisé. Si vostre oiseau, dit-il, a le pied ou les pieds
enflez seulement, sans ce qu'auecques l'enflure il y ait des clouds :
prenez cizeaux ou pincettes, & luy taillez les ongles des pieds ou
du pied qui sera enflé de si pres que le sang en sorte, de façon qu'il
saigne tres bien : Puis prenez gresle de geline, huile rosar & huile violat, autant del'vn que de l'autre, & vn peu de cire vierge, & fondez
tout cela ensemble : Apres ce ayez pouldre d'encens blanc, & de mastic, autant del'vne que del'autre, & de pouldre de boliarmeni deux

fois autant : & battant & meſlant bien fort le tout enſemble , faites en
onguent : duquel vous luy oindrez les pieds enflez deux fois le iour
iuſques à ce qu'il ſoit bien guary : Et ſont ces deux dernieres receptes
bien experimentees & eſprouuees.

Quand les oiſeaux ont les cuiſſes ou iambes enflees, qu'elles en ſont les cauſes,
& les moyens pour les eſprouuez pour les guarir.

CHAP. XII.

Duient par fois que les iambes des oiſeaux enflent, comme auſſi font les cuiſſes : aucunesfois toutes les deux enſemble, autre fois les vns ſans les autres. Ceſtuy mal ſur-
prēt les Faucons à cauſe du trauail qu'ils ont prins au vol,
ou au battre de la proye ou gibier qu'ils ont pourſuiuy, où
ils ſe ſont eſchauffez, puis refroidis & morfondus : ou bien à cauſe que
ſe trouuans pleins d'humeurs dedans le corps, ils les ont eſmeuz au
trauail du vol & de la chaſſe, & deſcendans ſur les iambes ou cuiſſes,
y font l'enfleure ſuſdite. Pour y remedier , Maiſtre Caſſian con-
ſeille de purger & curer premierement l'oiſeau malade , en luy baillant les pillules compoſees de lard, moëlle de bœuf, & ſuccre, par la
forme diuiſee au chapitre precedent ceſtuy. Et apres ladite cure
bien & deuëment faite, prendre huict ou dix œufs, & les faire cuire
auecques la coque tant qu'ils ſoient bien durs : puis les laiſſer refroidir
& leur oſter les coques, & les rompant en retenir les moyeux ſeulement : leſquels faudra qu'ils ſoient bien fort durs, autremēt ne ſeroient
pas propres à faire la medecine qui enſuit : Puis prendrez vne petite
poille de fer, qui ſoit bien nette & bien claire, la mettre ſur vn bon feu
cler, & dedans icelle rompre & eſmenuiſer auec la main leſdits huict
ou dix moyeux, & auec vne cuiller de fer les mouuoir ſans ceſſe. Et
quand verrez qu'ils deuiendrōt fort noirs, & lors que les cuiderez tous
gaſtez, les ramaſſerez tous enſemble : & apres les auoir fait bouillir en
vin blanc, les exprimerez, & en tirerez de l'huile que vous receurez en
vn verre net, puis de rechef les chaufferez & mettrez en preſſe, & en
tirerez tout ce que vous pourrez. Et quand voudrez vſer dudit huile
pour les enfleures deſſuſdites, prenez dix goutes de ceſt huile de moyeux d'œufs, & les meſlez parmy trois goutes de vinaigre, & trois autres
gouttes d'eau roſe : puis en frottez doucement l'enfleure des iambes
& cuiſſes de l'oiſeau. Dit ledit maiſtre Caſſian, que ceſte medecine
a eſté par luy maintesfois eſprouuee, & qu'il s'en eſt fort bien trouué en la cure des oiſeaux des grands Maiſtres de Rhodes : & quelle

eſt ſinguliere pour conforter & aſſouplir les nerfs des iambes & des pieds des Faucons. De fait continuant à l'oiſeau malade des enfleures deſſuſdites la friction dudit huile auecques le traittement ſuſdit par l'eſpace de ſept ou huict iours, vous y verrez prompt amendement & entiere guariſon.

Si les oiſeaux ont clouds ou galles aux pieds, que l'on appelle Podagres, quelles en ſont les cauſes, & les moiens d'y donner remede.

CHAP. XIIII.

I clouds ou galles viennent aux pieds de voſtre oiſeau (aucuns appelent ce mal, Podagre) ceſt choſe facheuſe & dangereuſe, & à laquelle ſera bien beſoin de promptement remedier. Ce mal ſuit volontiers les enfleures des iambes & cuiſſes, dont n'agueres a eſté parlé : & procede communément des meſmes cauſes. Auſſi dit maiſtre Aimé Caſſian qu'il eſt beſoin de proceder à la cure de ceſte podagre par la meſme forme cy deſſus deduitte: c'eſt à ſçauoir, de commencer par la purgation de l'oiſeau malade, en luy faiſant prédre par trois diuerſes matinees conſecutiues les trois pillules compoſees de lard, de mouële de bœuf, & ſuccre dõt nagueres a eſté parlé. Apres ladite purgatiõ, Prenez, dit il, du papier, & en faites des meſches de la groſſeur d'vn fer d'aiguillette, deſquelles allumees vous donnerez le feu aux clouds ou galles de l'oiſeau. Et ſi leſdits clouds eſtoient fort apparens & eminens deſſus le pied, ſeroit bõ de les fendre tout du long auec quelque trancheplume ou autre fer taillant venãt du feu & fort chaud: Et apres les auoir fendus bien doucement & dextrement, mettre dedãs la fente & ouuerture de chacun d'iceux vn petit morceau de lard gras, pour empeſcher qu'il ne ſe ſerre & recloe, puis mettez l'oiſeau ſur vn monceau de ſel menu: & s'il aduenoit aucune chair morte, metrez-y deſſus de la pouldre dont le tiers ſoit de verd de gris, & les deux parts d'hermodactyles: Puis quand l'vlcere ſera mõdifié, oignez le de ſeing de porc & de miel meſlez enſemble: Et le mettez touſiours ſur ledit mõceau de ſel menu iuſques à ce qu'il ſoit bien guary. Vne autre belle & bonne recepte a enſeignee. Maiſtre Molopin pour guarir ceſte maladie: Prenez dit il, trois onces des fueilles de la Rhubarbe, des moines, trois onces de fueilles de chou rouge, vne once de terebenthine, trois onces d'huile violat, trois onces de miel, cinq onces de

greffe de mouton , vne once & demie de greffe de ieune geline,
vne once de maftic, vne once d'encens blanc , vne once de poiure long, deux onces d'Alum , & vne once de cire vierge. Et premierrement des herbes faudra tirer & exprimer le ius, puis les huiles, greffes, & autres liquides meflez enfemble & fondue au feu en
vn pot neuf, les remuant toufiours auecques vn bafton : & apres
qu'aurez fait pouldre du maftic encens, poiure , & alum, & meflé
toutes icelles pouldrees enfemble , vous le coulerez peu à peu dedans le pot auecques le ius defdites herbes , remuant toufiours a-
uec le bafton, iufques à ce que le tout bien meflé & incorporé enfemble foit reduit en forme d'onguent. Lequel vous eftendrez puis-apres
fur cuir ou linge, & en appliquerez le cataplafme fur les pieds podagres par l'efpace de quinze iours, le changeant toutesfois de deux en
deux iour. Et fi les clouds par le moyen dudit onguent ne fe fendoiêt
& ouuroient d'eux mefmes, les faudra fendre d'vn fer tranchant &
chaut par la forme dite au precedent chapitre. Et en cefte mefme forme luy faudra pareillement ofter toute l'ordure & chair morte que l'õ
pourra voir dedans lefdits clouds & galles, tant qu'il n'y demeure rien,
& iufques à ce qu'il foit bien guary. C'eft onguent, ce dit maiftre Molopin, a fouuent efté efprouué , & experimenté bon par luy : & peut
durer en fa bonté deux ans Encore vne autre bonne recepte a , enfei-
gnee Maiftre Caffian pour remedier à ceftuy mal. Prenez, dit-il deux
onces de terebenthine, & vn once de fauon blanc mis en pouldre, &
demie once de cendre de ferment de vigne: mettez tout enfemble en
vn pot neuf deffus le feu, & le mouuez auec vn bafton peu à peu tant
qu'il foit bien meflé & incorporé l'vn auecques l'autre, & reduit en
forme d'onguent: duquel eftendu fur cuir ou linge vous ferez emplaftre, que vous appliquerez deffus les galles ou clouds que l'oifeau aura deffus les pieds : & lierez ledit emplaftre par entre les doigts de
l'oifeau, de façon qu'il ne le puiffe arracher ne tirer dehors : Ce qu
vous luy continuerez par l'efpace de qu'inze iours , changeant ledit cataplafme de deux en deux iours , iufques à ce que les clouds
foient bien molifiez. Et fi ce pendant lefdits clouds s'ouuroient d'eux-
mefmes, tant mieux vaudra : finon, il les faudra fendre auec le fer
tranchant & chaud, en la maniere deffufdite . Et puis apres qu'ils feront ouuerts, y pourrez appliquer de l'onguent, dit Diaculum , lequel affouplira le pied de l'oifeau, & en tirera les humeurs fi aucuns y

L iij

en a. Et où il se trouuera de la chair morte, mettez y vn peu de verd
de gris puluerisé en la maniere susdite. Pour remede à ce mal enseigne
maistre Cassian encore vne autre bonne recepte, Prenez, dit-il, limure de fer le gros de deux febues, & limure d'acier le gros d'vne febue :
escorce de chesne, dont vous leuerez le dehors, & du dedans bien as-
seché ferez pouldre bien subtile, & pour la faire bien subtile la passerez
par vn sas ou par l'estamine, & en meslerez le gros de deux febues parmy les limures susdites : puis tout ensemble mettrez bouillir dedans
vn pot neuf auec vne chopine d'eau & autant ou enuiron de vinaigre
blanc, tant qu'ils diminuent du tiers ou de moitié : apres ce tirerez
du pot tout ce que vous pourrez escouler de cler de ladite eau & vinaigre, & le fond ou marc qui restera le ferez encores espurer le plus
qu'il vous sera possible : puis le mettrez en vn sachet de linge de telle
longueur & largeur que l'oiseau puisse reposer ses deux pieds dessus ledit sachet. De ce sachet donques plein dudit marc vous ferez comme
vn coussin, sur lequel ferez tenir vostre oiseau cinq ou six iours : pendant lesquels vous luy pourrez arroser les pieds du cler ou bouillon de
ladite composition (que vous aurez à cest effaict gardé dedans vn verre ou autre vaisseau) trois ou qurtre fois par chacun iour : & en refres-
chir pareillement & remouiller le sachet dessusdit, afin qu'il s'en tienne plus frais, & qu'il en face meilleure operation : laquelle s'il ne peut
auoir acheuee au bout de six iours, luy faudra laisser plus longuement
& iusques à ce qu'il soit du tout guary : Et est ceste recepte fort bonne
pour toutes eschauffeures ou galles de pieds & de iambes.

SI VN OISEAV SE GRATTE OV MANGE LES
pieds, qu'elle en est la cause & qu'els moyens faut
tenir pour y obuier.

CHAP. XV.

Vand vous verrez que vostre oiseau se grattera ou
mangera les pieds, sachez que c'est vne maniere de
fourmiere qui les luy gaste. Et aduient ce mal aux Esmerillons plus souuēt que aux autres oiseaux. Conseille maistre Cassiã pour y remedier, de prēdre vne demie
fueille de papier, & en faire vn collier à l'oiseau, afin qu'il ne se puisse

toucher les pieds. Puis ayez vn fiel de bœuf, & le rompez en vne ef
cuelle, & puis meſlez parmy iceluy, pouldre d'aloes cicotrin autant
que iugerez eſtre beſoing, & les battez tres bien enſemble auec vn ba-
ſton, tant qu'ils ſoyent bien incorporez, & reduits en forme d'onguent: duquel onguent vous oindrez puis apres les bieds de voſtre oiſeau par l'eſpace de cinq ou ſix iours deux ou trois fois par chacun
iour, & iuſques à ce qu'il ſoit bien guary. Autre medecine a enſeignee
maiſtre Molopin pour ceſtuy mal. Prenez, dit il, la ſiente d'vne truie
ou d'vn pourceau, & la mettez deſſus vne tuile au feu ou au four tant
qu'elle ſoit bien aſſechee, & que l'on en puiſſe faire pouldre. Puis
ayez fort bon vinaigre blanc, & en lauez tres bien les pieds de voſtre
oiſeau, & apres qu'ils en ſeront bien laués, mettés deſſus de la dite
pouldre, tant qu'ils en ſoyent tous couuerts, continuant ce traittement deux fois le iour par l'eſpace de douze ou quinze iours, ou iuſques à ce que le verrez du tout bien guary, & ayant perdu l'enuie de ſe
gratter ou manger les pieds.

QVELS MOIENS SONT A GARDER QVANT

*on veut ſerrer ou eſtouper les venes des iambes de l'oiſeau, pour
le guarentir des enfleures, clouds, galles, podagres, &
demangeaiſons deſſuſdites.*

CHAP. XVI.

ES Maiſtres Fauconniers deſſuſdits experts &
bien entendus en l'art de Fauconnerie, ont cu-
rieuſement recherché tous moyens & ſecrets
pour guarir & guarantir, les oiſeaux Faucons de
tout genre & eſpece de maladie. Entre autres
ont deſcouuert deux beaux ſecrets pour garan-
tir les oiſeaux de tous les maux de cuiſſes, iam-
bes, & pieds dont n'agueres a eſté deuiſé: leſquels ſont fondez ſur
apparente raiſon de medecine: pour ce que par ces deux moyens
on retranche l'occaſion & la cauſe deſdits maux, qui eſt le de-
uallement & cheute des humeurs abondans & ſuperflus au corps

de l'oiseau, és cuisses & autres parties inferieures . Et combien que de prime face ils puissent sembler tous deux cruels & dangereux pour l'oiseau: toutesfois doibt-on croire que lesdits maistres ne les ont enseignez & laissez par escrit sans les auoir bien esprouuez du temps qu'ils seruoient leurs maistres(grands seigneurs) en l'art & exercice de Fauconnerier. Le premier est de serrer ou coupper les venes des iambes de l'oiseau, qui portent les humeurs aux pieds, & sont causes desdites enflures & podagres, duquel sera parlé en ce chapitre. Le second est, de rompre tout à fait la iambe à l'oiseau , duquel sera parlé au suiuant chapitre. Quand doncques vous voudrez à vostre oiseau podagre ou enflé par les pieds serrer & coupper les venes qui abreuuent & imbuent lesdits pieds des mauuaises humeurs, dit maistre Aimé Cassian: soit pris l'oiseau, & tenu bien dextrement , & luy soit plumé le dedans de la cuisse au plus pres du genouil: puis luy soit cherchee & trouuee la vene, qui est grosse assez , vn peu au dessoubs dudit genouil , où estreignant vn peu auecques les doigt congnoistrez & trouuerez incontinant ladite vene. L'ayant trouuee prenez vne aiguille, & en soubleuez vn petit la peau, laquelle vous coupperez autant que verrez bon estre à vostre discretion pour faire ouuerture, vous gardant bien neantmoins en couppant ladite peau, de toucher ou offenser en rien la vene. Estant l'ouuerture ainsi faite, ayez vn ongle de Butor ou de quelque autre oiseau, duquel vous faudra dextrement soubleuer ladite vene: puis passer par dessoubs icelle vn fil de soye,& l'en serrer & lier bien estroitement: puis apres coupper la vene au dessus de l'ongle,& du costé deuers la iambe:(car si vous la couppiez du costé de la cuisse, vostre oiseau seroit en grãd danger de mort) El n'y soit fait autre chose, ains la laissez saigner tant qu'elle voudra. Toutesfois le landemain vous pourrez oindre ladite ouuerture de quelque peu d'huile rosat, ou de gresse de geline pour l'adoucir & conforte. Ceste façon de serrer ou coupper venes , est fort bonne & profitable: car iamais depuis ne deuallent les humeurs és iambes & pieds de l'oiseau, & consequemment deslors en auant ne peut plus estre trauaillé d'enflures, clouds, galles, podagres, & de mengeisons dont a esté cy dessus parlé.

Quels

Quels on doit tenir, quand on veut rompre la iambe a l'oi-
seau, pour le garentir des podagres & autres ma-
ladies des pieds.

CHAP. XVII.

Aistre Aimé dit, si pour garder que les humeurs ne deuallent és iambes & pieds de l'oiseau, vous luy voulez
rompre ou l'vne ou toutes les deux iambes. Prenez vn
tronçon de canne, ou vn baston de sureau, que les Latins
appellent Sambucus : & en faites deux petites lattes ou estayes du
long d'vn trauers de poulce, & au surplus de telle largeur que la
iambe de l'oyseau puisse estre enclose entre les deux bien à son aise:
puis d'vn linge faites vne bande qui puisse faire quatre ou cinq tours
enuiron ladicte iambe. Ayez aussi boliarmeni mis en pouldre, &
bien meslé & battu auecques glaire d'œufs. Voz preparatifs estans
ainsi bien dressez, prenez l'oiseau doucement & dextrement, & luy
rompez la iambe par le milieu entre voz deux mains auec voz deux
poulces le plus promptement que faire se pourra, & la ployez depart
& d'autre tant que soyez bien asseuré que le gros oz sera rompu toutà
fait: mais en ce faisant donnez vous bien garde de ne blesser ou offenser l'oiseau en quelcóque autre partie de son corps. Ce fait appliquez
luy sur la rupture, bien dextrement reünie & remise, vn emplastre enduit dudit onguent preparé de boliarmeni & glaire d'œuf, & par dessus aiustez gentiment voz deux lattes ou estaies dessusdites, que vous
lierez de ladite bande en luy faisant faire quatre ou cinq tours: de telle
façon neantmoins qu'il n'y ait rien trop estroitement serré, ains que
la iambe y demeure à son aise. Car si autrement estoit, le feu pourroit
prendre en la iambe ou au pied de l'oiseau. Et partant afin de plus seurement y proceder, & garder que l'oiseau ne se puisse tourmenter &
debattre, sera bon qu'il soit emmailloté auant que la iambe luy soit
rompuë, & iusques à ce qu'elle soit bien reprise: & puis mis reposer sur
vn coussin mollement. Cependant luy faudra au past tailler sa chair
en petis morceaux, afin qu'il ne face aucun effort qui le puisse offécer.
Puis-apres ayez moüelle de bœuf, auec huile rosat ou violat, & les
ayât bien meslez & battus enséble oignez en la iäbe & le pied de l'oiseau deux fois le iours par l'espace de quinze iours : car cest onguent
épeschera que le feu ne s'y mette. Les quinze iours passez soit l'oiseau

demailloté, delié, & tenu sur le poing tousiours enchapronné. Et quand il sera guary de celle iambe, autant en pourrez-vous faire de l’autre. Mais aussi y faut-il bien penser auant que le faire: pour-ce que c’est chose bien dangereuse de rompre la iambe aux oiseaux, à raison du feu qui s’y mettroit par mesgarde & mauuaise conduitte.

La façon de mettre les oiseaux en mue: & les moyens qu’on doibt tenir
pour les conseruer en santé & alegeresse.

Chap. XVIII.

Vand le temps est venu de mettre vostre oiseau en muë faites le premierement purger & curer de toutes les mauuaises humeurs & ordures, qu’il peut auoir dedans son corps de longue main amassees, à cause des salles & mauuaises chairs dont il aura par fois esté pu, qui luy pourroient engendrer filandres, aiguilles, & autres semblables maladies, voire la mort, si n’y estoit pourueu à temps Et partant, maistre Michelin à donné conseil qu’auant que mettre son oiseau en muë, qu’il est bon de le purger par le moyen de la recepte dessusdite: cest à sçauoir, de la cōposition faite de lard trēpé, moüelle de bœuf, succre d’vne cuitte, ou succre fin, (car autant vault à dire) & saffran battu & mis en pouldre, autant de l’vn comme de l’autre: de laquelle faudra faire trois pillules de la grosseur d’vne moienne febue, & les faire prendre à l’oiseau prest de muer par trois diuerses matinees cōsecutiues: puis le mettre au feu ou au soleil, & ne le paistre par deux heures apres, qu’on luy donnera quelque bon past. Les autres trois iours ensuiuās, luy faudra (apres la cure) donner de l’aloes cicotrin du gros d’vne febue: puis le tenir au feu ou au Soleil, & ou luy verra rejetter ledit aloes auecques des flegmes. Et ce fait le pourrez mettre en muë. Autre moyen de bien nettoier & purger l’oiseau auāt la mue à baillé maistre Aimé Cassian. Prenez, dit-il, Hierepicre le gros d’vne petite noix muscade, & la mettez en la gorge du Faucon de façon qu’il la mette bas: & afin qu’il ne face difficulté de l’aualler, vous la pourrez enuelopper en vn boyau de gelinelié des deux bouts. Apres qu’il l’aura prinse, vous le pourrez tenir sur le poing, ou au feu, ou au Soleil, tant qu’il soit bien purgé. Puis ne le paistrez iusques apres midy, que luy donnerez gorge raisonna-

ble de quelque bon paſt vif. Et le lendemain le paiſtrez deux fois : puis
apres le pourrez mettre en muë.

Quels moyens ſont propres pour auancer vn oiſeau de muer.

CHAP. XIX.

Vand vous aurez mis voſtre oiſeau en muë, & verrez qu'il ſera long & lent à muer : ſi voulez auancer
la muë, allez au lieu où l'on tuë les moutõs au mois
de may ou de Iuin, & prenez de ces glandes que les
moutõs ont deſſoubs l'aureille, à l'endroit du bout
de là maſchoire, groſſes enuiron comme vne amande, prenez-en, dy-ie, iuſques au nombre de dix ou
douze, & les luy donnez hachees menu auec ſa chair. Et s'il faiſoit difficulté de les manger, pource qu'elles ſont vn peu ameres, trouuez façon de les luy faire prendre, & mettre en bas. Et donnez vous bien
garde quand il commencera à muër & ietter ſes plumes · car lors ne
luy en faudra plus donner. Pour ce qu'il pourroit auſſi bien ietter les
nouuelles comme les vieilles,

 Autre recepte enſeigne maiſtre Michelin pour ce meſme effect.
Prenez. dit il, vne couleuure, & en faites tronçons : puis la mettez
bouillir en vn pot neuf plein d'eau : & apres qu'aurez tiré ceſte eau du
feu, & qu'elle ſera refroidie : mettez y tremper du grain de fourment.
De ce fourment ainſi trempé nourriſſez puis apres quelques Pigeons,
Tourterelles, & autres ſemblables oiſeaux, deſquels vous paiſtrez
voſtre oiſeau tardif à muer : & incontinent apres il muera. Maiſtre Aimé Caſſian dit à ce propos. Si voſtre Faucon eſt lent à muer, prenez
ſouris-chauues, & les mettez ſecher au four, tant qu'en puiſſiez faire pouldre. De ceſte pouldre poiurez la chair de voſtre oiſeau lors
que le voudrez paiſtre, & toſt apres il muera. Autre recepte encores enſeigne maiſtre Molopin pour faire toſt muer l'oiſeau. Prenez,
dit-il, petits Chiens de lait, & les ouurez, & au laict que vous trouuerez dedans leurs mulettes ou eſtomacs, trempez la chair, donc
voudrez paiſtre voſtre oiſeau. Apres prenez ladicte mulette, tail-
lez-la en petits morceaux, & la luy faites manger : & vous le verrez

M ij

toſt apres bien muer. Auſſi donnant paſt bon & vif à tous oiſeaux,
vous les rendrez prompts à la muë, pour ce que tel paſt eſt naturel &
bien à propos.

Quels moyens ſont bons à garder pour faire que tous oiſeaux ſe por-
tent bien en la muë, & qu'ils en puiſſent ſortir
ſains & drus.

CHAP. XX.

I vous voulez auoir bonne entree & bonne iſſuë de la
muë de voſtre oiſeau : aduiſes premierement à ce que en-
trant en la muë il ſoit haut, gras, & en bon point, & au ſurplus tres bien purgé & curé auant qu'y entrer, par la forme
qui n'agueres vous a eſté enſeignee. Auſſi eſtant en la muë il le vous
faudra paiſtre de bonnes chairs, comme de petits poulets, & autre
ſemblable bon paſt vif, qui ſoit laxatif. Ne faillez ſemblablement de
luy bailler l'eau deux ou trois fois la ſepmaine : pour ce qu'il en pourra boire aucunefois, & par ce moyen ſe deſcharger des humeurs du
corps, & des rhumes de la teſte : & s'il s'y baigne, le pennage en ſera
meilleur & plus beau. Vous luy pourrez auſſi à la fois faire paſt de rats
& ſouris grands & petis, qui ſont laxatifs : & ſur tout les faudra tenir
en lieu propre, honneſte, & net.

Comment on doit traitter Faucons apres qu'on les a leuez
hors de la muë

CHAP XXI.

Aiſtre Molopin dit, que quand on leue Faucons hors de la
muë, s'ils ſont hauts & gras, iamais ne les deuez porter
ſans chappron : car quand ils ſentent l'air, le Soleil & le
vent, ils ſe battent volontiers, & s'eſchauffent : puis apres
ſe refroidiſſans ils tombent en grand danger de mort. Auſſi veulent ils
eſtre gouuernez doucement & paiſiblement : & au paſt manger
chair lauee peu à peu & a gorge raiſonnable. Et s'il aduenoit qu'a-
pres la muë l'oiſeau ſe trouuaſt degouſté, & perdiſt l'appetit de
manger : lors faudroit prendre de l'aloes cicotrin en pouldre & le

mesler auecques ius de Rhubarbe : & apres luy en auoir fait prendre vne cure ou pillule, le tenir sur le poing iusques à ce qu'il fust
bien purgé: Puis ne le paistre iusques apres midy , & lors luy donner de quelque bon past vif: Et le lendemain luy bailler à manger
d'vne geline : & puis luy bailler l'eau & le baing. Or deuez vous croire que ces medecines & traittements susdits sont bons & profitables
à l'oiseau, tant pour le remettre en appetit, que pour luy faire vuider
filandres & aiguilles, & autres choses mauuaises qu'il peut auoir dedans le corps. Maistre Michelin de sa part a donné aduis à ce mesme
effect: disant que quand on a mis l'oiseau hors de la muë, on luy doit
lauer sa chair, & luy en bailler petit à petit ou plus ou moins selon ce
qu'on le verra en goust: Toutesfois est bon de luy bailler au commencement quelques chairs laxatiues, afin de luy adoucir & eslargir les
boyaux : & aussi afin que plus aisément il les puisse passer & mettre
bas. Cela seruira pareillement pour luy oster la fierté & l'orgueil dont
il est plein lors qu'il sort de la muë: Disant d'auantage qu'il les faut
tousiours porter sur le poing auecques le chappron : & quinze ou
dix huit iours apres qu'ils sont sortis de la muë , les purger & curer auant que les faire voler: Ce qui se pourra commodement faire
en leur faisant prendre par trois matinees consecutiues les trois pillules, dont cy dessus a esté parlé, composees de lard, moüelle de bœuf
& succre: Et ne sera bon que d'y mesler quelque peu d'aloës: car si en
mettiez en quátité, il les pourroit faire remettre par dessus, qui vien-
droit mal à propos: & par chasque iour qu'il aura pris desdites pillules, le faudra puis apres mettre au feu ou au Soleil : & ne le paistre
iusques à deux ou trois heures apres, que luy donnerez poullaille ou
mouton. Maistre Aymé Cassian souloit apres auoir tiré ses Faulcons
de la mue, & deux ou trois iours auparauant que de les faire voler,
leur faire prendre vne pillule , dont la composition ensuit. Prenez,
dit il vn petit de lard , du poiure en pouldre, & de la cendre passee
par sas ou estamine , autant de l'vn comme de l'autre, vn petit de
sel menu & vn peu d'aloës cicotrin : & apres auoir tout bien meslé
& battu ensemble, faites en vne pillule , que mettrez au bec de vostre oiseau, & ferez en sorte qu'il la puisse aualler & mettre bas : puis
le couronnerez du chappron , & le tiendrez au feu ou au Soleil, luy
laissant regarder ladite pillule le plus longuement qu'il sera possible
Et s'il vient puis apres à vomir, vous le laisserez rejetter tant qu'il voudra: Si luy verrez vuider flegmes & grosses humeurs , se purgeant

parce moyen tout le corps pour puis apres se trouuer sain & alegre,
& bien faire son deuoir au voler. Apres qu'il sera ainsi purgé, enuiron vne heure ou deux, vous le pourrez paistre de poullaille, ou autre
past chaud & vif : pource qu'estant ia esmeu dedans le corps, il ne
pourroit pas faire son profit d'autre viande. Mais soit aduisé le Faucõ-
uier de ne donner ceste pillule aux oiseaux bas & maigres, ains aux
gras & hauts, qui sont pleins de chair & de gresse.

Si, quand, & comment on doit donner l'Aloes
aux oiseaux volans.

CHAP. XXII.

AVcuns Faucóniers sont d'opinion, & dient, que l'on doit
donner de l'Aloes cicotrin aux oiseaux volans de mois en
mois, & de la grosseur d'vne petite febue : & qui leur doit
estre mis au bec euuelope en vn petit morceau de chair
de peau de geline, afin qu'il ne gouste l'amertume, & leur faire tenir
le plus longuement que faire se pourra : puis apres le tenir au feu ou
au Soleil, tant qu'il ait remis ledit Aloes, auec les flegmes & colles
qu'il luy fera vuider. Aussi que pour garentir l'oiseau de filandres &
aiguilles, il est bon de luy en donner de huit en huit iours dedans sa cure le gros d'vn pois & que ce luy sera moien d'estre sauué & net desdites filandres & aiguilles, & autres telles maladies qui tous les iours luy
peuuent suruenir. Ils conseillent encores donner au Faucon refroidy
cinq ou six clouds de girofle rompus auec les dens : & dient que par ce
moyen il sera deschargé des rheumes de la teste : & mesmes qu'ils valent contre les filandres, estans donnez deuers le vespres enueloppez
en peu de cotton, Entre autres le bon maistre Aimé Cassian est de ceste opinion : & dit souuent auoir experimenté telles cures au grand
profit & aduantage de ses oiseaux. Autant en dit maistre Michelin
au liure du Prince : & n'est maistre Molopin de contraire aduis.

Si l'oiseau c'est rompu les ongles, quels moyens & remedes sont propres
pour les faires reuenir & le guerir.

CHAP. XXIII.

S'Il aduient que voſtre Faucon ſe ſoit rompu l'ongle du pied, ou qu'il l'ait du tout perdu, il y a remede à l'vn & à l'autre: Car s'il l'a du tout perdu, & n'y ſoit demeuré que le petit tendron ou cartilage de dedans, maiſtre Molopin dit, que deuez prendre du plus delié & ſubtil cuir que pourrez recouurer, & en faire vn doitier à l'oiſeau, lequel emplirez de greſſe de geline, puis mettrez dedans iceluy l'orteil au doigt dõt l'ongle ſera perdu, & l'atacherez dextrement à la iambe de l'oiſeau auecques deux petites courroies de meſme cuir, & le remuerez de deux en deux iours iuſques à ce qu'il ſoit endurcy & bien reuenu. Mais ſi l'oiſeau s'eſtoit ſeulement rompu & emporté quelque bout de l'ongle, tellemẽt qu'il en fuſt demeuré ou peu ou aſſez, lors luy faudra oindre de greſſe de ſerpent & ledit ongle luy croiſtra & reuiẽdra doucemẽt, ſi bien qu'au bout de quelque iours, il s'en pourra ayder & ſeruir tout ainſi cõme des autres. Auſſi quand l'oiſeau s'eſt par quelque force ou vehemence grande offencé l'õgle, de façon qu'il ſoit ſeparé d'auec la chair, & qu'a ce moyen il ſaigne: vous pourrez lors prendre ſang de dragon en poudre, & en mettre deſſus la plaie ſaignante, & ſoudain le ſang eſtãchera. Mais ſi puis apres il y venoit quelque enflure, la faudroit oindre de greſſe de geline, & toſt apres ſe deſenfleroit. Toutesfois ſi à l'occaſion des humeurs dont l'oiſeau pourra eſtre plein, ou par quelque autre accident, la iambe à cauſe de l'ongle rompu ou perdu ou le pied luy venoit en tumeur & inflammation notable, lors y faudroit appliquer & cataplamer l'onguent duquel cy deuant a eſté parlé, qui eſt cõpoſé de greſſe de geline, huile roſat, huile violat, terebentine, & des poudres d'encens blanc, & de maſtic, & laiſſer repoſer l'oiſeau iuſques à ce qu'il fuſt bien guary.

Quand les Faucons font des œufs en la mue ou dehors, & puis en deuiennent malades & en danger de mourir: par quels moyens on y doit remedier.

CHAP XXIIII.

A Vcunesfois aduient qu'aux oiſeaux eſtans en la muë, ou en eſtans ja leuez, ſe concreent & engendrent des œufs dedans le corps: qui les font toſt apres deuenir ſi fort malades, qu'ils en tombent ſouuent en danger de mort, s'il n'y eſt pourueu de prompt remede. Lequel a enſeigné maiſtre Aymé Caſſian, diſant que la chair que luy donnerez au paſt, doit eſtre trempee ou lauee en l'vrine de quelque ieune enfant maſ-

le aagé de six ou sept ans : luy continuant ce traittement l'espace de
huit ou dix iours, il ne fera puis apres aucuns œufs. Autre remede en-
cor a monstré maistre Molopin : si vous voulez, dit-il rompre ou diminuer les œufs estans au vêtre de l'oiseau lors qu'il est en la muë : prenez de l'eau qui degoutte de la vigne quand au mois de Mars elle a e-
sté taillee & soit receuë de la vigne pleurante en vn verre ou phiole :
& de celle eau lauez la chair que donnerez à l'oiseau par l'espace de
huit ou dix iours : & par ce moyen se rompront & diminueront les
œufs quelques gros qu'il les puisse auoir au ventre.

Quels moyens doit tenir le Fauconnier voulant prendre
Faucons en l'air ou au nid.

CHAP. XXV.

'Expert Fauconnier qui voudra prēdre les Faucons
en l'air ou au nid, se sçaura bien donner garde de les
enleuer trop petis. Car s'ils estoient ainsi ieunes &
petis leuez du nid, ils ne pourroient puis apres sentir
si peu de froid, qu'ils ne prinssent vn mal de reins tel
qu'ils ne se pourroiēt soustenir sur les pieds, & rom-
beroient en grand peril de mort. Et pource ne doit-
il les leuer de l'air sinon tant grans & tāt forts, qu'ils
puissent bien resister au froid, & se soustenir sur les pieds. Et le doit on
soudain mettre sur perche ou billot de bois, afin qu'ils puissent mieux
tenir & mener leur pennage, sur le degaster & froisser contre la terre.
Nommement doiuent estre puz de chairs bonnes, fraisches & viues,
tant qu'on en pourra recouurer : car c'est le seur & certain moyen de
leur faire auoir beau pennage. Si dit maistre Michelin, que pour bien
gouuerner vn Faucon niais & le garder de ce mal de reins, il faut mettre dessoubs luy en la forme d'vne herbe qui ressemble à du seuz, ayāt
graine noire, qui vulgairement est nommee Hieble : pour ce qu'elle
est chaude de sa nature : & au surplus est fort souueraine contre le
mal de goutte & de reins qui pourroit par delicatesse ou froidure aduenir à ces oiseaux qui sont prins ieunes en l'air ou au nid.

Par

Par quels moyens on peut voir si les Faucons ont pouls ou mousches: &
s'ils en ont, comment on les peut oster, ou faire mourir.

CHAP. XXVII.

S I vous voulez esprouuer quand vostre oiseau aura pouls ou mousches: pour bien tost vous en apperceuoir, le vous faut seulement mettre & exposer au Soleil de midy lors qu'il est en sa grande ardeur, & au dessus du vent: & s'il a pouls, incontinent sentans la chaleur ils ne faudront à sortir & se monstrer pardessus les plumes: Or dit maistre Cassian, que pour oster ou faire mourir lesdits pouls, faut auoir orpigment, & en faire pouldre bien subtile, & ceste pouldre mesler auecques pouldre de poiure bastu, en moindre quantité toutesfois que l'orpigment: Puis prendre dextrement vostre oiseau, & le tenir de maniere qu'il ne se puisse en rien offencer ne rompre le pennage: & de ces pouldres, ainsi que dit est, mixtionnees, luy pouldrer l'vne des aisles, & puis l'autre, & puis le demourant du corps doucement & gracieusement : Ce fait le mettre sur le poing, & l'arroser, en forme d'aspergement, auecques la bouche d'vn peu d'eau nette & fresche: puis le tenir au feu ou au Soleil iusques à ce qu'il soit bien sec. Puis apres quand le voudrez paistre, arosez luy vn peu le beq auec eau fresche, afin de luy leuer & faire perdre la saueur de l'orpigment. Mais soit aduisé le Fauconnier, que son oiseau ne soit trop maigre & affamé, lors qu'il le voudra orpigmenter: car l'orpigment luy pourroit nuire, s'il le trouuoit bas. Aussi dit Maistre Molopin que pour ce mesme effait, vous pouuez pareillement vser de l'orpigment tout à part soy, & du poiure aussi sans orpigment: mais que vsant du poiure seul, sera bon d'y mesler vn tiers de cendre, pour rompre la pointe & force dudit poiure pourueu qu'icelle cendre soit bien passee & meslee auecques le poiure. Ce faisant vous pourrez tenir vostre oiseau garenty des pouls & mousches pour toute l'annee.

Quand l'oiseau pend & traine l'aisle, par qu'el moyen on la luy peut
faire leuer & soustenir.   CHAP. XXVII.

N

Duient souuent qu'oiseaux nouuellement prins, & mis sur le poing, ou sur la perche, ou en mains de personnes qui ne les sçauent pas bien gouuerner, ils se debattent, & eschauffent: & puis se refroidissent, entreprenent, & roidissent: de maniere que puis apres ils ne peuuent plus redresser ne soustenir leurs ailes. Pour remede à ce mal enseigne maistre Molopin la medecine qui ensuit; Prenez, dit-il, de fort bon vinaigre, & en arrosez vostre oiseau auecques la bouche dessus & dessoubs: mais gardez qu'il ne luy en entre aux narilles: puis le mettez au feu ou au soleil, & luy continuez ce traictement deux ou trois iours. Au bout desquels, si voiez qu'il luy soit amendé, ne luy faites autre chose: Mais si pour tout cela il ne sera en rien amendé, mettez-le dedans vn eau: & par force de se debatre releuera & redressera ses ailes. Sortant de l'eau le faudra mettre au soleil, & le tenir chaudement: car si vous le laissez refroidir, il seroit pis que deuant.

Si les oiseaux de fortune, se sont cassé, froissé, ou rompu quelques pennes
des ailes, ou de la queuë par quels moiens on les doit
racoustrer, & enter s'il en est besoing.

CHAP. XXVIII.

Ouuent escher que les oiseaux se froissent cassent, ou rompent les grosses pennes des ailes ou de la queuë, par la faute des Fauconniers, ou autres qui les gouuernent: Lesquels les ayans mis sur la perche, les attachent long, & laissent le gand pendre au bout des longes: & par ce moyen s'empeschent & empestre l'oiseau en se debattant, tellement qu'il ne se peut redresser, & à force de se debatre se froisse, casse, ou rompt quelque penne. Autrefois leur aduient ce mesme inconuenient, quand s'estans iettez sur la proye par eux poursuiuie, suruiennent les chiens, qui chauds & gourmands se iettent de violence sur la proye & sur l'oiseau, & luy rompent ou arrachent quelque penne, En plusieurs autres manieres se peut aussi l'oiseau gaster lesdites pennes, qui seroient longues & superflues à reciter: Mais le principal est, quand le mal est aduenu, d'y sçauoir donner bon & prompt remede. Or dit maistre Cassian que si vne penne estoit seulement ploiee & froissee par quelque for-

ce, sans qu'il y eust autre cassure ou rupture : faut prendre eau chaude, & en lauer la penne frossee, de façon qu'elle deuienne bien tendre à l'endroit de la froissure : puis l'estindre auecques les dents à
fin de la redresser & remettre en son premier estat. Puis soit prinse
vne coste de chou, & mise sur les charbons tant qu'elle soit bien
chaude, puis fondue & mise sur la froissure, en l'estraignant de façon
que la penne se puisse voir toute redressee & reuenue en sa premiere
forme, Mais si la penne estoit tellement rompue qu'il fust besoing de
l'enter, toutesfois fust la coste de dessus seulement froissee, & autrement entiere sans rupture, ou cassure, & tout le surplus du dedans
de la penne rompu, & couppé iusques à ladite cotte ou cottes de
dehors : en ce cas vous la pourrez enter de la façon qui ensuit. Vous
ferez auec vne aiguille vn pertuis de chasque costé de la rupture, rap-
portant droictement & iustement l'vn à l'autre : puis prendrez vne
autre aiguille enfilee, laquelle mettrez & ferez passer par lesdits trous
ou pertuis le cul deuant auecques son fil : & la pousserez tant auant,
que vous faciez venir aboutir la pointe de l'autre part : puis l'ostez, &
tirez tout bellement le fil, de façon que tout vienne à ioindre & serrer ensemble. Lors pourrez couper le fil au plus pres : & par ce moyen
demeurera la penne entee à son droict fil, & se portera beaucoup
mieux que si elle estoit couppee tout outre : Car la coste ou cottes
demeurant par dessus entiere, sera cause que la penne sera mieux sou-
stenue. Autre moien a enseigné M. Michelin pour enter pennes rompues tout à fait, & lors qu'il les faut reioindre & enter de deux pieces :
Prenez, dit-il, des aiguilles que tous Fauconniers cognoissent, & ont
expres pour enter pennes : Et si le bout de la penne rompue, qui est demeuré vers l'oiseau, est d'auenture fendu, sont relié auecques du fil : &
soient voz aiguilles mouillées dedans eau sallee, ou fichees dedans vn
oignon, afin qu'elles prennent mieux & afin, que la penne entee se
maintienne. Encores a monstré M. Cassian vne autre belle maniere
d'enter pennes en tuyaux : Si vne penne, dit-il, est rompue en tuyau, &
vous y voulez faire rentrer & racommoder la penne mesme qui en
a esté rompue (pource qu'elle reprendra & s'accommodera mieux
qu'vne autre penne estrangere) : prenez vn autre tuyau plus menu, &
qui puisse entrer dedãs le tuyau qui tient à l'oiseau : & l'entez & faites
enter de l'autre part pareillement dedans le tuyau du bout de la pẽne
rõpue, & separee du corps de l'oiseau de telle façõ que les deux extre-
mittez se viẽnẽt bien iustemẽt à serrer & ioindre ensemble : Puis apres

d'vne grosse aiguille ou d'vn aleine bien menuë faites deux pertuis de
part & d'autre de la iointure : & d'vne petite plume d'aile de perdrix
ou de coulom(que vous aurez escorchee par dessus, tant qu'il n'y sera
demouré que le tuyau net & simple) & du plus menu bout d'icelle
vous emplirez les pertuis susdits, de la mesme façon que l'on ferre vne
aiguillette : ce que ferez ensorte que ladite petite plume ainsi passee
au trauers desdits pertuis soit bien tiree & apparente de part & d'autre: & apres l'auoir dextrement couppee & bien riuee, afin qu'elle ne
puisse eschapper , vous pourrez lors asseurer que vostre penne sera
bien entee.

Quand vne penne est arrachee par force, ou tiree en sang, quel moien il y
a de la faire reuenir sans offense de l'oiseau.

CHAP. XXIX.

Vand à l'oiseau aura esté arrachee penne par force,
M. Aimé Cassian a enseigné d'y remedier par le
moien qui ensuit, Prenez, dit-il, vn grain d'orge ou
d'auoine, & le couppez vn peu par le bout, puis l'en-
gressez ou oignez d'vn peu de Theriaque, & le mettez dedans le pertuis de la penne arrachee, à fin qu'il
ne vienne à se clorre, & que la penne nouuelle puisse sortir plus à son
aise : neantmoins deuez-vous croire que telles pennes ne reuiennent
iamais ne si belles ne si fortes que les autres. Or si vne penne a esté tiree en sang, ledit M. Aimé Cassian conseille, prendre promptement le
grain d'orge ou d'auoine dessusdit engressé de Theriaque, & couppé
par le bout comme dessus, & le mettre dedans le pertuis de la penne
tiree, de façon que le bout en saille & se voie par dehors: afin que au
bouter que fera la nouuelle penne il soit plus prompt & prest à yssir.
Combien que ce soit bien grand auéture d'en voir iamais sortir, penne qui vaille: de fait, tirer penne en sang est beaucoup plus dangereux
que les tirer en toute autre maniere.

S'il'oiseau a l'aleine puante, quelle en est la cause, & quels moyens sont bons
pour y donner remede. CHAP. XXX.

L aduient aucunesfois que les oiseaux ont l'haleine puante: & ce leur prouient de deux caufes. L'vne pour ce qu'ils ont efté pus de chairs, falles, puantes, & non lauees: & lefquelles auparauant les paiftre, n'ont pas efté trempees, en hyuer en eau chaude, en efté en eau fresche & nette. Et à cefte occafion & de la corruption defdites chairs, qui fe corrompent en leur eftomach, leur montent fumees puantes en la gorge & au cerueau, qui leur rendent l'haleine ainfi mauuaife & puante. L'autre eft à caufe de quelques groffes & mauuaifes humeurs concreées & affemblees de longue main au corps & en la tefte de l'oifeau, à faute de le currer & purger en temps & faifon conuenable. A cefte caufe feroit befoin que iamais chairs graffes ne fe donnaffent aux Faucons, fans tremper vne heure ou deux auant que les paiftre: car cela leur feroit grand moyen de ce maintenir en fanté.

Si dit M. Aimé Caffian que pour remedier à telle puanteur d'haleine, faut en premier lieu faire la compofition de la medecine deffufdite, qui fe faict de lard, de mouëlle de bœuf & fuccre, & en former trois pillules qui feront de la groffeur d'vne febue, baillees par trois diuerfes matinées à l'oifeau: lequel fera puis apres tenu au feu ou au foleil, iufques à ce qu'il ait efmeuty par trois ou quatre fois, & par ce moyen fe foit bien purgé: puis deux ou trois bônes heures apres, fera pu de quelque bon paft vif. Ces trois iours paffez, & apres ladite purge, foit pris Romarin, & feché au feu ou au four, puis mis en pouldre, prenez auffi deux ou trois clouds de girofle, & les rompez & froiffez vn peu auecques les dens: & de ces deux fimples bien meflez enfemble faites vne pillule, laquelle vous ferez fur le vefpre prendre à voftre oifeau enueloppee en peu de cotton: & la luy mettant en la gorge ferez tant qu'il l'aualle & mette bas: luy côtinuant ainfi par quatre ou cinq iours. mais foit mis puis apres l'oifeau en lieu où la cure le puiffe retrouuer & voir la matinée enfuiuante. Ces quatre ou cinq iours paffez, vous luy en pourrez puis apres faire prendre autant de cinq en fix iours, iufques à ce qu'il foit bien remis en fa bonne haleine. Encores luy vaudra ce traittement pour le defcharger des rheumes de la tefte, & le garentir de toutes manieres d'aiguilles & filandres qu'il pourroit auoir dedans le corps. Mais fur tout en tout temps, & en toute difpofition que puiffe eftre voftre oifeau gardez-vous de luy donner chair froide qui ne foit trempee & bien lauee.

N iij.

CHAP. XXXI.

Vsques icy, mes bons seigneurs, vous ay-ie redigé par escrit en petit ce traité, les principaux secrets de ce noble
art de Fauconnerie, selon ce que i'en ay peu apprendre
& recuillir de ces trois excellens & experts Fauconniers
cy dessus nommez. Lesquels i'ay veus & cogneus si bons
maistres, estant renommez en cest art, que i'ay tousiours creu & pensé faire tort à vous autres mes bós seigneurs, & à toute la posterité des
Gentils-hommes soy delectans à la Fauconnerie, si ie n'en laisoie quelques memoires par escrit pour les adresser & redresser en toutes choses qui peuuent concerner la santé & le bon traictement des oiseaux
Vray est que ie ne me suis pas beaucoup amusé à faire particuliere &
entiere enumeration de tous oiseaux qui chassent & prennét le gibier
& la proye: ny pareillement à enseigner les moyens de les affaiter &
rendre adroits & prómpts au vol & à la chasse du gibbier: pource que ce
ne sont pas des plus exquis points de la maistrise: & que plusieurs gens
de bien en ont ja deuisé, & en pourront d'oresnauant faire entendre
par leurs escrits, ce qu'ils en ont en la phantasie. Ains me suis singu-
lierrement arresté à monstrer les moiens & subtilitez de conseruer les
Faucons en leur santé, lors qu'ils sont sains:& de les guarir & remettre
en bon estat lors qu'ils sont malades. Quoy faisant, si vous trouuez li-
sant ce traité, que ie vous aie donné quelque bóne adresse, sachez en
gré aux trois maistres dessusdits. Mais aussi prenez en bonne part le
labeur que i'y ay tres volontiers emploié à la faueur & soulagement
de vous tous, noble & gentils esprits, qui aymez le deduit du vol de
l'oiseau, & l'adresse qui par l'art s'y peut retrouuer pour la perfectió &
auancement du plaisir que chacun de vous en doit receuoir. A Dieu.

Fin de ce quatriesme Liure.

La Fauconnerie de Guillaume Tardif, du Puy en Vellay, Lecteur du feu Roy Charles huictiesme du nom, & à luy dediée.

AV ROY TRES-CHRESTIEN

Charles hvictiesme, Gvillavme
Tardif du Puy en Vellay, son Liseur, tres-
humble recommandation supplie
& requiert.

ES LORS que Dieu vous doüa du nom de tres-Chrestien
Roy de France, SIRE, mon naturel, souuerain & vnique
Seigneur, ié vostre tres-humble & tres-obeissant seruiteur,
vous dedie mon mediocre engin & science. Car apres plusieurs
œuures qu'à vostre nom ay composees par vostre commandemēt,
& pour recreer vostre Royale Majesté entre ses grans affaires,
vous ay, en vn petit liure, redigé tout ce que i'ay peu trouuer ser-
uir à l'art de Fauconnerie. Lequel liure ay translaté en François, des liures en Latin du
Roy Daucus, qui premier trouua & escriuit l'art de Fauconnerie, & des liures en Latin de Moamus, de Guillinus, & de Guicennas, & colligé des autres bien sçauans
audit art, briefuement & clairement en ordre par rubriches & chapitres, laissant les
medecines difficiles à trouuer, ou à faire, où dangereuses pour l'oiseau, ou non approuuee par les expers, & par l'art de medecine. Les noms des medecines, qu'on nomme dro-
gues, qui ne sont en l'vsage François, sont escrites en la langue de laquelle vsent les
Apothicaires. C'est œuure a deux parties, la premiere enseigne à cognoistre les oiseaux
de proye desquels on vse, les enseigner & gouuerner, & les medecines pour les entretenir en santé. La seconde enseigne les maladies desdicts oiseaux & les medecines
d'icelles.

L A

TABLE DE LA FAVCONNERIE DE
Guillaume Tardif.

PREMIERE PARTIE.

là meſme.
Empeſchement de ſe battre en perche. meſ. fueil.

SECONDE PARTIE.

Fin de la Table.

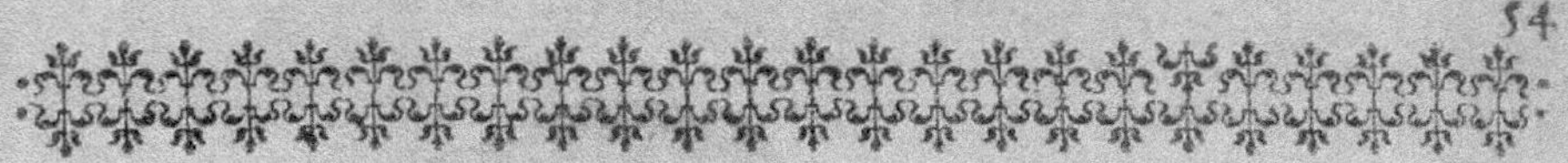

La premiere partie de la Fauconnerie
PAR GVILLAVME TARDIF DV PVY EN VELLAY.

En laquelle est traitté comme on cognoist les oiseaux de proye, comme on les enseigne, & gouuerne, & comme on les entretient en bon point & bonne santé.

Des especes des oiseaux de proye, desquels on vse en l'art de Fauconne-rie, & de la nature du masle & de la femelle.

CHAPITRE I.

LES oiseaux de proye, desquels on vse en l'art de Fauconnerie, sont de trois especes: qui sont l'Aigle, le Faucon, & l'Autour. Desquels oiseaux nous parlerons cy apres separément, & par chapitres.

La femelle des oiseaux viuans de rapine est plus grande que son masle, plus forte hardie, fine & caute. Le masle des oiseaux qui ne viuent point de rapine, est plus grand & plus beau que sa femelle.

De l'Aigle, de ses especes, de sa couleur & forme des noms diuers d'elle selon
diuerses langues: quand elle doit estre prinse, quand elle doit fuir
ou nom, & le remede a ce: de la proie d'elle.   Le remede
aux Aigles gastans le gibbier

CHAP. II.

Igle a deux especes: l'vne est appellee Aigle absolument, l'autre est nõmee Zimiech. Rouge couleur en l'Aigle, & les yeux profons, principalement si elle est née és montagnes Occidentales, est signe de bonté. Rousse Aigle est bonne, sans doute. Blancheur sur la teste, ou sur le dos de l'Aigle, est signe de meilleure Aigle, laquelle est appellee en langue Arabique Zummach, en

Syriaque Meapan, en Grec que Phidalephe, en Latine Milion, l'Aigle
doit estre prinse petite, car la condition d'elle, est d'accroistre en audace & astuce. Quand l'Aigle part du poing, & volle autour d'iceluy, ou
en terre, c'est signe qu'elle est fugitiue. Au temps que les oiseaux sont
en amour & s'apparient pour faire generation, l'Aigle communémēt
fuit auec les autres: pourtant mettez au past d'elle vn peu d'arsenic
rouge, autrement nommé orpigment, lequel luy mortifiera ce desir.
Quand l'Aigle voulant espanoüir la queuë, tournoie autour d'icelle,
& monte vers aucune partie, est signe qu'elle est disposée de fuir. Le
remede est, lors luy ietter son past, & la fort rappeler, & s'elle ne descend à sondit past, c'est pour auoir trop mangé, ou pour estre trop
grasse. Remede à ce. Cousez les plumes de sa queuë, tant qu'elle ne
les puisse espanoüir, ne d'icelles voler: ou plumez le tour du fondement tout autour: lors par la froideur qui est en la sommité de l'air,
ne taschera plus de voler si haut: mais adōc on doit doubter les autres
Aigles, lesquelles elle ne pourroit pas bien euiter ne fuyr, pour ce
qu'elle a ainsi la queuë cousuë.

Quand l'Aigle vollant, tournoye sur son maistre, sans s'esloigner,
c'est signe qu'elle ne fuira point.

L'Aigle prend l'Autour, & tout autre oiseau de rapine, parce qu'elle
les voit porter les gets, lesquels elle cuide estre past: & pour ceste cause tache de les prendre, & n'y sçait on autre cause: veu que quand elle
est au desert, elle ne fait pas ainsi.

Pour euiter l'Aigle, on doit oster les gets de son oyseau, quand on
le veut faire voller: autremēt l'oyseau, par quelque industre qu'il eust,
ne se sçauroit deliurer de l'Aigle. l'Aigle dicte Aigle absolument,
prend le Lieure, le Renard, la Gazele.

L'Aigle nommée Zimiech, prend la Grue, & oiseaux moindres.
Quand il y a Aigles, gastāt le gibbier, le remede est: Cousez les yeux
à vne Aigle, en luy laissant peu d'ouuerture pour voir la clarté: & dedans le fondemēt mettez vn peu d'Assa-fœtida, puis cousez ledit lieu.
Et aux iambes d'elle, liez aisle, ou chair, ou drapeau rouge, lesquelles
Aigles cuideront estre chair, la faites voller, & en vollant, & se def-
fendant iettera les autres bas, ou s'en fuiront: laquelle chose elle ne feroit, n'estoit la douleur que luy fera ce que dit est, mis dedans son
fondement.

Du Faucon, quand il doit estre prins, de sa bonne forme & con-
dition, de ses especes, couleurs gouuernement & proye:
& comme on le doit tenir hors du poing.

CHAP. III.

Aucon qui est prins petit deuant la muë, est le meilleur. La
bonne forme du Faucon, est teste ronde, & pleine sur le haut,
le bec gros & court, le col fort long, là poictrine bien large,
grosse charnuë & nerueuse, dure & forte d'ossemens: & pour ce se

confiant à fa poictrine, frappe d'icelle, & ayant les cuiffes menues &
foibles, il chaffe des ongles hanches pleines, ailes longues, & fur la
queuë croiffans, queuë courte, & toft volubile, cuiffes groffes, iambes courtes, plante large, molle & verte, plumes legieres, occultes,
peu & parfaictes. Tel Faucon prendra les Grues, & grands oifeaux.
La condition du Faucon eft, qu'il eft plus qu'autre oyfeau hardy, vi-
fte à voller, & à reuenir: fugitifs toutesfois & auaricieux auffi de proie,
pour laquelle caufe il volle roidement & foudainement, & frappe
fouuent en terre & fe tue. Le Faucon a dix efpeces: qui font, Obuier,
Emerillon, Lanier, Tunicien, Gentil, Pelerin, de Paffage, Montaigner, Sacre, & Gerfaut. De l'Emerillon, Lanier, Sacre & Gerfaut eft
cy apres feparémét par chapitres efcrit. Faucon Tunicien eft ainfi appellé par ce qu'il naift communémét au pays de Barbarie, & que Tu-
nes eft la principalle cité d'iceluy pays, en laquelle abonde la vollerie
dudict Faucon. Il eft auffi de la nature du Lanier, vn peu plus petit
fur tels pieds de tel pennage, mieux croyant, plus long de vol, tefte
groffe & ronde, bien montant aile, bon à riuiere & aux champs, aux
lieures & autres gibbiers.

Faucon Gentil eft bon heronnier deffus & deffoubs, & a toutes autres manieres d'oifeaux: comme aux Rouffeaux, reffemblans au Heron, Efplugnebaux, Poches, Garfottes & fpecialement aux oifeaux
de riuiere. Pour eftre bon Gruier, faut qu'il foit prins nyais, car
autrement ne feroit fi hardy. Pour eftre plus hardy l'oifeleras premierement fur la Gruë, veu qu'il n'a encore cogneu autre oifeau.
Faucon Pelerin eft ainfi nommé, pource qu'on ne fçait où il naift,
& qu'il eft prins en Septembre, faifant fon pelerinage ou paffage és
Ifles de Cypre, & de Rhodes. Le bien bon eft de Candie, il eft
hardy, vaillant, & de bon affaire: il eft bon à la Grue, à l'oifeau de
Paradis, qui eft vn peu plus petit que la Gruë, ou au Heron, Rou-
feaux, Efplugnebaux, Poches, Garfottes, & autres de riuiere: à
l'oye fauuage, Oftarde, Oliues, perdrix, & autres menus. Faucon de paffage, autrement dict Tartarot de Barbarie, eft dit de paffage comme eft le Pelerin. Et eft dit de Barbarie, pour ce qu'il faict fon
vol & paffage par le pays de Barbarie, & qu'on en prent là plus qu'ailleurs. Le bien bon eft de Candie, il eft vn peu plus grand & gros que le
Pelerin, roux deffoubs les ailes, bien empieté, longs doigts, bien volant hardy à toute maniere de gibbier, comme dict eft du Pelerin.
Le Pelerin & de paffage peuuent voller tout le mois de May, & de

Iuin, pour ce qu'ils sont tardifs en leur muë:& quand ils commencent
à muer, se despouïllent prestement.

Faucon montaigner est de brune couleur, & s'il est sain, il est des autres le meilleur: il est grand & hardy, prenans grans & non petis oiseaux difficile à gouuerner & garder. Il le faut plus porter & faire veiller qu'autre Faucon, & doibt estre entretenu entre gras & maigre.
Quand il sera malade, faictes luy bouïllir bien fort au four eau nette
en pot de terre, & la mettez deuant luy, & l'induisez à en boire. quand
le voudrez purger & amaigrir, ferez trois cures de peau de geline, lesquelles trois iours luy donnerez.   Pour le garder sain, oïngdrez vostre gand de musc. Et quand le voudrez faire voller, iettez-le deuant
que les autres: combien qu'il ne prenne rien, si reuiendra il au vol des
autres. Noir faucon, comme dient les Alexandrins, est le meilleur,
ne luy donnez point chair mouillée, sinon qu'il soit orgueilleux, por-
tez-le sur le poing, plus qu'autre faucon, ne l'ennuyez point outre son
vouloir, & le traictez benignement: gardez qu'il ne voye Aigle, car
apres ne prendroit oiseau, & qu'on ne luy prenne ses pennes. Quand
le ietterez sa proye, gardez de mal duire vostre main, car il perdroit
lors courage. Rouge faucon est souuent trouué és lieux plains, & en
marais: il est hardy, mais difficile à gouuerner, pourtant deuant qu'il
volle, donnez luy trois purgations de cuir de geline lauee en eau,
puis le chauffez, & le mettez en lieu obscur par aucune espace de temps, puis apres faictes le voller.
Faucon qui a plumes blanches est har-
dy, & bon: quand il est sor ne le fais
point voller qu'il n'ait muë
car apres la muë il
est bon.

De

De l'Emerillon, de sa forme, de son vol, de sa proye,
& quand il doit estre oiselé.

CHAP. IIII.

L'Emerillon est de forme de Faucon , plus petit que l'Esperuier, plus vollant qu'autre oiseau : prenant toute volatille que prend l'Esperuier, principalemēt, petis oiseaux, comme moyneaux, aloüettes, & semblables, & les poursuit de merueilleux courage. Il doit estre oiselé en huit iours, car apres ne vaut rien.

P

Du Lanier, de sa naissance, de sa forme, de son past, & de sa proye.

CHAP. V.

E Lanier est assez cõmun en tous pays. Il est plus petit que le Faucõ Gétil, beau de pénage, plus court empieté qu'autre Faucon. Celuy qui a la teste grosse, les pieds plus sur le bleu soit, niais ou sot, est le meilleur. Il n'est point dãgereux en son viure. Il est cõmun pour voler sur terre & sur riuiere.

*Du Sacre, de ſes eſpeces & naiſſance,, des noms d'icelles eſpeces, quand
il doit eſtre prins, de ſa forme, condition & proye.*

CHAP. VI.

IL y a trois eſpeces de Sacres. La premiere eſt appellee
Seph, ſelon les Babyloniens & Aſſyriens. Il eſt trouué
en Ægypte, & en la partie Occidentale, & en Babylone;
Il prend Lieures & Biches. La ſeconde eſpece eſt nommee Semy, qui prend petites Gazeles. La tierce, eſt dicte
Hynair, & Pelerin, ſelon les Ægyptiens & Aſſyriens: il eſt dit de paſſage, pource qu'on ne ſçait où il naiſt, & qu'il fait ſon paſſage tous les
ans vers les Indes ou vers le midy. Il eſt prins és aiſles de Leuant, en Cy-

pre Candie, & Rhodes, pource dit on qu'il vient de Ruffie, de Tartarie, & de la mer Maior. Le Sacre prins apres la mue, eſt le plus viſte, &
le meilleur. Le Sacre eſt plus grand que le Pelerin, laid de pennage,
cour empieté, & hardy. Le meilleur eſt, celuy qui a couleur rouge, ou
tannee, ou griſe: & qui eſt en forme ſemblable au Faucon, qui a groſſe
langue, & pied leger, ce qu'on trouue en peu de Sacres, doigts gros,
& tendans à couleur de bleu effacé. Le Sacre eſt des oiſeaux de proye
le plus laborieux, paiſible, & traictable, & qui fait meilleure digeſtion
de gros paſt. La proye du Sacre, ſont grans oiſeaux, comme Oye ſauuage, Grue, Heron, Butor, & ſingulierement beſtes à quatre pieds ſil-
ueſtres, comme Gazeles & autres.

E S parties froides, & en Dacie, Nouergue, & Prusse, naist le Gerfaud: mais il est prins communément en faisant son passage en Allemaigne. Il est bien empieté, doigts longs, grand, puissant, beau specialement quand il est mué, & si est fier & hardy, dont il est plus difficile à faire: car il desire main & maistre paisible. Il est bon à tout gibbier.

L y a cinq especes d'Autour. La premiere & plus noble
est l'Autour qui est femelle. La seconde, est nommee demy
Autour, qui est meigre & peu prenant. La tierce, est le Tiercelet, qui est le masle de l'Autour, & prend les perdrix, & ne
peut prendre les Grues. Il est nommé Tiercelet, car ils naissent trois
en vne nyée, deux femelles & vn masle. La quarte espece est l'Esperuier, qui prend toute volatille que prend l'Autour, excepté les
grans oiseaux. La cinquiesme est nommee Sabech, lequel les Ægyptiens nomment Baidach, qui ressemble à l'Esperuier, & est moindre
que luy, & a les yeux celestes comme bleuz. Autour d'Armenie & de
Perse est le meilleur, & apres celuy de Grece, & dernierement celuy
d'Afrique. Celuy d'Armenie a les yeux vers, & le meilleur d'iceux, est
celuy qui a les yeux & le dos noir. Celuy de Perse est gros, bien emplumé, les yeux clairs, concaues, & enfoncez, sourcils pendans. Celuy
de Grece à grand teste, col gros, & beaucoup de plume. Celuy d'Afrique à les yeux & le dos noir, quand il est ieune, & quand il muë les yeux
luy deuiennent rouges. Au temps que les oiseaux sont en amour, quãd
ils s'appariét pour faire generation, toutes especes d'oiseaux de proye
s'assemblent auec l'Autour: comme Faucon, Sacre, & autres viuans
de rapine: à ceste cause les conditions des Autours sont diuerses, en
bonté, audace & force, selon leur diuerse generation. La meilleure
forme d'A'utour est telle: vn bon Autour doit estre pesant, comme
ceux de la grande Armenie. En Syrie, on achapte les oyseaux de proye
& de Fauconnerie, au bois, & le plus pesant vaut mieux: de la couleur
& condition d'iceux ne leur chaut. Blanc Autour est plus gros, beau
facile à enseigner & plus foible entre les autres, car il ne peut prendre la Grue. Et pource qu'il est nay en lieu haut, & qu'il endure mieux
le froid, qui est en l'air hault, il est bon pour voller oiseaux de telle
condition. Autour tendant à noir, & qui a plume superflue sur la teste, descendant sur le front, comme vne perruque, est bel, mais il n'est
pas fort. La bonne forme d'Autour est, d'auoir teste petite, face longue & estroitte, comme le Vautour, & qui ressemble à l'Aigle, le gosier
large, par lequel passe le past, yeux grands, parfons, & en iceux petite
rondeur noire, narilles, aureilles, croupe, & pieds larges & blancs, bec
long & noir, le col long, la poictrine grosse, la chair dure, les cuisses
longues, charnues, & distantes les os des iambes & des genoux doib-
uent estre courts, les ongles gros & longs. La forme des le fondement

de l'Autour iusques à la poictrine, doit estre côme en rondeur accroissant. Les plumes des cuisses vers la queuë doiuent estre larges, & celles de la queuë doiuent estre courtes, peu rousses, & molles. La couleur qui est soubs la queuë, est côme celle qui est en la poictrine, & sur chacune plume, ou lignes noires, qui sont sur la queuë a aucune trancheure: la couleur de l'extremité des plumes qui sont en la queuë, doit estre noire en la partie des lignes. Des couleurs, la meilleure est rouge, & tédant à noir, ou à gris clair: Signe de bon Autour est, astuce de courage, desir & abondance de manger, bequer souuent son past, prinse soudaine de son past sur le poing, comme si on le iettoit, digestion longue, force d'assaillir: Le signe d'audace en l'Autour est tel, lie-le en lieu clair puis obscur de clarté, apres touche le soudainement, & s'il saut, & s'asseure sur le poing, c'est signe d'audace. Le signe de force en l'Autour est tel, lie les Autours en diuerses parties de la chambre, & celuy qui esmutira plus haut, est le plus fort. Le signe de bons petis Autours, est d'auoir les yeux clairs & larges, & le cercle des oreilles & du bec, teste petite, col longs, doigts longs, plumes courtes & cachees, chair dure, pieds vers, ongles larges & descharnez. digestion legere, la vuydange de la digestion large, esmutir loing. Si au bout du bec, y a aucune noirté, c'est bon signe. La mauuaise forme d'Autour, tât en petits qu'en grands, est quand il a la teste grande, col court, les plumes du col meslées & inuolues, fort emplumé, chacun est mol, cuisses courtes & gresles, iambes longues, doigts courts, couleur tannée, tendant à noir, & aspre soubs les pieds. Autour qui en saillant de la maison, semble qu'il saille de la muë, & qui a plumes grosses, les yeux rouges côme sang, qui sans repos se debat, & quand il est sur la perche, tasche saillir au visage: s'on l'ameigrist, il ne le peut porter: s'on l'engraisse, il s'enfuit pourtât tel Autour rien ne vaut. Paoureux Autour est difficile à enseigner: car la paour luy fait fuir le poing & le leurre, ou rappel. Autour qui a plumes pendans sur les yeux, & le blanc d'iceux fort blanc, couleur côme rouge, ou tanné clair, a les signes de mauuaises conditions, & de non reuenir au rappel: si Autour de telle forme est trouué de bône côditiô, il sera tres-bon. Aucunesfois, mais peu souuét, est trouué Autour de mauuaise forme & condition: tout au contraire au bons signes de Autour, qui sera leger, frais, peu souuent las, & qui prendra les grands oiseaux. La proye de l'Autour est, Faisand, Malard, Cane, oye sauuage, Corneille, Connis, Lieures. Il fiert petit Cheureul, & l'empesche tant que les chiens le prennent plus facilement.

Ddl'Esperuier, & de sa nature.

CHAP. XI.

IE m'amuseray vn peu à parler de l'Esperuier, pour autant qu'il est fort noble, & fort vsité en France: & aussi que qui sçaura bien voller, gouuerner & affaiter l'Esperuier, il sçaura aisement tout le traictement, & la volerie des autres: ioint qu'ō s'en peut ayder hyuer & esté, & auec grand plaisir, pour les beaux vols qu'il fait : car chacun a endroit soy dequoy voler : & aussi qu'on en peut voler à toutes manieres d'oiseaux, car il est commun à tout, plus que tous les autres Faucons & oiseaux. Car l'Esperuier d'hyuer

quand

quand il est bon, prend la Piele, Iay, la Choüette, la Gresille, le Vanel
le Videcaille, le Merle, le Coulon, & beaucoup de sortes d'autres
oiseaux.

De l'Esperuier, de sa bonne forme & bonté
CHAP. X.

Es Esperuiers sont de plusieurs plumes. Les vns sont de
menues plumes tousiours blāches: les autres sont grosses plumes que nous appellōs mauuaises. Si vous dirōs tāt
de leur façon, que de leurs plumes, lesquels sont les meilleurs. L'Esperuier qui est de bonne forme, est grand & court, & a la
teste petite, espaulles larges & grosses, iambes grosses, pieds estandus,
pennes noires. Le niais est bon, & reuient volontiers à son maistre. Le
sor est difficile à affaiter, & sera bon s'il ne fuit les gens: pource qu'il a
accoustumé la proye, parquoy il est plus courageux. Le meilleur de
tous les Esperuiers, est celui qui a esté prins hors du nid, & a esté vn
peu à soy, lequel nous appellons Branchier. Faut pour estre bon, qu'il
ayt la teste rōdette par dessus, le bec assez gros, les yeux vn peu cauez,
le cerne d'ētour la prunelle de l'œil de couleur entre vert & blāe, le col
lōguet & grosset, grosses espaules, & vn peu bossues, & ouuert vn peu
endroit les reins, & affilé par deuers la queue, & que les ailes soient as-
sises en allant au long du corps, si que le bout de ses ailes voise soubs
la queue, & que la queue ne soit trop longue, mais qu'elle soit de bōnes
pennes larges, qui soient affilees comme le bout d'vne espee: & qu'il
ne soit trop haut assis, c'est à dire, qu'il n'ayt les iambes trop longues,
mais soient plattes, & les pieds longs & deliez, & de couleur entre
vert & blāc, & les ongles poignās, bien noirs & petits. Que ses plumes
trauersaines soiēt grosses & bien coulourees de vermeil, & les menues
ensuiuent les plumes de la poictrine. que les pennes soyent larges: &
qu'il ait le bruel meslé de mesles trauersaines, ainsi comme le corps, &
que ses sourcils soient blācs, & vn peu coulourez de vermeil, & qu'ils
prennent le tout iusques derriere la teste. Aussi est fort bon l'Esperuier, quand il est familleux.

Comme il faut chiller l'Esperuier nouueau, & les mettre en ordonnance.
CHAP. XI.

Q

Speruier de nouueau affaitement, doit eſtre chillé en ceſte maniere. Prenez vne aiguille enfilee de delié fil, qui ne ſoit retors: fais le tenir, & le prens par le bec, & luy boute l'aiguille parmy la paupiere de l'œil, non pas droit à l'œil, mais plus pres du bec, afin qu'il voye derriere. Et ſe donnant bien garde de prendre la toile, qui eſt deſſoubs la paupiere. Puis mettre l'aiguille en l'autre paupiere, de l'autre part, & tirer les deux bouts du fil, & noüer ſur le bec, non au droit nœud mais couper le fil pres du nœud, & le tordre tellement, que les paupieres ſoiēt ſi hautes leuees, que l'Eſperuier ne puiſſe rien voir. Et quand le fil laſchera, qu'il voye derriere, & par ce eſt mis le fil pres du bec: car l'Eſperuier doit veoir derriere, & le Faucon deuant. Que ſi l'Eſperuier voyoit deuant, il plumeroit aual le poing, quand il battroit contremont, & prendroit bons eſbats, & ſi verroit trop à plain les gens, & ſ'eſbateroit trop ſouuent.

Pour bien mettre voſtre Eſperuier en arroy: vous luy debuez bailler gets de cuir, leſquels doiuent auoir les bouts vn peu renuerſez & meſmement decouppez, & ſi doiuent auoir demy pied de long, à pied main, entre la boite du get, & le noüueau qui eſt au bout, à quoy on le tient. Il doit auoir deux bōnes ſonnettes, afin qu'il en ſoit mieux ouy, & auſſi que l'Eſperuier prenāt vn oiſeau il ſe mettra en ſi eſpois buiſſon pour ſe paiſtre qu'il ne pourra eſtre veu ne ouy: & en le plumāt: la plume ſouuēt luy couure l'œil, & pour l'oſter il ſe gratte de l'vn des pieds & fait ouïr la ſōnette: & ſ'il n'auoit qu'vne ſōnette, il ſe pourroit gratter du pied où elle ne ſeroit point, parquoy ne ſeroit pas ouy. L'Eſperuier qui eſt affaité au chapperon, & qui ſouffre qu'on luy mette, vaut mieux que celuy qui ne le veut endurer: car il s'en bat moins: il ſe porte mieux quand il eſt chapperonné en temps de pluye & de vent, ou en mauuais tēps, car lors on le peut cacher ſoubs le manteau: d'auantage, il en vole mieux, & plus roidement, car il eſt moins deſpriſé que celuy qui n'a point de chapperon, lequel eſt las de ſe debattre: & ſi on luy garde mieux ſes vols & ſon auantage, parce qu'il ne ſe debat pas iuſques à ce qu'on veut qu'il vole, dont il a meilleur courage, & ſi on le porte par tout ſans ce qu'il ſe debatte ou bouge.

Comme on doibt affaiter vn Eſperuier, & comme il doibt eſtre mis en arroy.

CHAP. XII.

Arce que les Esperuiers sont de diuers plumages,& de diuerses tailles, aussi y a-il diuerses manieres de les affaiter, & y à moins d'affaire aux vns qu'au autres. Tant plus l'Esperuier est familleux,& à bōne faim,plustost est affaité.Pour le faire manger,frottez luy les pieds de chair chaude,en pipant & touchant la chair au bec:&s'il ne veut māger,frottez luy les pieds d'vn oiseau vif,& l'oiseau criera: & si l'Esperuier empreint le poing des pieds, c'est signe qu'il mangera : alors descoure la poictrine de l'oiseau , & luy mets au bec,& il mordera en chair,car vn oiseau qui māge tātost qu'il est prins, c'est signe qu'il est familleux & qu'il mangera bien: & luy en dōne autant au vespre, & aucunefois sur iour, mais qu'il n'ait rien en gorge. Et quand il sera bien en chair, & il mordera quād on pipera, si luy mets le chapperon, qui soit assez parfond & large, qu'il ne luy serre endroit les yeux. Et quand il voudra endurer à mettre & oster le chappron ,sans se debattre,& qu'il māgera chapprōné,alors luy faut diminuer sa vie ,en luy dōnant moins de chair à manger, & luy en dōne au matin: & quād il aura enduit(c'est qu'il ait mis a val sa viāde,& qu'il n'ait rien en la fosette de la gorge)le pourras abecher sur iour,en luy mettāt & remettāt le chappron pour luy faire mordre:car il est bon de luy donner vne bequee ou deux de chair, toutes les fois que luy mettras le chapprō en la teste. Ee quād ce viendra au vespre,tu le paistras pour la nuit,& luy dōneras des sourcils de poulle,iusques au lendemain.Puis quād tu verras qu'il sera chu en bōne faim si lasche le fil dequoy il est chillé,mais qu'il soit duit quand tu le feras,& qu'il voye par la derriere,cōme dit est.Et s'il peut bien voir les gens,si le veille toute la nuit qu'il sera lasché, & qu'il ait le chapprōt hors la teste,afin qu'il oye les gens,& qu'il les accoustume. Et quand tu luy remettras le chappron, donne luy deux ou trois bechees de chair, & le lédemain au point du iour, mets luy vn oiselet aux pieds : & s'il le prent aspremēt & qu'il morde en la chair si luy oste le chappron en paix: que s'il se debatoit,remets luy, & le veille encores,tāt qu'il soit mat. Que s'il māge deuāt les gēs sans le chappron, & est asseuré deuāt eux, ne soit plus veillé, mais le faut tenir vne partie de la nuit entre les gēs, en le faisant plumer,& luy donnāt aucunesfois vne bequee ou deux de chair, en luy mettant & ostant le chappron. Et quād tu t'en iras coucher, mets tō oiseau pres de tō cheuet, sur vn treteau, afin que le puisse souuent resueiller la nuit.Puis te leue auant que il soit iour, & le mets sur ton poing, & luy tiens le chappron hors de la teste, afin qu'il voye les gens autour de luy : & quand il les verra, mets luy au pied vn oiselet tout vif, comme dit est, & ainsi qu'il mangera,

Q ij

mets luy le chappron, en luy donnant le demourant de ton oiseau, le
chapprõ en la teste. Et sur le iour, regarderas s'il n'a rien engorgé, & si
tu vois qu'il n'y ait rien, tu luy dõneras vne bequée, petit & souuét, deuant les gens, en luy ostant & remettant son chappron: mais sur le soir
doit tousiours auoir le chappron hors de la teste, pour voir & accoustumer les gens en luy dõnant à manger d'vne poulette. Et pour fai-re
mieux sa chilleure, afin qu'il voye mieux quand tu le mettras coucher,
si le tien en lieu obscur, & luy eclisse vn peu d'eau au visage, afin qu'il
frotte ses yeux aux ioinctes de ses ailes : le lendemain, qu'il trouue le
iour & la chair chaude sur ton poing, & qu'il soit lasché, afin qu'il voye
deuant & derriere, & fasse signe d'estre seur entre les gés, puis l'a faite
comme dessus est dit, et retien, que le iour que tu luy auras dõné chair
lauee, ne lui donne point plume : & ne luy donne plume qu'il ne soit
bien asseuré, car s'il n'estoit seur, il ne l'oseroit ietter. Dõc si tu veux asseurer ton Esperuier, & le tenir en bonne faim, mets le bien matin sur
le poing, & va en lieu où ne suruienne personne, & abecque-le d'vn
oiselet vif puis le descharne, & le mets sur aucune chose, & luy tends
le poing, en luy donnãt vne becquée: & s'il y vient volõtiers, si le relâ-
ce au vespre, & au matin de plus loin, & deuãt les gens, pour le mieux
asseurer, en luy attachant vne longue ligne au bout de sa longe, & s'il
fait beau temps, & que le Soleil raye, on luy doit offrir l'eau pour soy
baigner pourueu qu'il soit sain, qu'il soit seur, qu'il soit trop maigre,
& qu'il n'ait gorge, car c'est vne chose qui bien asseure ton oiseau que
le bain & luy donne bon courage: mais que tousiourz apres le bain, tu
luy donnes à paistre bons oiseaux vifs. Et toutes les fois que paistras
ou reclameras tu dois piper & siffler, afin qu'il s'acoustume de venir
à ton siffler. Il le faut paistre entre les Chiens & Cheuaux, afin qu'il s'a-
coustume auec eux. S'il a volé, & tu le vueilles mettre au Soleil, mets-
le à terre sur vn tronchet : & là s'asserra, & ne fera iamais qu'il n'aymé
mieux se seoir à terre. Apres le bain, si tu trouue ton Esperuier en bon
courage, tu le peux bien voller le lendemain au vespres : mais que par
auant tu l'aye reclamé à reuenir des arbres, & reclamé à cheual, ayant
faict prouision d'vn pigeon, afin de le reprendre plus aisément : car il
faut à vn Esperuier auãt qu'on en vole, qu'il soit bien asseuré par veiller, par porter, par faire tirer, & par plumer deuant les gens: qu'il ayme la main, le visage, les Cheuaux, & les Chiens : qu'il soit net dedans, tant par chair lauée, que par plumes: qu'il soit bien affamé, &
bien reclamé de terre & d'arbres.

La maniere de faire voler son Esperuier nouueau.

CHAP. XIII.

Vi veut voler de son Esperuier nouueau affaité, qu'il en vole au vespre vn peu deuant soleil couché, parce que c'est l'heure qu'il a le plus grand faim. Secondement, la chaleur du soleil, si on vouloit au matin, fait esmouuoir l'oiseau par sa chaleur, & luy fait esleuer le cœur, & le rend gay, parquoy il pert sa faim, & ne luy en souuient, & ne tasche & pense qu'à se resoudre & ioüer contremōt, qui le feroit perdre. Qui plus est, il ne se peut tant esloigner de toy sur le vespre, s'il te fait ennuy, comme il feroit le iour contre la chaleur du Soleil, à cause de la nuit que le contraindra de se percher. D'auantage, pour faire voler ton Esperuier nouueau faut cercher large campaigne, loin des arbres. Qu'il soit deschapronné quand les Espagneux querront: que si les Perdriaux saillent, & il s'embat, laisse le aller s'il saut de pres: que s'il le prent, donne luy à manger contre terre de la poictrine d'vn Perdriau, auec la ceruelle. Quand il aura mangé vn peu, oste luy, & le descharne, & monte sur ton cheual, loin de luy, puis siffle, & l'appelle, & s'il reuiēt à toy, si le paiz. Sur tout il se faut bien donner garde, qu'il ne faille au premier vol à gros oiseaux, afin qu'il n'emporte & s'accoustume aux menus, que s'il est bien apprins aux gros oiseaux, tu peux bien le faire voler aux Alouettes & petis oiseaux, & si tu voy qu'il y vole volontiers, si luy meine, & en soit repu, car c'est le plus beau vol & plus plaisant que la volerie de l'Esperuier aux Alouettes. Et parce que la chair & le sang des Alouettes est chaud & ardant, il est bon, quand il y volera, de luy donner deux fois la sepmaine de chair lauee, & la plume bien souuent, mais ne luy donne la plume le iour qu'il aura mangé chair lauee, ne le iour qu'il se sera baigné. Quand on est en bonne compagnie, & chacun a son Esperuier si on voit voler le sien auecques les autres, cela renforce biē le deduit, & si s'asseurent ensemble: & c'est le plaisir de prendre vne Alouette à l'escourse, & qu'vn bon Esperuier a chassé vne Alouette bas, & si haut qu'on la peut regarder, & vn autre Esperuier la va requerre si roidement en volant contremont, qu'il est cōtraint de l'enuironner, ne la pouuant prendre: & lors l'Alouette plonge & vient

à terre, & l'Esperuier aussi, laquelle s'aime mieux mettre entre les iambes d'hommes & cheuaux, pensant se sauuer, que tomber entre les
griffes de son ennemy naturel, toutesfois le plus souuent elle y est
prinse. Qui veut faire apprendre à gouuerner Faucōs, faut bailler à affaiter Hobreaux ou Hobiers : si on veut qu'il scache gouuerner Ger-
faults, baillez luy Esmerillons. Qui sçait gouuerner & affaiter Esperuier, il sçait affaiter les Autours. Ainsi par les vns on peut sçauoir les
autres.

Quand on doit prendre au nid, ou en l'aire l'Oiseau de Fauconnerie.
& comme on le doit lors traicter.

CHAP. XIIII.

Aut que l'oiseau de Fauconnerie soit prins au nid ou en l'aire, quand il est fort pour se soutenir sur les pieds. Mets le sur
vn billot de bois, ou sur vne perche, afin qu'il puisse mieux
demeurer son pennage, sans le gaster en terre. Mets soubs
luy vne herbe, qu'on nomme hieble, laquelle, pource qu'elle est chaude, & est tres-bonne contre toutes maladie de reins, & de goutte, qui
luy pourroit aduenir. Paiz-le de chair viue le plus souuent que pourras, car elle luy fera bon pennage, Si tu le prens petit, & le mets en lieu
froid, il prendra mal au reins, parquoy ne se pourra soustenir, & sera
en danger de mort.

De ces mots, brancher, ramage, & sor.

CHAP. XV.

'Oiseau niais, est celuy qui est prins au nid. Brancher est
celuy qui suit sa mere de branche en branche, qui est aussi nōmé ramage Sor est appellé (à sa couleur sorette) celuy qui a volé & prins deuant qu'il ait mué. Et pour ce
qu'on prent souuent l'oiseau au glu, ou en le prenant on
luy froisse ou rompt les pennes : s'ensuyt la maniere de le desgluer, &
de ses pennes rabiller.

Pour desgluer oiseau. **CHAP. XVI.**

POur desgluer oiseau, prens sablon menu & sec, & cendre
nette, mets ensemble, & les mets sur les lieux où est la glu,
& laisse ainsi l'oiseau vne nuit. Apres battras fort trois moyeux d'œufs, & auec vne penne en mettras sur lesdits lieux,
& laisse ainsi l'oiseau deux nuits. Puis prens du gras de lart, aussi gros
qu'vne prune, & autant de beurre, tout fondu ensemble, dequoy oindras lesdits lieux, & laisse ainsi l'oiseau vne nuit. Le lendemain le laue-
ras auec eau tiede, & nettoyeras auec linge bien net, tant que rien n'y
demeure.

Pour penne froissee redresser, ou rompue enter desioincte re-
serrer ou perdue renouueller.
CHAP. XVII.

SI tu veux redresser vne penne frossee, trempe en eau chaude le lieu qui est froissé: & quand elle sera amollie & tendre
audit lieu froissé, redresse la hors de l'eau : apres prens vn
gros tronc ou cotton de chou, & le chauffe fort sur la braise puis le fend au long, & dedans celle fente mets le froissé de ladicte
penne, & estrains d'vn costé & d'autre le chou, iusques qu'il aura re-
dressé ladite pêne. Le tronc de l'herbe de couleuure, autrement nommee Tinthimale, a en ce l'effect du chou.
Pour penne rompue d'vn costé, & qui tient de l'autre.

Prens vne aiguille longuette, & la trempe en vinaigre, ou en eau sa-
lee, pour rouiller, afin qu'elle tienne mieux dedans la penne, puis l'en-
file de fil delié, & la mets dedans les deux bouts de la froissure de la
penne: apres la tire par le filet, iusques à ce qu'elle sera tant d'vn costé
que d'autre & que la penne sera ioincte, & la garde du trauail iusques à
ce qu'elle soit ferme. Si elle est des deux costez rompue, couppe là, &
prés vne aiguille pointue par les deux bours, trãchâte cõme celle d'vn
pelletier, trépee comme dit est, & fais cõme dessus. Pour pêne frossee
ou rompue au tuiau, prens vn tuiau plus menu, afin qu'il entre dedãs le
tuiau froissé ou rompu : puis couppe en ce lieu la penne, & l'ente du
tuiau mis dedans les deux bouts de la penne couppee: apres, cous-les
deux parties auec le tuyau qui est mis dedãs & couure le lieu de la iointure de la pêne de cottõ, ou de petites plumes auec colle, ou si ne veux
coudre ladite pêne, colle la. Si la pêne estoit perdue, mets y en vne pa-

reille en quantité & couleur. Pour plume desioincte reserrer prens e-
stouppes bien menu taillees, & meslees auec le rouge d'vn œuf bien
batu, mets les sur linge bien delié, duquel lieras dedans & dehors le
lieu de la penne dessioincte : ou emplastre ledict lieu de myrrhe, & de
sang de bouc, meslez ensemble. Pour faire renouueller penne perdue par batterie, ou autrement, & principalement en la queuë, prens
huile de noix, & huile de laurier, autant d'vne que d'autre, meslez ensemble, & les distileras au lieu : duquel est saillie ladite penne, & cela
fera renouueller ladite penne.

Du past & chair bonne & mauuaise pour paistre oiseau, du lauement de la
chair, de la maniere de paistre l'oiseau, & de la nature
des chairs qu'on donne aux oiseaux.

CHAP. XVIII.

PAst & chair bonne, outre l'ordinaire de l'oiseau,
est luy donner vn peu de la cuisse ou du col d'vne
poulle, car il engraisse l'oiseau. Les entrailles de
poulle, auec les plumes, dilatent le boiau qui vui-
de la digestion de l'oiseau, & seche l'humidité
superflue, laquelle ne peut saillir par l'egestion &
esmutissement de l'oiseau. Les chairs mauuaises
pour paistre l'oiseau, sont, chairs froide, & chair
de bœuf, & autres de forte digestion, & singulierement de beste qui
seroit en ruth, laquelle est pour faire mourir l'oiseau, sãs sçauoir à quelle occasion. Chair de poulle est mauuaise pour l'oiseau, car pour ce
qu'elle est froide, elle luy trouble le ventre : aussi pour ce qu'elle est
douce & delectable & qu'on trouue communément partout poulles,
à ceste cause l'oiseau affriandé de telle chair de poulle, quand en volant en verroit, pourroit laisser sa proye, & voler vers la poulle. Si tu
te doutes ou voit que l'oiseau soit poullailler, paist-le de petis oiseaux,
de petis coulomb commençans à voler, ou de petites airondelles.
Chair de coulomb vieil, & chair de Pie, luy est amere & mauuaise.
Chair de Vache luy est mauuaise, car elle est laxatiue, non pas par sa
bonne nature, mais par sa ponderosité, par laquelle fait indigestion,
& par ainsi est laxatiue. S'il est necessité de paistre l'oiseau de grosse
chair par faute de meilleure, soit trempee & lauee en eau tiede, & a-
pres esprainte, si c'est en hyuer : & en froide, si c'est en esté, & que la
chair

chair ne soit point trop esprainte, car la pesanteur de l'eau, qui est laxatiue, & luy fera plus tost passer & enduire sa gorge, & luy tiendra les
boyaux larges, & l'espurgera mieux par dessous les grosses humeurs,
qu'il pourroit auoir dedans le corps. Le lauement de chair, se doit
entendre de grosse chair, & quand il est necessité d'en vser pour purger
ou mettre bas l'oiseau, & non pas de chair de bonne digestion : car il
faut entretenir l'oiseau de quelque bon past vif & chaut, autrement
on le pourroit mettre trop au bas. La maniere de paistre l'oiseau est
telle·au past & chair que doit manger l'oiseau, ne doit estre ne graisse,
ne veine ne nerfs:& en le paissant ne le laisse pas manger selon son desir, mais par poses, & le laisse reposer en mangeant, lors mangera sua-
uement. Par fois luy musseras & cacheras la chair deuant qu'il soit
saoul,& luy retarderas son manger, & faits qu'il ne voye la chair, afin
qu'il ne se debate. Fais-le plumer petits oiseaux, comme il faisoit au
bois. Les chairs dequoy on paist les oiseaux, sont de diuerses natures,
car les vnes font les oiseaux gras, les autres les rendent orgueilleux, les
autres les font attrempez. Le passereau, le pinçon, la chair d'vn Chat,
les Sourits, & la gresse de Geline, la chair de Porc,& de bœuf, rendent
les oiseaux gras. La chair de Poullets, de Lievre, de Geline, de Vache,
moüillee en l'eau, font les oiseaux maigres. La chair de Cheures &
& Cheureaux, les font orgueilleux. Mais si vous voulez que vostre
oiseau soit bien attrempé, ne trop gras, ne trop maigre ne trop orgueilleux, donne luy à manger vieille Geline. Et par ce, muë luy souuent sa
chair, selon la commodité que tu verras.

CHAP. XIX.

I l'oiseau mange par trop hastiuement, quelque piecette &
petit morceau de chair, & qu'elle soit tombee au lieu par lequel l'air va au poulmon, prens vn long canon de plume bien
mol & doux à manier, ou vn pareil de metal, & le mets par
ledit lieu, & succe par ledit tuyau en tirant bonne haleine, iusques à ce
que ce qui est tombé audit lieu reuienne : car s'il y demeure, sera perilleux pour l'oiseau.

R

Pour renouueller le bec rompu, ou resserrer le bec desioinct.
CHAP. XX.

E bec de l'oiseau se rõpt, ou pource qu'il est mal gouuerné car l'on n'affaite le bec ainsi qu'õ doit, parquoy croist tãt des deux costez, qu'il rõpt: ou parce que quand l'oiseau paist, il demeure quelque chair soubs la partie haute du bec, laquelle chair se pourrist, & seche tant le bec qu'il tombe par esclats: pourtant nettoye le bien, & le polis, en taillant ce qui est de tailler: puis oindras la couronne dudit bec, de sang de serpẽt, & de geline, & 15.ou 20.iours apres que le bec luy commencera à croistre, romps le bec dessus, afin que celuy de dessous puisse croistre à sa raison. Ce temps durant, son past soit couppé en petits morceaux, car autrement il ne se pourroit paistre. Ne cesse pourtant le faire voller. Pour bec desioinct reserrer mets dessus la desioincture, de la paste fermentée, & de la poix resine.

Quand l'oiseau a soif, la cause & le remede.
CHAP. XXI.

Vand l'oiseau à soif, c'est ou par aucune alteration ou qu'il est trop gras, & a ceste cause à chaleur dedãs: le corps: ou c'est par indigestion. S'il à soif par alteration, donne luy eau en laquelle ait trempé succre, safrã & spodium, ne luy en donnãt que pour rafraichir la gorge. S'il a soif pour estre gras, ainsi par chaleur qu'il a dedans le corps, mets auec les choses dessusdites, terre seellee. S'il a soif par indigestion, cuits en eau, graine de cumin doux, & luy mets en la bouche, ou cuits zinzibre, ou grand polieu, en vin vieil, ou en eau de clou de girofle, & y trempe son past. S'il a tousiours soif, mets en son eau vne dragme de boli-armeni, & le poix de dix grains de canfre la luy baillant à boire

Quand l'oiseau ne peut émutir, les signes, & le remede.
CHAP. XXII.

Vand l'oiseau ne peut émutir, le signe est qu'il gratte sa queuë & boit eau. Donne luy chair de porc chaude, auec vn peu d'aloës. Ou fais secher vers de terre sur tuille chaude, & en fais pouldre: & luy donne chair chaude, de legere digestion, poudroyee de ladite poudre.

Pour entretenir l'oiseau en santé, & le preseruer de maladie,
CHAP. XXIII.

Our entretenir l'oiseau en santé, & le preseruer
de maladie, quatre choses sont necessaires : c'est
à sçauoir, le faire tirer, l'essuyer quand il est
mouillé, le purger, & le baigner. Fais le tirer past
nerueux au matin, & au soir, deuant qu'il mange
& quand le voudras faire voler. Le tirer en attendāt
le gibbier luy est bon. Si le tirouer est de plume,
garde qu'il n'en aualle, afin qu'il ne mette rien en
cure iusques au vespre, car au vespre il n'y a point de danger. Combien qu'il semble que le tirer luy foule les rains, toutesfois en tirant il
s'exercite. Essuye l'oiseau quand il sera mouillé, ou au soleil, ou aupres
du feu: car il se pourroit refroidir, morfondre, enrheumer, & engendrer
la maladie qu'on dit asme ou pantais. Quand il sera sec, mets le en lieu
sec, & chaut, & non moite & froid. Mets luy soubs les pieds, au billot
ou à la perche, quelque chose molle, comme drap, ou autre chose
pour luy soulager les pieds : car aucunesfois, & bien souuent, pour
frapper au gibbier, pourroit auoir les pieds froissez, desrompus & eschauffez, parquoy par humeurs descendans en bas se pourroient engendrer aux pieds dudit oiseau, cloux galles, ou podagre, & aussi enflures aux iambes, lesquelles choses sont mauuaises, & fortes à guarir.
Tu purgeras ton oiseau par cure, ou par medecine purgatiue, & le feras baigner : comme de chacun est cy apres en son chapitre escrit.

De la cure de l'oiseau, quelle doit estre, quand on luy doit donner, quelle
est son effect, comme elle & l'esmont de l'oiseau monstrent la
santé ou maladie d'iceluy, & pourquoy l'oiseau la garde trop,
le signe & remede pour la luy faire rendre.
CHAP. XXIIII.

Ne cure d'oiseau doibt estre de plume, ou d'osselets d'oiseaux froissez, ou de Pie, de Connins, ou
de Lieure rompu, les ongles & gros oz ostez. Cure
de cotton n'est pas bonne à vser, car elle vse & ard le
poulmon, & fait mourir l'oiseau, & specialement
quand ladicte cure de cotton donnée audict oiseau, sans estre lauee & baignee. En necessité, & qu'on n'a point les cures dessusdictes

on peut bien donner ladite cure de cotton, baigne vn iour, & autre
non, quand on faict ou refaict l'oiseau.   Tous les iours au soir donne
quelque cure audit l'oiseau, ou la dessusdite de cotton, ou celle de plume, ou de chair lauee, s'il n'y a cause au contraire. L'effect de ladite cure est, que quand elle est trempee & baignee en eau, elle eslargist plus
qu'autre chose le boyau de l'oiseau, & seche la superfluité & excessiue
abondance des humeurs d'iceluy oiseau, lesquelles ne peuuent saillir
auec l'esmont de l'oiseau. La cure iettee au matin par ledit oiseau, qui
est nette, & non seiche, & qui est sans mauuaise odeur, demonstre l'oiseau estre sain. L'esmont de l'oiseau doit estre blanc, clair, & le noir qui
est parmy doit estre bien noir: quand ledit esmont en son blanc est
glueux & tient au doigt, quand on le touche, signifie bonne digestion,
& santé en l'oiseau.   La cure molle, pasteuse, & puante, denote flegme
& indigestion en l'oiseau.   L'oiseau garde trop sa cure, & ne la peut
aisément ietter, quand il a dedans le corps chair superfluë, ou postu-
les, ou humeurs sur ladite cure. Le signe que l'oiseau garde trop sa cure, & qu'il l'a encores, est quand il tremble sur le poing.   Le remede
pour la luy faire ietter & rendre est, ne le paistre point iusques à ce qu'il
l'aura renduë: & si ce iour là il ne la iette, le lendemain faits la luy ietter
& rendre, par la façon & maniere que ie te vois mettre & dire.   Prens
du gras de lard bien rafraichy en deux ou trois sortes d'eaux bien fraisches, & vn peu de sel menu, & de poudre de poiure, & en faits vne pillule, laquelle luy feras aualler, puis apres attends qu'il l'ait iettee: & s'il
ne iette ladite cure prens ce qu'il aura ietté, & le broye & moüille, &
mets en vn drappeau, & le fais fleurer à l'oiseau, & lors il rendra ladite
cure.   Ou autrement, donne luy le gros d'vne feve en deux ou trois
tronçons de la racine de l'herbe appellee esclaire, enueloppee en bonne chair, pour celer l'amertume de ladite racine, puis mets l'oiseau au
Soleil ou aupres du feu, & s'il ne rend ladite cure, paist-le au soir d'vne
cuisse de geline, chaude & succree.

Pour purger l'oyseau en tout temps, & luy faire bon appetit,
& bon ventre.

CHAP. XXV.

T pour purger l'oiseau en tout temps, luy faire auoir bon appetit, & bon ventre, donne luy de huitaine en huictaine, ou de quinzaine en quinzaine vne pillule, de celles qu'on dit pillules cõmunes : ou le gros d'vne feve d'aloes cicotrin, enueloppé en bonne chair, pour celer l'amertume dudit aloes. Puis l'enchapperonne, & le mets en lieu chaut, comme au Soleil ou aupres du feu, & le laisse ainsi par l'espace de deux heures, dedãs lequel temps il puisse vuider ses flegmes. Et quand il aura ierté ledit aloes ou pillules (car il ne sera pas si tost fondu) reprens ledit aloes pour seruir vne autresfois : puis prens l'oiseau sur ton poing, & le paist de bon past & vif, car il aura adonc le corps destrempé. L'aloyes ainsi donné, ou dedans la cure, & au soir, vaut beaucoup contre filãdres & aiguilles. Lesdites pillules donnees à l'oiseau à l'entree du mois de Septembres, sont bonnes & profitables contre filandres & autres maladies estans dedãs le corps. Ceste medecine toutesfois doit estre trempee & moderee selon la force & qualité des oiseaux : car si c'est pour autour, ladite medecine doit estre moindre que pour vn autre, & par ainsi elle doit estre moindre pour l'Esperuier, qui est des autres le plus delicat. Autremẽt, prens du gras de lard de porc, trempé vn iour, & mué en eau fraische, succre, safran en poudre, aloes, moüelle de bœuf, autant de l'vn que de l'autre, & en si grande quantité & largesse que tu en puisses faire trois ou quatre pillules, ou plus largement, à ta discretion, puis au plus matin donnes en vne à l'oiseau, apres mets le au Soleil, ou aupres du feu. Tu ne le paistras iusques à deux heures apres, lors tu luy donneras ou geline, ou petits oiseaux, ou souris, ou rats, & petite gorge. Au soir quãd il aura enduit sa gorge, donne luy quatre ou cinq cloux de girofle, froissez & enueloppez en vn peu de bonne chair : & quand il aura vsé lesdites pillules, & que ses humeurs seront par icelles esmeuës, donne luy vne fois au palais du bec, & aux narilles du vinaigre, auec vn peu de poudre de poyure, puis s'il est de necessité, soit l'oiseau refroidy d'eau soufflee en ses narilles, & les mets au Soleil ou aupres du feu, & il mettra hors les humeurs de la teste.

Pour eslargir le ventre & boyau de l'oyseau.

CHAP. XXVI.

PREMIERE PARTIE

S I tu veux faire eslargir le ventre & boyau de l'oiseau, donne luy leger past trempé vne nuit en du vinaigre : & sur iceluy past mets succre ou miel escumé, ou luy donne eau succree.

Pourquoy, quand, & comme on doibt baigner l'oiseau, comme
apres on le doibt traitter

CHAP. XXVII.

A Vcunesfois baigner l'oiseau de proye luy est sain, & le faict bien voller: car souuent à desir de boire, ou de prendre l'eau pour quelque eschauffement de corps ou de foye, & l'eau le rafraischist. Le bain fait à l'oiseau auoir faim, bon courage, & l'asseure, & par la contenance de l'oiseau cognoistras combien luy profitera le baigner. Baigne-le de quatre en quatre iours, car le baigner plus souuent le fait orgueilleux & fugitif. Et quand le feras baigner mets le sur bois sec, & l'eau soit bien nette, qu'il n'y ait quelque venin : de laquelle maladie la medecine est cy apres escrite. Apres le baing donne luy past vif, comme petits oiselets, & mets sur son past vn peu de succre ou de theriacle, & aux narilles de l'oiseau. Quand le Faucon apres son baing se frotte & s'oingt, est dangereux le toucher, car il a l'haleine veneneuse, & les pieds pourtāt si tu le veux lors porter, garde auec fort gand qu'il ne blesse ta main. Quand l'oiseau sera baigné, ne luy donne chair trempée : & si tu le veux faire voller tost apres le baing, arrouse le vn peu d'eau bien nette.

Quand l'oiseau est enuenimé par se baigner en eau enuenimée par
Serpent ou autrement.

CHAP. XXVIII.

Q Vād l'oiseau est enuenimé pour se baigner en eau enuenimee, par Serpent ou autrement, broye trois grains de geneure, & messe auec theriacle, & le fais aualler à l'oiseau, & le garde d'eau huit iours, & mets de la poudre d'aloës sur de la chair de chat de laquelle paistras l'oiseau.

Les signes communs de santé en l'oiseau de proye.

CHAP. XXIX.

LEs signes cõmuns de santé en l'oiseau de proye sont, quãd son esmont est digeré, continué, & non entrerompu à terre, delié & non espois, quand sa cure est telle comme est escrit au chapitre de la cure: quand il se tient paisiblement sur la perche, quand demeine la queuë la ventille, quand il esplume & nettoye du bec ses ailes, commençant dés la croupe iusques au haut, quand il prend quelque petite gresse sur la croupe, de laquelle s'oingt, quand l'oiseau resemble gras, clair, & en couleur, comme s'il auoit les plumes oingtes, quand il tient ses cuisses esgallement, quand les deux veines qui sont aux racines des ailes ont leurs pouls & mouuement moyen entre continuation & discontinuation de pouls.

Quand l'oiseau digere mal, les signes, la cause & le remede.

CHAP. XXX.

LEs signes quand l'oiseau digere mal sont, quand souuent il baye & respire en plumant son past, & ne le mange point, mais le laisse, ou vomit. Quand son esmont est alteré de gros, noir & iaune. Quand il ne rend sa cure en temps deu. Quand en ouurant à deux mains fermement son bec, & en luy secouant la teste, sentiras puantir sa gorge. Il digere mal, par ce qu'il est pû trop matin, deuant qu'il ait fait sa digestion, ou trop tard, ou a trop grosse gorge. Le remede est, ne le paist iusques à ce que il aura bien fait sa digestion, & qu'il aura bon appetit. Puis prens du noir, qui est engendré de fumée, & du feu, au cul du pot, & le mets tremper en eau l'espace d'vne heure: apres coule l'eau, la fais tiede, & en icelle trempe la chair dn past de l'oiseau couppee en morceaux, & la luy donne. Et ne le pais plus iusques au soir, que luy donneras trois morceaux de chair succree. ou luy donne sur son past de la semence qu'on treuue aux cloux de girofle puluerisez.

CHAP. XXXI.

ET quand l'oiseau n'enduit pas bien sa gorge, pour ce qu'on luy donne si grosse gorge qu'il ne la peut enduire ne rendre, ou pour ce qu'il s'engorge trop fort de sa proye, ou pour ce qu'il est refroidy : lors donne luy petit past, ou demy past à la fois, & de chair legere, trempee en vin blanc tiede : ou luy donne past vif, baigné en son sang, lequel le remettra sus. Au soir donne luy quatre ou cinq clouds de girofle, froissez, & mis en cotton trempé en vin vieil, car ils luy chaufferont la digestion & la teste. Pour luy faire rendre sa gorge quand il ne peut enduire : prens vn peu de poudre de poyure, & que elle soit trempee en bon & fort vinaigre, & luy laisse reposer longuement, & d'iceluy vinaigre reposé, laue luy le palais de la bouche, & luy en mets trois ou quatre gouttes dedans les narilles : puis s'il iette sa gorge, arrouse d'vn peu de vin lesdites parties eschauffees par le vinaigre. Le vinaigre ne soit point donné à oiseau trop maigre, car il ne le pourroit supporter, puis le mets au Soleil ou au feu, & il iettera sa gorge.

CHAP. XXXII.

VOus deuez entendre que si l'oiseau enduit sa gorge, & apres il la rend, c'est ou par quelque accident qui luy est suruenu, ou par corruption d'estomach. Si c'est par accident qui luy soit suruenu, l'haleine de l'oiseau, & ce qu'il aura jetté ne pura point. Lors luy donneras vn peu d'aloës cicotrin, & ne le paistras de six heures apres, & luy donneras bon past, & peu. S'il iette sa gorge par corruption d'estomac, l'haleine de l'oiseau & ce qu'il aura ietté pueront, & c'est pource qu'il est pû de chair grosse, ou mal nette ou puante : pourtant soit sa chair nette, & taillee de cousteau net, & nettement : & puis le mettras au Soleil, l'eau deuant luy, pour boire s'il veut, & ne le paistras iusques au soir, & à petit gorge, & de past vif, & arrousé de vin, ou puluerisé de limaille d'acier, ou de poudre d'yuoire, lesquelles font retenir le past à l'oiseau : & s'il ne le retient, donne
luy

luy petits oiseaux, ou souris, ou rats, iusques à ce qu'il sera guary, ou destrempe en eau tiede p ouldre de coriandre, & en icelle eau coullee laue quatre ou cinq iours le past de l'oiseau, ou fais bouillir en vin fueilles de laurier, tant que le vin reuienne à moitié, puis laisse le refroidir
auec les fueilles : de ce vin, fais boire à vn colomb tant qu'il en meure,
de la chair duquel donneras vne cuisse à l'oiseau.

Quand l'oiseau n'a appetit de manger, la cause, & le remede,

CHAP. XXXIII.

Vãd l'oiseau n'a appetit de mãger, cest pour ce qu'õ
luy a donné au soir grosse gorge, auquel past l'oiseau
s'est trop saoulé, ou qu'il est ord dedans le corps.
Baille luy vn coulomb, & luy laisse tuer à son plaisir,
& boire le sang, apres ne luy en donne qu'vne cuisse,
ou autant qu'elle monte : & si l'oiseau ne vouloit
tirer ladite chair, donne luy taillee en petis mor-
ceaux succree, ou arousee d'huile d'oliue, ou d'amãdes, & ce peu à peu
luy continue iusques à ce qu'il soit guary. Ou luy donne vn passerat,
trempé en vin, ou arrouse de miel, ou pouldroyé de pouldre de mastic, ou luy donne deuers le matin vne pillule de celles qu'on nomme
pillules communes, & le tiens enchapperonné au Soleil, ou aupres du
feu, & le laisse vomir tant qu'il voudra. Quand il aura vsé trois ou quatre iours desdites pillules, & qu'il aura appetis, donne luy trois ou quatre iours limure de fer sur la chair de son past.

Pour oiseau maigre mettre sus, & le signe de meigreur, ou de maladie
CHAP. XXXIIII.

L'oiseau on cognoist la meigreur, ou maladie, quand son
esmont n'est ne blanc ne noir, mais est meslé comme gris.
Pour le mettre sus, donne luy chair de mouton, souris, &
rats, à petites gorgees, ou fais bouillir en pot neuf vne pinte
d'eau, vne cuilleree de miel, & trois de beurre frais, & en past ton
oiseau à petite gorgee deux fois le iour. Ou prens cinq ou six limaçons
qu'on treuue aux vignes, ou aux herbes, ou au fenoil, trepe les en lait,
vne nuit, en vn pot couuert, qu'ils ne s'en saillent : le lendemain au

matin romps les coquilles, laue les limaçons de lait frais, & aupres les
essuye, & les donne à l'oiseau, puis mets l'oiseau au Soleil, ou aupres
du feu, iusques à ce qu'il ait esmeuti quatre ou cinq fois, & s'il endure
bien la chaleur, elle luy est bonne. Apres midy soit pu de bon past, &
à petite gorge, & le mets en lieu chaut & sec. Au soir quand aura passé sa gorge, donne luy clous de giroffle, comme il est escrit au chapitre
xxvii. quand l'oiseau n'enduit bien sa gorge, pour la luy faire enduire
ou rendre. Aucuns luy donnent à manger petits oiseaux de bray, ha-
chez & mouillez en lait de Cheure, en le paissant trois ou quatre fois
le iour, & ne luy en baille à la fois qu'vn peu. Ou prenez limaçons
rouges, qui soient bruslez, & en faites pouldre, qui soit mise en petite
quantité sur sa chair

De porter & contregarder l'oiseau, & luy accoustumer les chiens

CHAP. XXXV.

L'E porter d'oiseau sur le poing dextre, & meilleur & plus
seur pour l'oiseau, que sur le senestre, pour ce qu'il est plus
agilement ietté pour voller partant de la main dextre, &
en est plus leger & soudain, & en montant & descendant
du cheual, l'oiseau est plus seurement sur la dextre que sur la senestre,
& le mue souuent en diuerses mains, afin qu'il s'asseure. Quand il se de-
battra & volatillera sur le poing, remets le agilement & paisiblement,
afin qu'il accoustume de te cognoistre & aymer. Quand tu luy osteras
son chapperon, ne regarde point sa face, qu'il n'en prêne mauuaise accoustumance. Contre garde l'oiseau quand passeras les portes, & ap-
procheras des murs, afin que s'il se debatoit, qu'il ne se gatast, ou ses
pennes, & le garde de fumee & de pouldre. Accoustume-le à ne fuir
les chiens, mais à les suiure, & qu'il les ait deuant & au tour de luy
quand il paistra, & l'accoustume à iouyr & veoir tout ce qui est de
chasse.

Quand l'oiseau ne soustient bien ses ailes, la cause & le remede.

CHAP. XXXVI.

Ote, que quand l'oiseau ne souftient bien ses aisles, c'eft
pour ce que quand il eft nouuellement mis sur le poing,
ou sur la perche, il n'eft gardé de se debattre, & de s'ef-
chauffer: parquoy se refroidit, & ne peur bonnement
souftenir ses aisles. Lors lie l'oiseau de l'eau, & qu'il soit
contraint d'entrer en ladite eau, afin que par se deb attre sur ladite eau,
il retire & redreffe ses aisles. Apres mets-le au Soleil, ou aupres du feu,
& le tiens chaudement, qu'il ne se refroidiffe, ou piffe trois iours sur les
aifles de l'oiseau, & il les souftiendra bien.

Pour bien faire l'oiseau au leurre, & pour le bien faire voller au gibbier.

C H A P.   XXXVII.

Ote, que pour bien faire l'oiseau au leurre, il ne le faut point
deffiler iusques à ce qu'il reuiendra bien sur le poing, & qu'il
y mange bien, lors deflie-le sur le soir, afin qu'il ne s'en fuie,
& luy souffle vn peu de vin aux yeux. Et quand tu t'iras coucher, mets
le pres de toy, sur vn treteau, ou autrement, seurement, auec chãdelle
allumée affez pres de luy, puis deuant iour soit enchapperonné, & mis
sur le poing. Et le traictes ainfi iusques à ce qu'il soit bien leurré, & af-
feuré des gens. Apprens le à defcendre à terre sur la proye, & à oster
paifiblement ses ongles de sa proie, afin qu'il ne les rompe: de laquelle
rompure d'ongle, eft cy apres efcrit en son chapitre. Garde qu'il n'accouftume en reuenant, cheoir à terre, mais l'accouftume à reuenir
sur le poing. En le leurrant, quand il sera remonté, iette le leurre soubs
les gens, afin qu'en pourfuiuant le leurre, il s'accouftume de suiuir, &
non pas de fuir les gens, & quand il sera defcendu, referre le bien, &
luy fais aimer le leurre: car s'il ne reuient bien au leurre, combien que
autrement il soit bon, si ne sera il rien prifé. Ietter l'oiseau pour voller
pres des riuieres, ou pres des lieux aufquels on ne le peur suiure, fait
perdre souuent l'oiseau. La premiere proie que luy feras voller, soit
Caille, Perdrix: puis Lieure, apres grans oiseaux. Soule-le de marger
de ce qu'il aura prins, & principalement de sa grand proye. Pour bien
faire voller l'oiseau au gibbier, trois chofes font neceffaires, bon
maiftre, bonne compagnie d'oiseaux bien volans, & bon pays de
gibbier.

S ij

Pour ongle rompu renouueler.

Chap. XXXVIII.

Aut si l'ongle de l'oiseau est rompu en partie, qu'il soit oint de gresse de Serpent, & il croistra en maniere qu'il s'en pourra ayder comme des autres. Si l'ongle est tout rõpu, & qu'il n'y demeure que le tendron, fais vn doigtier de cuir, & l'emply de gresse de geline, & mets le doits de l'ongle rõpu dedans, & attache seulremẽt du mesme cuir le doitier à la iambe de l'oiseau, en remuant & rafraichissant le doitier de deux iours en deux iours, & ainsi le gouuerne iusques à ce que ledit tendron soit endurcy. Si par violence de la rompure de l'ongle la chair du doigt seigne, mets dessus poudre de sang de dragon, & estanchera le sang. Si le doigt est enflé, soit engressé de gresse de geline iusques à ce qu'il soit guery: Si le pied ou la iambe luy enfle, fais oignement de gresse de gelin, d'huile rosat, d'huile violat, de therebentine, de poudre d'encens & de mastic, duquel oindras l'enflure iusques à ce qu'il soit guery. De reparer l'ongle descharné, ou qui vient droit & non crochu, est escrit en la seconde partie de ce liure, au tiltre du pied.

Pour faire bien reuenir l'oiseau quand il a vollé, & la cause pourquoy ne reuient.

Chap. XXXIX.

Aut entendre que si l'oiseau ne veut ou oublie à reuenir, qu'il luy faut ietter vn oiseau: & celuy qui luy est le plus aggreable, est le Coulomb blanc. A ceste cause, doibs auoir en ta gibbeciere vn Coulomb, ou autre oiseau blanc, pour rappeller ton oiseau quand ne voudre reuenir. La chair de poulle, cõme est dit au chapitre du past de l'oiseau, ne luy est pas assez bõne. La cause pourquoy l'oiseau ne reuient est, qu'il est peu souuẽt tenu & porté, parquoy n'est accoustumé: ou pource qu'il hait sõ maistre, quãd il le traite rudemẽt: ou pour aucune douleur qui luy est suruenue. Le niais n'est pas si fugitif que le mué, car il n'est pas si astut & chaut. Si l'oiseau ne veut reuenir, prens le gros d'vne petite febue de gresse du nombril de cheual, de nuit en oingt le bec de l'oiseau, & il aimeras son maistre

& reuiendra à luy facilement : ou trempe en eau toute vne nuit , poudre de reguelice, & en icelle eau coulée , fais tremper chair de Vache
couppee en laifches , de laquelle paiftras l'oifeau. La chair de vache,
cõme eft dict au chapitre du paft de l'oifeau, n'eft pas bonne pour pas,
mais eft pour cefte medecine : ou prens herbe nõmée coft, ou felon aucuns baume, feche la , & puluerife , & d'icelle pouldre , mettras fur la
chair que mangeras l'oifeau. Si par orgueil ton oifeau ne veut reuenir,
prens du fel rouge, la quantité d'vn bien gros pois , & le mets fur
fon paft, lequel luy fera ietter toute fa fuperfluité & fõ orgueil corriger.

Pour faire auoir faim à l'oifeau qui eft trop pu, quand on le veut faire voller.

CHAP. XL.

Our faire auoir faim à l'oifeau qui eft trop pu, quand on
le veut faire voller, donne luy au foir en fa cure vne pillule
d'aloës auec ius de choux rouges : ou luy donne trois morceaux de chair, où il y ait dedans chacun morceau , auffi
gros de fuccre qu'vn pois, & bien toft apres efmutira
deux ou trois fois , & aura faim.

Pour def-accouftumer l'oifeau de foy percher en arbre,

CHAP. XLI.

I tu veux def-accouftumer l'oifeau de foy percher en arbre,
laiffe le percher en arbre trois ou quatre fois, quãd le temps
fera nebuleux , pluuieux, & quand il fera rofee, & par tel ennuy craindra de fe percher.

Quand l'oifeau n'a volonté de voller, & le remede pour le faire voler.

CHAP. XLII.

Vand l'oifeau n'a volonté de voller, bailleluy l'eau pour foy
baigner , & luy laue fon paft en eau tiede , ou luy donne vne
pillule de greffe de lart.

CHAP. XLIII.

Vand l'oiseau est esgaré, ou on ne peut ouyr ses sonnettes, c'est pour ce que les oiseaux de proyes, par leur astuce portent souuent leur proie és cauernes, ou pres des eaux, parquoy on ne peut ouyr les sonnettes : lors regarde où verras les oiseaux voller, & crier, car là doit estre le tien, qui est cause du cry des autres. Ou si tu ne le vois, ou ne le peux ouir, monte en lieu haut, & mets ton oreille contre terre, & clos l'autre dessus, & oyras lesdits oiseaux. Si c'est en lieu plein & descouuert, mets ton front contre terre, en clouant vne oreille, & apres l'autre, & de quelque costé entendras où doibt estre oiseau.

Pour faire l'oiseau hardy à sa proye, & voller grans oiseaux
& comme lors doit estre porté.

CHAP. XLIIII.

Our faire l'oiseau hardy à sa proye, & voller grands oiseaux, trempe en vin pour son past, duquel luy donneras quand seras au gibbier. Si c'est pour Autour, fais-le tremper en vinaigre, & luy en donne le gros d'vne amande : & quand tu le voudras faire voller, donne luy trois morceaux de chair trempée en vin : ou prens vn petit coulomb, & luy ouure le bec, remplissant ledict coulomb de vinaigre, puis fais voller ledict coulomb iusques à ce que le vinaigre entre dedans sa chair, de laquelle donneras à ton oiseau quãd tu seras au gibbier. Quand il est hardy ne le porte point sur le poing qu'en lieu solitaire.

Pour faire Lanier gruier.   ## CHAP. XLV.

Faire vn Lanier gruier, fais vne cauerne & chambrette obscure soubs terre, & y mets le Lanier, qu'il ne voie point de lumiere, sinon quand le paistras, & ne le tiens point sur le poing que de nuit. Quand voudras qu'il volle, fais feu en sadite cauerne, & quand elle sera chaude oste le feu, & baigne l'oiseau en vin pur, & le mets en icelle cauerne, puis le paist de cerueau de ge-

ne & le meine voller deuant iour,& quand le iour apparoistera,iette le
de loing aux Grues,lequel iour il ne prédra rié si n'est d'aucture,mais
les autres iours ensuiuans,il sera bon,& principalement depuis la my-
Iuillet,iusquas à la my-Octobre,& si sera meilleur apres la mue,que
par-auant. En temps froit, comme en hiuer, ne vaut rien.

Quand l'oiseau volle autre proye qu'il ne doit,pour la luy hayr.
CHAP. XLVI.

MAis si l'oiseau volle autre proye qu'il ne doit,comme Coulom, corneille,& autre, pour la luy faire hayr:porte en ta
gibbeciere fiel de geline, duquel oingdras la poictrine de
l'oiseau qu'il aura prinsde laquelle luy laisseras vn peu manger,car par celle amertume,il haïra,les oiseaux de telle sorte.

*Pour muer l'oiseau de proye,en quel temps il mue,& pour le muer,ou sur le poing sans
chair,ou en mue auec chair : & comme il doit estre purgé & disposé quand
on l'ymet du bon past pour luy en la mue , & pour le faire tost &
bien muer , & le remede quand il mue mal.*

CHAP XLVII.

ON dit que l'Esperuier mue en Mars ou en Auril, & à mué
en Aoust. Le Faucon mue à la my-Feurier . Pour muer
l'oiseau sur le poing, qu'il soit mieux asseuré. & ne craigne
les gens,paist-le sur le poing,& luy mue souuent son past,
& luy donne de celuy qu'il mangera plus volontiers:
porte-le matin & soir :en temps chault. mets le en chambre fraische
où il ait vne perche sur laquelle il puisse voller quand il voudra:s'il
se debat là si l'enchapperonne, ou le porte en lieu frais enchapperon-
né:s'il se debat sur le poing,souffle luy au bec,soubs les ailes, & par le
corps,il ne se depattra si non tant qu'il commencera à ietter .Quand
il iettera bien ses plumes, mets-le en la dicte chambre, & dessoubs luy
vne motte d'herbe verte, & sablon, & luy offriras l'eau chacune sepmaine :& ainsi muera bien,& sera bon.Pour muer l'oiseau sans chair,
fais bouillir vn moyeu d'œuf, qu'il soit duret, & le refroidiras en eau
froide, puis l'essuieras:quand premierement le donneras à l'oiseau,
pour l'accoustumer, tu mixionneras le dict moyen auec le sang de
geline, ou d'autre oiseau, & le donneras à l'oiseau. Pour le faire

bien toſt muer, mets vn Leſart vert, en vn pot ſans eau, & en fais poudre que tu mettras ſur ſa chair. La mue de l'oiſeau doit eſtre vne mai-
ſonnette en lieu ſolitaire, ſans poudre, & fumee, & ou les poulles ne
puiſſent venir, afin que les pouls ne tombent dedans la mue, qui ga-
ſteroient l'oiſeau. La mue ſoit clauſe deuant midy, pour le vent chaut
& pluuieux. Mets dedans la mue ſablon, & de trois iours en trois iours
herbe fraiche, fueilles & branches: & deuant l'oiſeau vne tinette
pleine d'eau pour boire & ſe baigner. Quand on veut mettre l'oiſeau
en mue, il le faut premierrement purger des pouls, & quand on le met
hors, ſoit purgé comme eſt eſcrit au chapitre, pour purger l'oiſeau en
tout temps. Aguiſe luy le bec, & luy oings, plume deſoubs le col, &
ſoubs la queuë paiſt le ſept iours en la mue de petits colombs, auec
leur ſang. puis trois iours de chair trempee en vrine. Il aduient ſouuent qu'vn oiſeau ne prent pas mue en temps deu, & ſe mue ſi tard que
la ſaiſon de voller, aux oiſeaux de riuiere ſe paſſe, auant qu'il ſoit preſt
de voller, parquoy eſt bon de le haſter, qui veut charner en voller la
ſaiſon d'hyuer. Que ſi ton Faucon ne iette nul de ſes plumes, au mois
de Iuillet, tu en peux voller tout le mois d'Aouſt aux Pies, & aux Perdrix: le mois d'Aouſt paſſé, mets le en chambre aſſez chaude, ſus vne
cloue, ou ſus vn plot, à quoy il ſera attaché, qui ſoit ſi obſcur qu'on
n'y voye goutte, & le garde ainſi, en luy baillant oiſeaux vifs à manger,
iuſques à ce qu'il ſoit gras & en bon point, principalement petis oyſeaux de riuiere, qui ont longue queuë, qu'on appelle Bergeronnettes,
pour le moins deux fois la ſepmaine, puis baille iour à ton Faucon de
peu à peu. Pour le faire toſt & bien muer, paſt le de chair de Heriſſon
ſans graiſſe, ou prens des glandes qui ſont au col de mouton deſſoubs
l'aureille, & les hache menu, & luy donne auec ſon paſt, & trouue façon qu'il les aualle, s'il ne les vouloit manger. S'il ſe met à ietter plumes, ne luy en donne plus, car il pourroit auſſi bien ietter les neufues
que les vieilles: ou luy donne par trois iours, au lieu deſdites glandes
chair de rats, ou de taulpes, oingte de beurre. Apres donne luy
vne piece de chair de Serpent. auec la peau, entre la teſte & la queuë,
& trois petites grenoilles. Pour faire bien muer toute eſpece d'oiſeau,
paiſt le de chair de petits chiens de lait, trempee au laiĉt de la mulette
du chien, apres donne luy la mulette couppee en morceaux, car ce
paſt luy eſt naturel. Quand les plumes dudit oiſeau commenceront à
faillir, oings la chair de ſon paſt d'huile nommee Siſaminum, car elle
luy fera les plumes groſſettes & molles: & ſi elles ſailloient ſeches, ſe
romproient

romproient ou dedans ou dehors la chair de l'oiſeau. Ne le mets
hors de la muë iuſques à ce qu'il aura bien mué toutes ſes plumes.
Quand les plumes ſaillent maigres, ſeches, courtes, ou vielles, c'eſt
pour ce qu'elles ſaillent trop toſt, & l'oiſeau n'a pas greſſe ſuffiſante
pour les nourrir, lors le nourriras de chair de petits coulombs, &
d'autres chairs chaudes. S'il y a aucune penne ou pennes mauuaiſes,
qui ne cheent point, ou qu'il ſaillent mauuaiſement, oint les d'huyle de l'aurier, car elle les fera cheoir, & naiſtre bonnes. Si leſion aucune ſuruiennent à l'oiſeau eſtant en la muë, le meilleur eſt differer toute
medecine iuſques à ce qu'il ſera hors de maladie : car les medecines
ordonnées pour ſa muë, ſont contraire à ſa nature.

Quand l'oiſeau engendre œuf dedans le ventre, en la muër ou ailleurs, les
ſignes & le remede pour l'en preſeruer, ou les luy faire ſoudre.

C H A P. XLVIII.

S I l'oiſeau engendre œufs dedans ſon ventre, en la muë ou ailleurs, il eſt malade & en peril de mourir. Les ſignes quand
il engendre œufs ſont que le fondement luy enfle, & deuient
roux, les narilles & les yeux luy enflent. Pour l'en preſeruer,
donne luy depuis le mois de Mars dedans ſon paſt de l'orpigment, auſſi gros qu'vn pois, lequel luy refroidira ce deſir. Et la chair que luy
donneras huiét ou dix iours, ſoit lauée d'eau de vigne, laquelle degoutte quand elle eſt nouuellement taillée.

Pour oiſeau ſaillant de la muë, gras & orguilleux, rendre familier, qu'il ne s'enfuye.

C H A P. XLIX.

M Ais quand l'oiſeau partant de la mue eſt gras, & il ſent l'air
& le vent chault, à donc il ſe debat & s'eſchauffe, pourquoy
eſt en-danger de ſe refroidir, & de mourir, pourtant porte
le paiſiblement enchapperonné, & hors du chaut. Et pour
ce qu'il eſt gras & orgueilleux, & qu'il s'en pourroit fuir, purge le par
pillule de gras de l'art, ordonnée cy deſſus. au chapitre 21. Pour purger
l'oiſeau en tout temps, paiſt-le de chair de poulmon de mouton, taillee en lopins, & lauee, tant qu'elle perde tout le ſang, & la plus part de
ſa ſubſtance ; car elle amaigrira l'oiſeau. Mets & lie ſur la perche de
l'oiſeau boue graſſe. ou engreſſe la perche, & de nuit lie deſſus l'oi-

feau : car pource qu'il gliffera, il trauaillera, & ne pourra dormir, par
quoy il s'ameigrira, & fe rendra plus familier. Leurre le bien, qu'il ne
s'enfuye : car si'l eft trop gras, & n'eft bien purgé il f'enfuyra.

Quand l'oifeau per le manger apres la mue, le remede pour luy donner
appetit de manger. CHAP. L.

ET fi l'oifeau pert le manger apres la mue : le remede pour
luy donner appetit de manger eft, prēdre aloes cicotrin en
poudre, & ius de choux rouge, tout meflé & mis en boyaux
de geline, liez au bout, & luy faire aualler : puis le tient fur
le poing iufques à ce qu'il foit purgé, & ne le laiffe iufques, apres midy :
lors donne luy paft vif & bon, & le lendemain de geline : apres baille
luy l'eau pour fe baigner. Cefte medecine eft bonne contre les aiguilles & filandres.

Pour muer le pennage de l'oifeau en blanc.

CHAP. LI.

VOus pouuez muer le pennage de voftre oifeau en blanc, en
mouillant premierement fa chair en fang de Mille, les autres
difent Milet, par cinq fois. Et quand viendra au tiers iour,
muez fa chair en fang de Mille ou Millet, & en donnez à manger à voftre oifeau.

Quand l'oifeau fe bat trop à la perche. CHAP. LII.

DE peur que l'oifeau ne fe debatte par trop à la perche, mais
fe repofe, cuifez Myrrhe en eau, & puis luy en lauez tout le
corps. Et mouillez auffi fa chair en celle mefme eau, iufques à neuf fois, & luy donnez quand il voudra enduire.

Fin de la premiere partie de Fauconnerie.

La seconde partie de Fauconnerie,
PAR GVILLAVME TARDIF
DV PVY EN VELLAY.

Contenant les maladies des oiseaux, &
les medecines d'icelles.

T ij

En donnant les medecines aux oiseaux on doit considerer la disposition d'iceux,
& la qualité du temps pour les bailler. Les signes communs de la
maladie en oiseau de proye.

CHAP. I

Ignes de chaleur exterieure en l'oiseau sont, quand il tiẽt
la bouche ouuerte, la langue tremblant, respire soudainement, les yeux luy engrossissent, ioint les ailes, les plumes
dessus le col descouurent la chair, les pennes des ailes grosses, qu'on nomme coutteaux, sont laschenr & penchans. Les signes de
froideur exterieure en l'oiseau sont, quãd il clost en partie ou du tout
les yeux, & leue vn pied, & herisse les plumes. Les signes qu'il est las,
ou malade sont, quand il a la bouche close, les aisles abbastues, & respire souuent par les nariles. Le signe qu'il est debile est, quand il s'appuye aucunement sur la perche. Le signe qu'il est mal gouuerné, &
qu'il est meigre est, quand il espluche souuent ses plumes. Les signes
de mort en l'oiseau sont, quand l'esmont est vert, & quand en saillant
il ne peut remonster sur sa perche.

Contre rheume au cerueau de l'oiseau, les signes, la cause, & le remede,
CHAP. II.

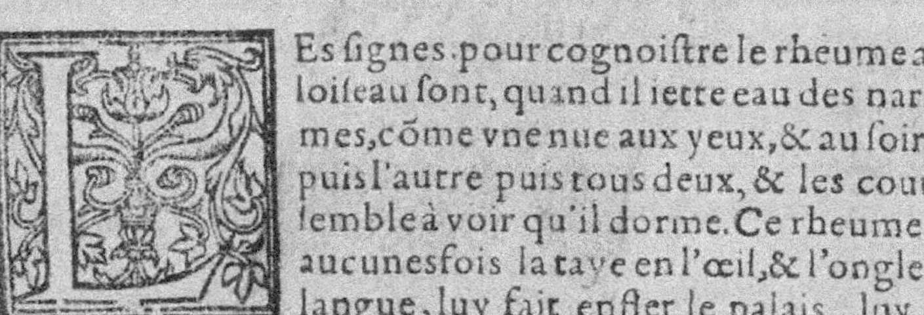

Es signes pour cognoistre le rheume au cerueau de
loiseau sont, quand il iette eau des narilles, & a larmes, cõme vne nue aux yeux, & au soir clost vn œil,
puis l'autre puis tous deux, & les couure tant qu'il
semble à voir qu'il dorme. Ce rheume luy engendre
aucunesfois la taye en l'œil, & l'ongle, la pepie en la
langue, luy fait enfler le palais, luy engendre le
chancre. Quand il semble que le rheume sort par les yeux, ou
par les narilles, ou par la bouche, l'oiseau est en danger de mort.
La cause dudit rheume est, que l'oiseau est pu de chair grosses, ou
mauuaise, à grosse gorge, & plustost luy vient quand il est meigre, que
quand il est bien gras. Et pour ce qu'il ne peut enduire tel past,
mais le tient longuement, il deuient puant, & celle puanteur montant
au cerueau de l'oiseau, luy clost les aureilles narilles & conduits, tellement que les humeurs ne peuuent vuider comme elles ont accoustu-

mé.Le remede est,purger l'oiseau,ainsi qu'il est escrit au chapir. vingt-
vniesme. Pour purger l'oiseau en tout temps: Quand l'oiseau demeine
souuent les paupieres par le rheume du cerueau , mets en ses narilles
huile violat,le iour apres donne luy en son past vn peu de sel armoniac,
meslé auec beurre , le tiers iour souffle en ses narilles vn peu de theriacle meslé auec huile violat.

Contre rheume sec au cerueau de l'oiseau,les signes, & le remede.
CHAP. III.

Es signes du rheume sec au cerueau de l'oiseau sont, quand
l'oiseau esternue beaucoup, & rien ne luy sort des narilles.
Pour lequel rhume guerir, faut souffler Obsomogarum a-
uec vin vieil, aux narilles de l'oiseau , & apres mets l'oiseau
au Soleil, ou au pres du feu. Quand l'esternuer luy sera passé , donne
luy chair nerueuse,pour le faire trauailler en tirant,afin que par tel labeur ledit rheume descende du cerueau aux narilles , & sorte dehors.
Quand l'oiseau a la teste enflee pour ledit rheume, mets luy soubs ses
pieds drap de laine mouillé en eau froide,tellement que l'oiseau sente
la froideur. Quand il frotte ses plumes, & se gratte à cause de ceste maladie, donnes luy en son past maques broyees. Quand il bée souuent
& respire fort pour ledit rheume,prens trois gouttes d'huile de laurier,
& vne once d'huile d'oliue , trois moyeux d'œuf, & du cost, autrement nommé baume, meslé tout ensemble, & donne sur le past de
l'oiseau.

Contre rheume engendré au cerueau de l'oiseau,parfumee,ou par
pouldre , le signe , & le remede.

CHAP. IIII.

E signe de rheume engendré au cerueau de l'oiseau par fumee ou par pouldre est, quand il iette flegme & eau des narilles Le remede, soufle vin vieil aux narilles & face dudit
oiseau,ou bien huile violat meslee auec laict de femme si le
temps est chaud : ou broye des aulx sauuages auec vin vieil, & de ce
moüille les narilles de l'oiseau. & qu'il entre dedans, & cela luy fera
ietter le flegme.

CHAP. V.

N esprouue le haut mal d'Epilence en ceste maniere, quand l'oiseau chet soudainement, & gist par
quelque temps comme mort, & cela luy vient souuent au matin, & au vespre. Il a les yeux clos, les paupieres enflees, l'haleine puante, & s'efforce d'esmutir. La cause de ceste maladie est, chaleur & fumée
du foye, laquelle monte au cerueau & le lie & trou-
ble. Le remede est, purger l'oiseau, cõme est escrit en la premiere partie de ce liure, au chapitre vingt vniesme. De purger l'oiseau en tout
temps. Tu luy donneras dedans peu de chair le gros de deux poix d'au-
reau alexandrine, puis apres fais pouldre de lentilles rousses & pren
limure de fer bien menue, tant d'vn que d'autre, & lie tous les deux
en miel, & en fais pillules du gros d'vn poix, desquelles deux ou trois
feras aualler à l'oiseau, Apres tien ton oiseau sur le poing au soleil, ou
au pres du feu, iusques à ce qu'il ait esmeuty vne fois ou deux, & ne
soit pu iusques apres midy, lors donne luy bon pas, & petite gorge
Ou fais pillules de poudre de Garapigre, auec ius d'aluyne, lesquelles
donneras à l'oiseau en sa cure. Ou luy donne poudre de gomme, Bal-
sami & Castorei, auec ius de mentastre, autrement nommée herbe
contre les puces: soit l'oiseau tenu de iour, en lieu obscur, & l'eau deuant luy, laquelle luy est necessaire, & de nuit soit tenu à la fraischeur
& fais ainsi six ou huict iours. Ceste maladie est contagieuse, pource
garde qu'autre ne luy touche.

Quand l'oiseau dort souuent, pour l'esueiller.

CHAP. VI.

Q Vand l'oiseau dort souuent, pour l'esueiller, paist-le de queuë de
mouton, oingte d'huile d'oliue.

*Contre oppilation & surdité des oreilles de l'oiseau, le signe,
la cause & le remede.*

CHAP. VII.

E signe d'oppilation & surdité des oreilles de l'oiseau est, quand il pose la teste de trauers, & est tout mat. La cause, est le rheume qu'il a en la teste. Le remede est, le purger ainsi qu'il est escrit au chapitre vingt vniesme. De purger l'oiseau en tout temps. Apres poudroye la chair du past d'iceluy de poiure blanc, icelle chair mise en lesches.

Contre enfleure & viscosité des paupieres de l'oiseau, le signe, la cause, & le remede.

CHAP. VIII.

Igne d'enfleure & viscosité des paupieres de l'oiseau est, qu'il a enfleure dessus l'œil, & que les paupieres deuiennent noires. La cause est, le rheume du cerueau, & de celuy peut venir la maladie nommee l'ongle, & pourra tant croistre qu'elle creuera l'œil à l'oiseau. Le remede est, purger le cerueau de l'oiseau, ainsi qu'il est souuent dit. quand les paupieres sont si visqueuses, qu'elles se ioignent ensemble, laue les de vin vieil, & paist l'oiseau de chair chaude, & puluerise fiante de vache, laquelle souffleras auec vn tuyau aux yeux & narilles de l'oiseau.

Contre enfleure des yeux de l'oiseau, les causes & le remede.

CHAP. IX.

Nfleure des yeux de l'oiseau vient pour trois causes, ou par ventosité, ou par coup, ou par playe. Si par ventosité les yeux sont enflez, destrampe moustarde en eau, de laquelle oindras l'enfleure. Si par couples yeux sont enflez, laue le coup d'eau rose, & d'eau de fenoil, autant de l'vn que de l'autre. Si par playe les yeux sont enflez, en heurtant à quelque espine, ou ailleurs, mesle arsenic rouge auec laict de femme.

Contre le mal des yeux de l'oiseau.

CHAP X.

 I ton oiseau a mal aux yeux de coup ou de taye, prens vne herbe qui s'appelle Filago, elle croit pres de terre, & est chauue & crespuë de fueilles, & mets le ius d'icelle herbe en l'œil de ton oiseau.

Comme on guerit l'oiseau de chancre. CHAP. XI.

 Aut prendre miel & vin blanc, & faire le tout boüillir ensembel, & apres luy en lauer la boucher, apres l'essuier & mettre dessus la poudre de cerfueil, & il guarira.

Contre la pepie en la langue de l'oiseau.

CHAP. XII.

Epie en la langue de l'oiseau est, quand il esternuë souuent & ce faisant crie. La cause est, la chair mauuaise & orde qu'il a peu. Le remede est, premierement laue la langue & la pepie d'eau rose, mise en cotton lié au bout d'vn petit baston, apres oingts luy par trois ou quatre iours la langue d'huile d'oliue, & d'huile d'amendes, meslées ensemble, & la pepie se blanchira & mollifiera. Et quand elle sera bien meure, oste la comme on fait aux gelines. Apres oingts la langue de l'oisean trois ou quatre fois le iour, desdites huiles iusques à ce qu'elle soit guerie.

Contre flegme engendré au gosier de l'oiseau, le signe, & le remede.

CHAP. XIII.

E signe de flegme engendré au gosier de l'oiseau est, que tu y verras le flegme gros comme crachat, & ceste maladie engresse l'oiseau, le remede est tel, prens le pois de trois grains de sel armoniac, meslé auec miel, & en frotte le gosier de l'oiseau, & ce à trois heures apres midy. Puis prens reguelice & des penites, sept dragme, tant d'vn que d'autre, de paille d'orge quatorze dragmes, & dix liures d'eau : faits tout bouillir, couler & refroidir, iusques à ce que il sera tiede, & le mets deuant l'oiseau, & ne soit pu iusques à neuf heures au soir, apres le paistras d'alle de geline : & si ce ne le guarist, prens
Stafisagre

Stafifagre broyee auec bourrache, & auec vn drapeau en frotte ledit lieu malade. Et quand ledit flegme fera failly, paiftras l'oifeau de chair de Coulomb, auec fon fang, & luy mets l'eau deuant luy.

Contre la maladie des fangsues, qui font au gofier de l'oifeau, le signe, la cause, & le remede.

CHAP. XIIII.

Igne de la maladie des fangfues, qui font au gofier de l'oifeau, eft que quand l'oifeau paift, la fangfue fe remue dedans la gorge de l'oifeau, & aucunesfois fe monftre hors des narilles. La caufe eft, quand l'oifeau fe baigne en eau paifible, non courante comme celle de fontaine, & qu'il en boit, luy entre quelque fangfue dedans la bouche ou narilles, & s'enfle du fang de l'oifeau. Le remede eft, mets mouftarde deffus les narilles de l'oifeau trois ou quatre gouttes de ius de limons, & l'oifeau iettera la fangfue dehors : ou mets fur charbon ardant quatre ou cinq punaifes, & fais entrer celle fumee dedans la bouche & narilles de l'oifeau, & la fangfue s'en fuira dehors.

Contre filandres, les efpeces d'icelles, les signes, la cause, & le remede.

CHAP. XV.

Ilandres font petits vers, dont y en a de quatre efpeces : l'vne eft en la gorge de l'oifeau, l'autre au ventre, l'autre aux reins. La quatriefme eft nommee aiguilles, qui font auffi bien petits vers de la premiere efpece de filandres qui viennent en la gorge. Et apres diray des autres en leurs lieux. Les fignes de filandres en la gorge font, que l'oifeau baille fouuent, frotte les yeux à fon aile, grate fes narilles. Et quand il eft pu, & les filandres fentent la chair frefche, elles fe remuent, tellement que l'oifeau les cuide ietter dehors, & en ouurant la bouche dudit oifeau, facilement les y verras. La caufe des filandres, font mauuaifes humeurs au corps de l'oifeau, par mauuais & ord paft, comme fouuent eft dit : lefquels les filandres montent au gofier de l'oifeau, iufques au pertuis de l'haleine d'iceluy, & le poignent là, & au cerueau. Le remede eft, broye

V

herbe nommee mente, & le ius d'icelle osté, mesle le marc auec vinaigre, & en chair de poussin, & la donne à l'oiseau. Ou prens bois de ruë bien gros, & y fais vne fossette, & la remplis d'eau, puis mets ainsi ladite ruë sur charbons ardans, l'espace de demie heure, iusques à ce qu'elle soit bié cuitte. Et si l'eau sort, ou tombe, ou se diminue, remplis ladite fossette d'autre eau, puis prens icelle eau, & tout le ius d'icelle ruë bien espraint, & y mesle poudre de safrã, la quãtité d'vn gros pois, en laquelle eau tremperas la chair du past de l'oiseau, de laquelle paistras à demie gorge, & si ne la veut manger, garde la luy iusques à ce qu'il aura appetit, & luy continue trois ou quatre iours, ou la luy trempe en eau de soufre, & suc de Grenades.

Contre raucité seche de l'oiseau,   CHAP. XVI.

POur raucité seche de l'oiseau, prens vn Coulõb ieune, gras & luy fais tant boire de vinaigre qu'il meure: apres mets le aupres de l'oiseau qu'il l'estrangle, & qu'il boiue le sang, & garde bié qu'il n'aualle des plumes ne des osselets du Coulomb. Les autres iours, paist-le de chair de veau chaude, ou trempe en suc de racine de fenoil, & succre, trois morceaux de chair, & en paists l'oiseau.

Contre l'haleine puante de l'oiseau, la cause & le remede.
CHAP.   XVII.

QVelquefois l'haleine put à l'oiseau, pource qu'il est pu de chair mauuaise, & qui n'a esté trempee & lauee, laquelle luy engendre humeurs, qui luy font l'haleine puante. Le remede est, purger l'oiseau de pillule de gresse de lard, ordõnee au chapitre. Pour purger l'oiseau en tout temps. Trois iours apres feras secher au feu, ou au four du rosmarin, duquel feras pouldre, & froisseras trois cloux de giroffle, desquels, & de ladite pouldre de rosmarin prendras à la quãtité d'vne pillule, & mettras dedãs vn peu de cottõ, lié d'vn petit filet, & au vespre le feras aualler à l'oiseau. Et continuë ainsi cinq ou six iours, apres cinq ou six iours luy en donneras pareillement vne, iusques à ce qu'il aura bonne haleine. Aucunesfois l'oiseau à l'haleine puante, parce qu'il a le poumõ trop gras. Faut prendre vne graine, qui est appellee graine d'outre-mer, qui ressemble à celle de rosmarin, fors qu'elle est plus menuë, on en trouue chez les Apothicaires, si luy en donnez auec sa chair il aura bonne haleine.

*Contre pouls és plumes de l'oiseau & quand on les
luy doit oster, & comment.*

CHAP. XVIII.

Ote que le signe que l'oiseau a des pouls est quand il s'espouille souuent, & soigneusement, & quand il est mis au Soleil bien chaut, hors du vent, les pouls se monstrent sur les plumes. On doit oster les pouls à l'oiseau deux fois l'an, l'vne quand on le met en la muë, & l'autre quand on l'en oste, comme aussi il est escrit au chapitre de la muë. Pour oster les pouls à l'oiseau, mets de l'absinte, autrement nommée aluyne, sur les lieux où sont les pouls: apres oings d'huile les iambes & les pieds de l'oiseau, & le tiens en estuue iusques à ce qu'il sue, & les pouls descédrôt à l'odeur de l'huile, & ainsi les pourras oster. Ou oingts les lieux où sont les pouls d'argét vif, mortifié en cendre & huile, & quand les pouls se monstreront, mets deuant l'oiseau l'eau pour se lauer, & garde que l'argét vif ne tôbe en la bouche de l'oiseau, Si les pouls sont en toutes les plumes, prens poudre de poiure, & cédre de serment meslez ensemble, pouldroie lesdites plumes, & enuelope l'oiseau, & le mets au Soleil. Apres desueloppe l'oiseau, & le mets sur le poing, & quand verras les pouls, abats-les auec instrument à ce propre. Ou prens argent vif, mortifié en saliue, & meslé auec saing de porc, auquel trempe vn gros & mollet cordon de laine, puis le lie au col de l'oiseau, & les pouls y viendront, & mourront. Ou trempe en cedit saing vn drap mollet de laine, & y énueloppe l'oiseau & le tiens en estuue tant qu'il suë, & les pouls prendront audit drap. Si l'oiseau a les pouls à la plante, mets en eau chaude pouldre de Stafisagre, & d'icelle eau coulee, mets sur les lieux où sont les pouls: & s'ils ne meurent, prens Absinte & du Lupin, autant d'vn que d'autre, & mets-en eau, laquelle coullee, mettras en vaisseau auquel l'oiseau se puisse aisement lauer. S'il a tant de poux qu'il arrache ses plumes, cuits bien en eau soufre citrin, puis mets icelle eau chaude en vne tinette, & sur elle vn crible, sur lequel lie l'oiseau, tant que la chaleur & vapeur d'icelle eau chaude monte iusques à l'oiseau, & qu'il suë, & les pouls tomberont. L'orpin oste bien les pouls, mais il fait changer le plumage, & fait mal à langue de l'oiseau.

Contre la taigne és pennes de l'oiseau, de ses deux especes, leurs signes, la cause, & le remede s'il ronge ses pennes.

CHAP. XVII.

N dit que la taigne és pennes de l'oiseau est de deux especes, l'vne ronge la penne du bout du tuyau, l'autre faict cheoir les pennes saignantes au bout. La cause de la premiere espece est, que l'oiseau est ord dedans le corps, & n'est pas bien baigné, & est tenu en lieu ord, poudreux ou fumeux. Le remede est, laue vne fois le iour l'oiseau de lexiue de serment, & le laisse essuyer : apres oings les pennes taigneuses de miel & mets sur lesdits lieux sang de dragon, & alun de glace. Quand les pennes tombent saignantes, la cause est la chaleur du foye de l'oyseau, laquelle fait vne vesie sur le lieu où tient ladite penne, apres pourrir le bout de la penne, & la fait choeir, & le trou dōt elle est partie se ferme, parce autre penne n'y peut croistre. Le remede est, fais vne brochette de bois de sapin, laquelle ne soit point fort aiguë, qu'elle ne blesse l'oiseau, & puisse aisémēt sans douleur entrer dedans ledit trou. Ou prés vn grain d'orge, & luy couppe la pointe du costé duquel le mettras audit lieu, & oings iceluy grain d'huile d'oliue, & le mets audit lieu, tellement qu'il en demeure vn peu dehors, afin qu'il garde le trou de se clorre, apres perce ladite vessie, de laquelle sortira vne eau rousse puis prens poudres d'aloes cicotrin, & fiel de bœuf battu ensemble, duquel oingdras ledit lieu, & garde qu'il n'en entre dedans. Quand l'enflure de rougeur du lieu où est la douleur sera passee, oingts le lieu malade d'huile rosat, pour oster les croustes & ordures dudit lieu, afin que la penne nouuelle puisse sortir, & mets l'oiseau en chambre où il ait perches aupres de terre pour s'y reposer, & ses pennes soulager, soit là pu, & l'eau mise deuant luy pour se baigner. Ou bien si vn oiseau a taignes en l'aile ou ailleurs, prens vne pierre de chaux bien viue, & la mets en vn bassin, où il y ait de l'eau, & luy laisse toute la nuict, & de la gresse qui sera par dessus l'eau, laues-en par quatre ou cinq iours l'aile de ton oiseau. S'il y a penne ou pennes mauuaises, faits comme il est escrit au chapitre de la muë. Si l'oiseau ronge ses pennes, mets sur son past pouldre de maulues, laquelle luy fera oublier de les ronger. Garde qu'autre oiseau ne soit mis pres de l'oiseau taigneux, & qu'il ne soit pu du past d'iceluy, ne mis sur le gant sur lequel il aura esté, car il

prendroit la teigne. Pour reparer pennes froiſſees, ou rompues, ou ar-
rachees, eſt eſcrit en la premiere partie de ce liure.

Quand l'oiſeau heriſſonne, les ſignes, & le remede.

CHAP. XX.

Ignes quand l'oiſeau heriſſonne, ſont qu'il leue les aiſles, puis
les eſtraint, leue vn pied, puis l'approche de l'autre, a les yeux
enfōcez, & les couure en partie ou tout, & ouure & cloſt toſt
la bouche: leſquels deux derniers ſignes ſōt mauuais en ceſte maladie.
Le remede, eſt chauffer l'oiſeau au feu, ou l'ēuelopper dās vn drapeau,
& le faire ſuer ſur chaleur & vapeur de vin ietté ſur cailloux rougis par
grand feu: apres ſeche l'oiſeau au feu, & le tiens bien chaudement.

Quand l'oiſeau tremble, & ne ſe peut ſouſtenir, le remede.

CHAP. XXI.

Vand l'oiſeau tremble, & ne ſe peut ſouſtenir, le remede eſt, poudroye le paſt d'iceluy de pouldre de reguelice, & de poudre de maulues, meſlees enſemble : ou
diſtille és narilles de l'oiſeau quatre gouttes de ſuc de
grenades douces, apres frotte le palais de l'oiſeau de poudre ſtafiſagre
& ſel menu enſemble. Et luy preſente l'eau tiede, & au ſoir le paiſtras
de chair de geline chaude.

Quand l'oiſeau a prins coup en heurtant à quelque choſe,
ou contre ſa proye, le remede.

CHAP. XXII.

Ote, que quand l'oiſeau a prins quelque coup en heurtant
contre aucune choſe, ou contre ſa proye, le remede eſt, fais
bouillir en vin, ſauge, mente, poulliot, & guimaulue: & de
ce vin eſtuue auec vn eſponge le lieu malade, iuſques à
ce que l'oiſeau ſue: puis emplaſtre ledit lieu d'encens en poudre, & de
guimaulues meſlees en blanc d'œuf. Apres eſſuye l'oyſeau au feu, & le

V iij

SECONDE PARTIE

tiens chaudement, & continuë cecy deux fois le iour, iusques à ce que
l'oiseau soit amendé. Si l'oiseau a prins si grand coup qu'il iette sang
par les narilles, ou par la bouche, ou par le fondement, & les costes
luy poulsent & esmutist noir, & en demenant la queuë çà & là, donne luy en son past auec sang chaud de geline, pouldre de sang de drà-
gon, du boliarmenic, & de la momie. Paists le de chair de Coulomb
ieune, auec son sang, ou trempe chair de geline en vrine, pour son past
par aucuns iours.

Quand l'oiseau s'est fait playe en heurtant, comme est es-
crit au chapitre du coup, le remede.

CHAP. XXIII.

QVand l'oyseau s'est fait playe en heurtant, comme est
escrit au chapitre du coup, le remede est, laue & e-
stuue la playe de vin tiede, puis si le cuir est grande
ment fendu, recousle auec vne aiguille neuue, &
fil delié. Apres oingts ledit lieu d'huile rosat, & mets
dessus poudre d'escorce de chesne, ou de courge. Ou
si c'est en lieu nerueux, mets dessus terebentine, ou
bien le ius de l'herbe nommée l'herbe Robert, & apres y mets le marc
de ladite herbe. Si tu ne trouue dudit ius, mets y de la poudre de ladite herbe, laquelle herbe garde d'apostumer plaies, & emplastre ledit
lieu du blanc d'vn œuf : & puis si la playe est profonde, fais poudre de
sang de dragon, d'encens blanc, de mastic, & d'aloës cicotrin, autant
d'vn que d'autre ensemble, de laquelle mets en ladite plaie. Apres
pour appaiser la douleur, l'oindras d'huile rosat tiede, & l'emplastre-
ras ainsi.

Pour estancher la vaine de l'oiseau, le remede.

CHAP. XXIV.

POur estancher la vaine de l'oiseau, prens sang de dragon, a-
loës cicotrin en poudre, & du poil de Lieure ou de Chat, ou
toille d'Areigne, meslez ensëble, auec blãc d'œuf, & mets
dessus ladite veine, & la couure d'estoupes trëpees en blãc
d'œuf & huile rosat, & ce reuouuelleras, tellement, que ce qui est, a
mis dessus par soy tombe.

Pour os rompu, ou hors de son lieu, faire reprendre.

CHAP. XXV.

E T si ton oiseau a os rõpu ou hors de son lieu, comme, l'aileron, laisle, cuisse, ou iambe, pour les faire reprendre, soiẽt
biẽ remis en leur lieu, où adresse vn os ẽdroit l'autre : Apres
prens sang de dragon, boliarmenic, gomme arabic, encens
blanc, aloes cicotrin, momie, & vn peu de farine : destrempe tout en
blanc d'œuf, & emplastre le lieu malade, & s'il est besoin soit bandé a-
uec hastelles, & l'oiseau emmaillotté, afin que l'os se reprenne plus
seurement, & garde qu'il ne soit trop estreint, singulierement la iambe, si l'os est rompu, car le pied luy secheroit. Renouuelle l'emplastre
de quatre en quatre iours, si besoin est, & garde biẽ que ledit os ne se
reiette hors de son lieu, soit ainsi tenu & enchapperonné, iusques à ce
qu'il soit guary : ou prens pouldre d'aloes, poix Grec, & mirrhe, mis
en blanc d'œuf, emplastre ledit lieu. S'il a l'os de la cuisse ou iambe rõpu, oste luy les iects, & les mets en chambre obscure, sur herbe, &
soit pu de bon past, à petis morceaux, assez bonne gorge.

DES MALADIES ET MEDECINES
qui sont dedans le corps des oiseaux, &
qu'on ne voit point.

Contre foye de l'oiseau eschauffé, les signes, la cause, & le remede, pour le refroidir.

CHAP XXVI.

M AINTENANT venons à parler des maladies qui sont
dedans le corps de l'oiseau. Les signes du foye eschauffé sont, quand l'oiseau gratte la dextre & haute
partie du bec, & a la gorge eschauffee, & changeant
en couleur, & blanchissant, & qu'il a les pieds eschauffez, & le dessoubs d'iceux est noir ou vert : & que si la langue luy
deuient noire, c'est signe de mort. La cause, est ord past qu'on luy
a donné, ou qu'on ne l'a baigné quand on debuoit, ou par eschauffement de trop voller, ou par estre trop longuement sans paistre. Le
remede de luy refroidir le foye est, purger l'oiseau par pillule du gras

de lard, ordonnee au chapitre, pour purger l'oiſeau en tout temps, &
apres luy donner limaçons, ainſi qu'il eſt eſcrit au chapitre, pour oiſeau meigre mettre ſus. Puis trempe rhubarbe vne nuit en eau, à la
fraiſcheur le lendemain, & quatre ou cinq iours apres, laue ſon paſt de
celle eau. Paiſts l'oiſeau de greſſe de porc, ou de cuiſſe de geline, &
ſemblables chairs non chaudes trempees en laict.

Contre maladie de poulmon de l'oiſeau, & le remede.

CHAP. XXVII.

S I tu veux remedier contre la maladie du poulmon de l'oiſeau,
paiſts le de chair de Lieure, ou pulueriſe ſuccre & ſafran tant
d'vn que d'autre, & mets en trois morceaux de chair fraiche
de Cheure, deſquels paiſtras l'oiſeau. Quand l'oiſeau aura digeré, donne luy le ſurplus de ſon paſt deu, & de bonne chair: ou tren-
che bien menu poils de porc, & les mets en ſang de porc, & quand ledit ſang ſera coagulé, & figé, paiſts en l'oiſeau. Apres ce prens quatre
onces de pouldre de l'herbe nõmee coſt, & du ſel gemme, pulueriſé
& meſlé auec miel, huyle d'oliue, & blanc d'œuf, & en trempe le paſt
de l'oiſeau quand l'oiſeau reſpire fort, par la douleur du poulmon
cuits en eau ruſche de miel, & la mets en la gorge de l'oiſeau, & le lie
iuſques à midy, puis le paiſts de geline.

Contre aſme, autrement dit pantais, quand l'oiſeau ne peut auoir ſon
haleine, & à l'haleine groſſe, les ſignes, la cauſe,
les deux eſpeces d'iceluy, & le remede.

CHAP. XXVIII

L E s ſignes que l'oiſeau a l'aſme, autrement pantais ſont,
quand il ne peut auoir l'haleine, qu'il demeine la teſte, &
frappe ſa poitrine, & quand la bouche ouuerte reſpire
ſouuent, & du fons de la gorge, leue le ventre & luy debat,
demeine la queuë en la leuant: quand le mal engrege, il ronfle,
par angoiſſe qu'il a d'auoir ſon halaine. La cauſe dudict pantais,
ſont fumees qu'il a dedans le corps, ou coups qu'il a prins au gibbier

gibbier ou par eschauffement qu'il a prins par trop roidement voller,
ou par se debattre sur la perche, s'est rompu aucunes petites veines du
foye, & le sang d'icelles saillant, s'est endurcy & monté prés de la gorge. Il y a deux especes de pātais, l'vn est en la gorge, l'autre és reins. Le
remede au pantais en la gorge est, premierement soit purgé l'oiseau,
comme dit est au chapitre, pour purger l'oiseau en touttemps. Apres
mets-le sans gets & sonnettes dedans chambre nette & claire, les fene-
stres ouuertes & treillissees tellemēt qu'il n ē puisse sortir, & que le soleil ou grand air puisse entrer dedans, auquel lieu y ait perches, sur lesquelles il puisse voller, & l'eau denant luy. Tu le paistras de bōne chair
taillee en morceaux, & arrousee d'huile d'amendes doulces, ou de
laict, & à demie gorge à la fois. Ou luy donne sur sa chair, limeure d'acier, mellee en miel ou en poudre de boliarmenic. Et s'il iette
moruats durs des narilles, est signe de guarison. La cause du pantais
qui est és rains est, pource que l'oiseau a esté fort malade puis guary,
puis recheut: parquoy s'engendre és reins vne maladie du gros d'vne
febue en maniere de chancre, laquelle eschauffe tellemēt l'oiseau qu'il
iette son past. Les signes de ce pātais sont, que ce mal ne trauaille point
l'oiseau cōtinuellement, cōme l'autre qui est en la gorge, mais de huit
iours en huit iours, ou de quinze iours en quinze iours, ou de mois en
mois, & l'oiseau remue plus les reins que les espaules. Le remede est,
fais bouïllir en eau & en pot neuf, racines d'asperges, de fenoil, & de capres: puis d'icelles racines fais pouldre sur vne tuille vieille, laquelle y
est meilleure que la neufue, & en icelle eau trempe de bonne chair, de
laquelle paistras l'oiseau à demy gorge. Et au soir ne la trēperas point,
mais mettras dessus de la poudre desdites racines, & cōtinue ainsi par
dix ou douze iours. Autres dōnēt à l'oiseau qui a grosse halaine & bru-
te, de la poudre sur sa chair, qui est faite du poulmon bruslé d'vn Re-
gnard. Si l'oiseau a longuemēt pantisé, & il est meigre, il est incurable.

Contre sang assemblé & figé au ventre de l'oiseau, le remede.
CHAP. XXIX.
S I l'oiseau a sang assemblé & figé au ventre, le remede est,
mets succre en eau de grenades, & en eau de soulfre, & y trē-
pe vn morceau de chair, lequel donneras à l'oiseau, & quand
il l'aura digeré, parfais son past. Ou mets en eau poudre d'As-
sa-fetida, & des racines de Capres, & quand l'eau sera reposee, trempe y morceaux de chair, desquels paistras l'oiseau.

X

SECONDE PARTIE

CHAP. XXX.

Es Filandres qui sont en la gorge, & que c'est que filandres, & des signes pour les cognoistre, est escrit au chapitre treziesme, & icy est escrit des Filandres qui sont dedans le corps de l'oiseau. Les signes pour les cognoistre quãd elles y sõt, quãd l'oiseau se plaint de nuit, & crie crac crac, & quand tu le portes au matin, il estraint ton poing, ce qu'il ne faisoit parauant, & fait semblant de se coucher sur le poing, qui est le signe de grande vexation que luy font les Filandres, & est lors en danger de mort, il plume son ventre, & en sa cure apparroissent & se monstrent vers, ou chair rouge, qui est le ver. Et aussi vous le sçaurez ésmues, qui sont pleines d'vne maniere de filets de chair longue, qui luy pendent quelquefois au fondement. La cause des Filandres est, le debattre qu'il fait contre sa proye, ou autrement & se rompt quelque veine dedans le corps, par laquelle le sang se respand par les entrailles, & se caille & seche, duquel s'engendrent lesdictes Filandres, lesquelles pour fuyr la puanteur dudit sang, cerchent lieu net par le corps, & montent aux entrailles & au cœur de l'oiseau. Le remede pour les faire mourir est, fais poudre de létilles des plus rousses, & en icelle mesle moins de poudre de vers, & les lie en miel & en fais emplastre, apres plume le ventre de l'oiseau, & y mets ledit emplastre. Puis fais ius d'herbe de ruë, & de fueilles de pescher, auec lequel mesle pouldre de vers, & en fais emplastre, & le mets sur les reins de l'oiseau, lesquels reins plumeras parauant, & renouuelleras l'emplastre par cinq ou six iours. Apres mets dedans vn boiau de geline, du thiriacle, poudre d'aloës, & pourdre de vers, & lie le boiau aux deux bouts, & le fais aualler à l'oiseau, & trempe la chair de son past en ius fait d'herbe verte de froument. Ou bien prens vn franc Pinpenel, escorche-le, & le couppe au dessoubs du nombril, & prens la partie vers la queuë, & la mouille en vin blanc quand tu luy donneras en mangeant sa premiere viande, & ce par trois ou quatre fois.

Chap. XXXI.

N dit que les signes des aiguilles, autrement lumbriques, sont tels que ceux des filandres, joinct que l'oiseau qui a aiguilles plume souuent son brayeul, & s'escout dessus le leurre. La cause est, celle mesmes est des filandres. Le remede est, il faut que tu prenne poudre de Stafisagre, & poudre d'aloes cicotrin meslez ensemble, le gros d'vne petite noisette, mis en cuir de geline, & le fais aualler à l'oiseau, puis luy donne le gros d'vne feve de la chair de mouton ou de poussin, apres mets l'oiseau au Soleil ou aupres du feu, & ne soit pû iusques apres midy, à demie gorge. Continuë luy icelle poudre trois ou quatre iours, & garde que l'oiseau a qui tu donneras ceste medecine ne soit meigre, car il ne l'a pourroit endurer: ou faits pillules du gros d'vne noisette, de poudre de corne de Cerf, & de poudre de vers, liee en thiriacle, desquelles donneras à l'oiseau cinq ou six iours vne enueloppee en peau de geline, ou en peau de bonne chair, & apres bien tost soit l'oiseau pû d'vne gorge, ou de paist de chair de porc poudroyee de limeure de fer, ou de chair de poussin trempee en ius de mete, auec vinaigre. On cognoist le Faucon auoir vers au corps, quand il fait tout vn iour esmeut vert & iaune, & tremble trois ou quatre fois l'vne apres l'autre, sans trop croller le corps en regardant tousiours à terre. Pour le guarir, prens aussi gros d'aloes qu'vn pois, broyé en vne escuelle, puis soit destrempé d'eau claire, tiede, pleine vne coquille de noix, & le verse dans la gorge de l'oiseau malade, au matin à ieun. Et long temps apres donne luy vne cuisse de ieune geline trempee en eau & succre: car le succre oste l'amer de la gorge. L'autre iour apres, donne luy vne cuisse de poulle trempee en vin de pommes de grenades. Puis luy donnes à manger, par trois iours, la chair de ieunes Coulombs, & il guarira.

Contre apostume dans le corps de l'oiseau, les signes, la cause, & remede.
Chap. XXXII.

Ote que les signes que l'oiseau a apostumé dedans le corps sont tels, quand ses narilles s'estoupent, & le cœur luy debat. La cause est, le debat qu'il fait à la perche fort & souuent, ou les coups qu'il prent à la proye ou ailleurs & s'eschauffe, & apres se refroidist, & de ce s'engendre apostume. Le remede est, lasche fort le ventre de l'oiseau par past de chair de Vache, trempee en eau emmiellee. Apres duits

SECONDE PARTIE

Abſcince en eau , en laquelle meſle miel & cendre d'orge, & de ces
choſes aſſemblees faits Trociſques, qui ſont comme morceaux plats,
deſquels paiſtras l'oiſeau trois iours, & il iettera l'apoſtume. Ou prens
ius de fueilles de choux , meſlez auec le blanc d'vn œuf , & mis en vn
boyau de geline, lié aux deux bouts, & le donne au matin à l'oiſeau. Et
apres ſoit mis au Soleil, ou aupres du feu, & ne ſoit pû iuſques apres midy, & de poullaille ou mouton. Le lendemain, bruſle à feu clair roſma-
rin , & en fais poudre , de laquelle mets ſur le paſt de l'oiſeau, & continuë cela par quinze iours, puis d'vn , puis d'autre , & le tiens chaudement, en luy baillant moyenne gorge, & de bon paſt vif.

CHAP. XXIII.

Ote que les ſignes du mal ſubtil ſont, quand l'oiſeau eſt
touſiours affamé , combien que tu luy donnes ſouuent
à manger, toutesfois ſi eſt-il touſiours affamé , & plus
mange & plus veut manger, & eſmutiſt ſouuent, & plus
qu'il n'a accouſtumé. La cauſe eſt, qu'il eſt fort mei-
gre, & tu le veux mettre ſus preſtement, & le cuides faire gras par groſſes gorges que luy donnes , par leſquelles il eſtaint la chaleur de la digeſtion. Le remede eſt, prens vn cœur de mouton, mis en trois parties,
& le trempe vne nuiĉt en laiĉt, duquel trois fois le iour, au matin , apres
midy, & au Veſpres, paiſtras l'oiſeau. Et continuë cinq ou ſix iours , ou
iuſques à ce qu'il amende & eſmutiſſe comme il doit. Apres ſoit pû
quatre iours deux fois le iour , & de bon paſt , arrouſé d'huile d'amendes douces.

CHAP. XXIV.

Our cognoiſtre les ſignes des grandes chaleurs qui ſont dedans le corps de l'oiſeau, faut regarder quand il a la bouche
ouuerte, & reſpire ſouuent leue les ailes, & les ventile, &
ſemblent que ſes yeux ſaillent dehors de la teſte, joinct ſes
plumes, & entre-ouure les pennes qu'il heriſſonne, & met les plumes
deſſus la teſte, le col luy ameigriſt, & a le courage remis. Le remede eſt,
mets l'oiſeau en lieu frais, & mets ſuccre, & vn peu de canfore en eau
roſe, de laquelle tu luy arrouſeras la teſte, & ſouffle en ſes narilles vn
peu d'huile violat miſe en eau fraiſche, & le paiſt de chair trempee en
eau ſuccree.

Contre fieure, le ſigne, & le remede.

Chap. XXXV.

Aut cognoiſtre que l'oiſeau a la fievre quand il a les pieds
chaux. Le remede eſt, trempe en vinaigre greſſe de geline, &
aloes, & luy fais aualler, & luy oingts les pieds de muſc, meſlé auec greſſe de geline.

Contre ventoſité engendree au corps de l'oiſeau, les ſignes & le remede.
Chap. XXXVI.

T les ſignes de ventoſité engendree au corps de l'oiſeau
ſont, qu'il baiſſe & eſpluche ſon dos, luy eſtant ſur la perche, & quand il met au bec ſon paſt. Le remede eſt, purger
l'oiſeau, ainſi qu'il eſt eſcrit au chapitre, pour purger l'oiſeau en tous téps. Apres prens vn poulmon d'aigneau, cou-
pe-le en morceaux, & le cuis en beurre, iuſques à ce que la ſaueur du
poulmon ſoit incorporee auec le beurre, & d'iceluy beurre luy donneras au matin ſur ſon paſt, autant qu'il enduira bien : à midy luy donneras pouldre de ſemence de Iuſquiami, auec bonne chair, & luy preſen-
teras l'eau pour boire, le lendemain le paiſtras d'entrailles, du poulmõ
& du ſang de Coulomb ieune. Quand ſon ventre gargoüille par ventoſité, donne luy paiſt d'ail ſauuage, & le mets à la perche.

Contre la pierre, autrement nommee craye, & les ſigne la cauſe, & le remede.

Chap. XXXVII.

SECONDE PARTIE

Aut que tu entendes que les signes de la pierre, autrement nommee craye, sont, que l'oiseau a les yeux & les pieds enflez, clost l'œil, & le frotte du haut de son aile, & les deux veines qui sont entre les yeux luy poussent fort. Il a les narilles estouppees, & leue la queuë deux ou trois fois deuant qu'il puisse esmutir. Quand il esmutit, il fait son comme petis pets, son esmont est mol, comme eau trouble, & aucunesfois visqueux comme chaux endurcie. Il a l'orifice du fondemēt cōstipé, & luy deult, à ceste cause il esfriche auec le bec, tant qu'il en fait saillir sang, & l'escorche, & sort vn peu hors, & les plumes de son brayeul, & son esmont sont ords. La cause est, & indigestion & ventosité. Le remede est, purger l'oiseau, comme il est escrit au chapitre: Pour purger l'oiseau en tout temps. Apres donne luy du blanc d'œuf dedans son past par trois iours, l'vn iour trempé en vin, & l'autre iour en miel, ou trempe son past en ius de racines d'orties griesches. Quand l'oiseau a le fondement constipé, oingts ledit lieu d'huile du dedans de noyaux de pesches : quand l'oiseau s'efforce d'esmutir, & le bout du boyau luy sort dehors, alors prens auec deux doigts ledit boyau, & oingts le bout d'huile rosat. Apres paists-le de chair de porc auec son sang, ou l'oingts d'huile de noix : ou luy donne trois iours son past de cœur de porc, semé de soyes menuës couppees dudit porc : ou bien prens fiel de petit porc, de trois sepmaines ou enuiron & le fais aualler à l'oiseau, sans rompre, & garde qu'il n'en iette rien, apres donne luy aussi gros qu'vne feve de chair du cœur, & apres le laisse ieusner iusques au Vespres, & puis le mets au Soleil, ou aupres du feu, & continuë ceste medecine selon la force de l'oiseau, deux ou trois fois. Au soir soit pû de chair de mouton ou de poullaille, & le lendemain soit trempé son past en laict succré. Et ainsi soit pû trois iours, & a petite gorge.

Contre l'enfleure de cuisse ou de iambe, la cause & le remede.
CHAP. XXXVIII.

Our sçauoir la cause de l'enfleure de cuisse ou de iābe en l'oiseau, la raison est, pour le trauail qu'il a prins au gibier, ou par frapper sa proye, par lequel l'oiseau s'est eschauffé, & apres refroidy & les humeurs luy sont descenduës. Le remede est, purge l'oiseau par les pillules du gras de lard, ordonnees au chapitre, Pour purger l'oiseau en tout temps. Puis apres faits bien cuire dix ou douze œufs, auec l'escaille, & quand ils seront refroidis, oste les de l'escaille, & en prens les moyeux tant seulement, lesquels rompus dedans vne poisle, mettras deuant feu clair, & les remueras sans reposer, & quand ils deuiendront noirs, & cuidras qu'ils soient gastez, fais les bouillir auec vn peu d'huile d'oliue, & les assemble & presse tant que ils rendent l'huile, duquel huile, ce qu'en pourras auoir, mettras dans vn verre bien couuert. Quand tu voudras vser dudit huile, prens en dix gouttes, & y mets trois gouttes d'eau rose, & autant de vinaigre, & premier oingts d'vn peu d'eau ladite enflure, apres vse d'icelle huile appareillée comme dit est. Et continue iusques à ce que l'oiseau soit guary. De rabiller os hors de son lieu, ou rompu, est escrit au tiltre du corps.

Contre Filandres és cuisses, le signe, la cause, & le remede.

CHAP. XXXIX.

E signe que l'oiseau a filandres és cuisses est, qu'il les plume souuent. La cause est, le debatre qu'il a fait à la perche, ou sur le poing, par lequel il s'est rompu quelque vaine des cuisses, ainsi qu'il est escrit au chapitre des filandres dedans le corps. Le remede est, curer l'oiseau, côme est escrit audit chapitre. Et du ius de ruë, & des autres herbes là escrites, auec poudre de vers, lauer les cuisses de l'oiseau, & le marc d'icelles mettre dessus.

Contre enfleure des pieds, la cause & le remede.
CHAP. XL.

Olontiers les pieds s'enflent par froidure, parce que l'oiseau s'eschauffe à battre sa proye, puis se refroidist par faute de luy mettre drap soubs les pieds, ou pource qu'il est ord dedans, & les humeurs descendent sur les pieds, & plus au Gerfaut qu'à autre oiseau, car il est pesant, & a les pieds gras. Le remede est, le purger, comme est dit au chapitre. Pour purger l'oiseau en tout temps.. Apres prens poudre de boliarmenic, & la moitié moins de pouldre de sang de dragon, meslees ensemble, & liées d'vn blanc d'œuf, & de ce oingts deux fois le iour, 3. ou 4. iours ensuiuans ladite enfleure, & mets dessoubs les pieds de l'oiseau drap pour les tenir chauds, apres fais oignement de graisse de geline, huile rosat, cire neufue, pouldre d'encens, & boliarmenic, duquel oignement feras comme dessus est dit. Si les pieds luy enflent, & ne se peut soustenir, par grand seiour &

faute d'exercitation, oingts lesdits pieds de l'oiseau de beurre de vache & mesle en iceluy vn peu de pouldre de Galbane, apres le lie vn iour & vne nuit. Et si les pieds & iambes luy enflent, & il y apparoisse quelque aceroissement de chair, la cause est, les geks qui luy sont trop durs, & le serrent trop, ou c'est par cheoir trop roidement sur sa proye. Le remede est, fais poudre d'encens masle, de litarge, de verre Alexandrin, & de Colcotar, qui est matiere minerale, autant d'vn que d'autre, meslez en blanc d'œuf. Apres laue lesdits lieux de l'oiseau, & emplastre dessus ce que dit est, & mets soubs les pieds dudit oiseau drap moüillé en eau froide, & tiens le ainsi iusques à ce qu'il soit guary.

Contre cloux és pieds de l'oiseau, le remede est de le guarir d'vne fontaine qu'il aura au pied. CHAP. XLI.

E remede contre cloux és pieds de l'oiseau est, oindre lesdits pieds & cloux dudit oiseau, comme est escrit au chapitre, contre vessie enflee en la plante de l'oiseau. Apres le lieras sur vne pierre de chaux, & deux fois le iour arrouseras d'eau ladite pierre. Et s'il a vne fontaine au pied, prens du rosmarin, du plus vieil, non pas de la feuille, & le fais ardoir, puis prens la cendre, & de l'oignement de blanc razis, huile rosat, & gresse de geline, meslez ensemble, & faits le tout boüillir en vn pot, & de ce laue le pied de ton oiseau, & il guarira.

Contre podagre, autrement nommee cloux ou galles, les signes, la cause, & le remede. CHAP. XLII.

Ais pour bien cognoistre les signes de podagre, ou autrement nommee cloux ou galles que les oyseaux ont és pieds. Tu les cognoistras facilement quand lesdits pieds enflent dessous, & ne se peuuent soustenir sur eux, mais s'appuyent sur leur poictrine. La cause est, l'enflure des iambes & des pieds, & humeurs du corps sur les pieds descendans. Le remede est, purger l'oiseau, côme il est escrit au chapitre. Pour purger l'oiseau en tout temps. Apres prens alun, mastic, encens, broyez ensemble: puis fonds miel, cire neuue, therebentine, sang de castor, gresse de geline, & y mets vinaigre fort: de ces choses meslees, fonduës & passees, fais oignement, lequel bien clos, durera en sa vertu deux ans : d'iceluy

oindras

oingdras les pieds, la perche, & le gand de l'oiseau, & en mettras em-
plaistre dessus la maladie. Tu passeras les doigts de l'oiseau dedãs trous
faits en l'emplastre, lequel apres lieras bien sur le pied de l'oiseau, tellement qu'il ne le puisse deslier: renouuellãt l'emplastres de trois iours
en trois iours. Cest oignement luy fera sortir hors la podagre: & si le
cuir des pieds estoit si dur qu'il ne pust creuer, perce-le tellement que
l'ordure puisse sortir. Apres, pour rapaiser la douleur, mets dessus
emplastre d'oignement, nommé diaculum, & s'il a chair morte,
mets dessus vn peu de verdegris.

Quand les ongles se descharnent, ou viennent droits, & non crochus, le remede.

CHAP. XLIII.

Vand les ongles se descharnent, & sont en peril de cheoir,
remets les doucement en leur lieu: apres puluerise-les de
bouë de fer qui sont les esclats du fer quand on le forge.
Et lie l'oiseau sept ou huit iours, iusques à ce qu'autres ongles saillent. Ou prens arsenie, & mirrhe, tant d'vn que
d'autre, meslez auec blanc d'œufs & vinaigre, & oingts les pieds &
ongles de l'oiseau, & le lie. Quand les ongles saillent droicts, & non
crochus, mets en eau d'aloës, & de la vesse sauuage, & grand polieu:
& d'icelles oingt les pieds de l'oiseau. De rompure d'ongle, est escrit
en la premiere partie de ce liure.

Quand l'oiseau ronge ou gaste ses pieds, la cause, & le remede.

CHAP. XXIV.

Vãd l'oiseau gaste ou ronge ses pieds, la cause est vne
maniere de fourmiere qui les gaste, & ceux des Esmerillons plus souuent que des autres. Le remede
est, bats ensemble poudre d'aloes, & fiel de bœuf, &
de celuy oingts les pieds deux ou trois fois le iour
cinq ou six iours: ou fais secher au feu sur vne tuile,
fiante de pourceau, & en fais poudre: apres laues les
pieds de l'oiseau de fort vinaigre, puis mets dessus beaucoup de ladite
poudre, deux fois le iour, iusques à ce que l'oiseau soit guary. Et afin

Y

qu'il ne puiſſe toucher de ſon bec à ſes pieds, perce vne demie fueille
de papier, & la mets au col de l'oiſeau en pendant deuant.

Contre veſſie enflée en la plante de l'oiſeau, le remede.

CHAP. XLV.

Our mal de veſſie enflee en la plante de l'oiſeau, oſte les
gets & le mets en ſpacieuſe châbre, iuſques à ce que ladite
veſſie ſoit ſechees : car ſi tu le portes au gibbier, elle croiſtra, creuera, & ſeignera, & luy fera enfler les pieds.

Fin du liure de Fauconnerie.

LA

Fauconnerie de Meſsire Arthelouche de Alagona, Seigneur de Maraueques, Conſeiller & Chambellan du Roy de Sicile.

Ombien que nul n'ignore que l'antiquité n'ait eu cela de peculier pour la Noblesse, que d'adresser les enfans des bonnes maisons à la chasse, tant pour leur donner cœur, & accoustumer aux dangers, comme aussi pour les renforcer, & rendre plus vsitez au trauail, & leur oster ceste delicatesse qui suit les grans maisons: veu qu'à la suitte des bestes les ruses de guerre y sont obseruees: car on dresse vn escadron d'abbayeurs, les Chiens courans sont aux flancs pour suiure l'ennemy, & l'homme à cheual sert de luy donner la chasse lors qu'il se prent à brosser, les trompes n'y manquans pour sonner le mot, & donner cœur aux chiens qui sont en deuoir: si bien qu'il semble que ce soit vn cãp de bataille dressé pour le plaisir de ceste ieunesse. Si est-ce que de la chasse sont procedez de grands mal'heurs. Meleager en perdit la vie, pour la victoire rapportée sur le Sanglier de Callidoine. Le bel Adonis fut tué par vn Sanglier. Acteon fut deuore de ses propres chiens. Cephale y tua sa chere Prochris. & Acaste en fust interdict, ayãs occis le fils du Roy qui luy auoit esté donné en charge, comme fut Brutus pour auoir tué son pere Syluius par mesgarde. Vn Empereur fut occis par la beste qu'il poursuiuoit. Vn Roy en courant à la chasse se cassa le col en tombant de cheual. Que qui craindra ces dangereux effectz qu'il s'adonne à la vollerie, où il trouuera sans doubte plus grand plaisir.

ET PREMIEREMENT.

Fin de la Table.

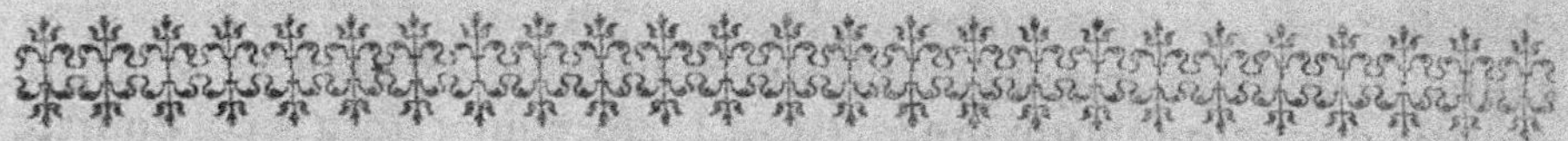

FAVCONNERIE DE MESSIRE
Arthelouche Alagona.

De l'election de l'Espreuier.

'ESPERVIER né en bois, en lieu sec & le nid bas, est fort hardy & doit auoir aucunes taches noires ou roufses pour son plumage: ceux qui sõt nez en lieu de marez, ou autre lieu fangeux & humide, tirant sur couleur fauue, sont plus forts & plus grãs: mais que ce soit en pays froid. Si c'est en pays chaut, ils sont plus foibles & plus petits: combien que de toutes conditions s'en trouue de bons. Et selon Armodeus, les oiseaux noirs sont de plus forte complexion que les autres. Les Florentins disent que les Espreuiers qui ont la croix sur les doigts, specialement sur la serre du milieu, en ceste forme X sont les meilleurs pour estre auantageux & bons.

L'Espreuier qui a treize pennes en la queuë, & sur le iaune du bec a vne tache noire, comme vn grain de poiure, sont deux signe pour estre bons. L'esperuier pesant est vn tres bon signe, selon Armodeus. Selon les Florentins, l'Esperuier qui a la couuerte noire, & pennage de trauers roux, & la maille noire & blanche entremeslee & brayer net, est des meilleurs qui se trouuent, & sont appelez blancs noirs. Les Esperuiers roux sont bons apres les dessusdits, selon Pline. Les Esperuiers blancs, & fauues, sont bons apres les roux, & sont gracieux & paisibles. Les Esperuiers blancs-roux sont bõs apres les blancs fauues, quelle que la couuerte soit: mais qu'ils aient la maille trauersee noire, & la teste noire, tirãt sur le roux, & le brayer soit blanc & roux. Les Esperuiez roux noirs sõt apres ceux qui ont les signes du blãc-roux, excepté qu'ils ont le brayer obscur. Les Esperuiers auec deux plumages,

ʼeſt aſſçauoir, de deux couleurs, & non de maille, ſont les plus meſ-
chans. Lʼeſpreuuier qui a le col long & eſtendu, eſt tenu pour laſche
volleur, de quelque plumage quʼil ſoit. Lʼeſpreuuier qui a le col court&
non trop & a la teſte platte, & bien proportionné de ſes membres à
lʼauenant du corps, eſt tenu pour grand volleur,

Election des Auſtours.

Vtours ou Tiercelets, nez en region chaude, ont peu de
ſang, le peu de ſang les fait eſtre coüars: car lʼabondance
du ſang eſt ce qui leur donne hardieſſe. Ceux qui naiſſent
en region froide & humide, ſont hardis. Ceux qui naiſſét
en region attrempee, ſans eſtre trop chaude ne trop froide par raiſon
de la nature du lieu en quoy ils ſont participans, ſont attrempez entre
hardieſſe & couardiſe. Et pour les meilleurs Autours & Tiercelets, ce
ſont ceux qui naiſſent en region froide, dont les ſignes ſont tels : ils
ont la langue & le bec communement noiraſtres, la teſte longue &
greſle en la ſime du palais, le bec long & gros, le col long & greſle, les
eſpaules largeſt la poictrine ronde, & le ſiege large, la queuë moyenne, les jambes groſſes & courtes, les pieds gros, & grandes ſerres, &
bien onglees.

Election du Faucon Pelerin.

E Faucon Pelerin eſmutiſt deſſous le poing, & le Gentil faict le contraire. Le Pelerin ſe cognoiſt à la muë, car
il ſe mue en Aouſt, & le Gentil commence dés Mars, ou
pluſtoſt. Le Pelerin eſt plus plain ſur les eſpaules, que les
autres Faucons, de petites plumes bordées de rouſſeur,
ou de iaune, ou dʼautre couleur ſelon ſa couuerture : & a grans yeux &
grands pieds, fort fendus & bien onglez. Le Pelerin a les yeux enfoncez & le bec gros : & a le dedans des cuiſſes blanc, & les pieds & le bec
de couleur verte plombee.

Du Faucon Saffir, & des autres Faucons.

Elon aucuns Fauconniers, le Faucon Saffir se cognoist á ce qu'il a les couteaux plus longs que la queue, & a les signes semblans au Pelerin, sinon qu'il est plus petit, comme le Gentil est meilleur que le Pelerin. Il y a vn autre sorte de Faucons, beaux de corps, mais il sont petits : lesquels ont la teste plus grosse que les autres Faucons, & ont les signes de Gentils. Ce sont les plus nobles oiseaux du monde, & sont appellez Zechart. Entre le Gerfaut & le Faucon n'a autre difference fors que le Gerfaut monte plustost, pource qu'il môte par poinctes. Les Lasniers qui ont la gerlande blanche entour le col, sont les plus courtois oiseaux qui soiêt de leur generation. Et selon mô opinion, ils sont meilleurs pour Perdrix que Sacres, pource qu'ils endurent plus de peine & de trauail que nuls autres oiseaux. Et se peuuent reclamer au poing & arrester en toutes manieres & en tout lieux, soit la branche seche ou verde mais contre vent, les Sacres sont plus forts pour resister. Que si vn Vilain, de quelque condition qu'il soit, se trouue bon, il est meilleur que les autres. Selon aucuns, les Sacres sont nômez oiseaux masles pource qu'ils peuuêt souffrir plus de peine & de trauail que ne font les autres, & font meilleure digestion de grosse viandes. Ils sont tres excellens pour la Grue, Bistars, & prennent les garsottes de leurs propre nature. Ils sont bons pour les champs & pour riuiere: & sont des plus nobles Faucons du monde en bonté, de quelque nation qu'ils soient & de meilleure disposition. Et si vous trouuez vn Sacre qui ayt les plumes souëfues, & les doitgs gros, tirans à couleur perse, la langue noire, & le col rouge, ou roux, ou soit iaune à couleur viue, ou gris, combien qu'il s'en treuue peu, il n'en est point de meilleurs. Les Faucons noirs sont tenus pour les plus vaillans oiseaux qui soient, & les plus blancs sont les plus paisibles, & qui moins vont à l'arbre. Quand à la beauté des oiseaux, les Esperuiers, Autours, Tiercelets, & Faucons doiuent estre blancs tannez, tirans à rousseur de poullaille : & doiuent estre grans & longs, & de gros plumage, bien net, & bien formé, la queuë grosse & courte, gros bec, large narilles, petite teste & platte, les yeux enfoncez, le col long & subtil, gros estomac, larges espaules, & larges reins, courtes iambes, & longue serres, & bien fendues, les ongles deliez & aguz. Et si vous trouuez oiseau brun qui soit d'icelle forme, achetez-le autant que le blanc. Neantmoins que de tous

Z

plumages s'en trouue de bons, si par deffaute de mal gouuerner, ou
de bon past, n'aduient, ou par non auoir bonne compagnie.

IL faut prendre l'Esperuier, & luy mettre le chappelet, &
à l'Autour & Tiercelet pareillement, auec le brayer, &
ne les descouurez iusques à ce qu'ils se tiennent & paissent sur le poing, & qu'ils ne tiennent plus conte du chappelet. Et quand vous les mettrez sur la perche, liez les
court, afin qu'ils ne se puissét descouurir, & puis les descouurez au soir
à la chandelle, & les esbiouffez auec vin fort. Et quád vous les remettrez à la perche, laissez leur de la lumiere afin qu'ils ne dormét la nuit.
Et au matin à l'aube du iour, prenez les sur le poing, & les portez entre
gens, là où on face grand bruit, comme mareschaux, & autres semblables, pour les asseurer, & ne leur leuez le chapelet iusques à ce qu'il soit
temps de les paistre, & quád il serőt pu, & oingts, remettez leur le chapelet iusques à midy, & apres leur presenterez l'eau, mais qu'ils ayent
enduit, ou bien pres, & à heure de vespres les faites tirer entre les gens,
& puis leur retourner le chapelet iusques à heure de les paistre. Et quád
ils seront vn peu oingts, comme dit est, remettez leur le chapelet, & les
tenez iusques à l'entrée de la nuit, & incontinent qu'aurez la lumiere,
leuez leur le chapelet entre gens, & le faites secourre & esmutir, & puis
les remettrez à la perche, comme dit est : & tous les soirs donnez cure
de plume essuyee ou baignee. Et s'il estoit diuers, dőnez luy la cure de
cotton ou d'estoupes, ou descoupez vne iambe de Lieure, selon qu'il
sera diuers a essimer. Ne les reclamez point iusques à tát qu'ils soient
asseurez, car ils se debouteroient du poing, & ne voudroient iamais arrester. Gardez que n'apprenez à l'oiseau de venir au gád, pource qu'a-
pres il ne voudroit venir au poing. Et quand il sera asseuré, commencez peu à peu de le reclamer, iusques à ce que le pourrez faire sans aucune filiere. Et notez que l'Esperuier se doit encharner bien asseuré, &
l'Autour demy sauuage, mais qu'il cognoisse la proye. Quand il sera
fait, faites luy vn ou deux trains, & si vous voulez faire vn bon oiseau
mettez le tousiours sur le poing, iusques à ce qu'il soit encharné. Et
soyez aduisé de ne restraindre trop l'oiseau auec past laxatif, ou auec
peu past : car pour ceste cause plusieurs oiseaux meurent, mais auec bő

paſt le ferez meilleur, moyennant qu'il ſoit pu de ſon paſt. L'eſpe-
uier ou Autour doiuent eſtre tenus aux blocs depuis qu'ils ſont faits,
où à terre, car ils ne ſe deſrompent pas tant. Le Hairon, le Biſtard,
le Corbeau, les Corneilles, & les Choüettes ſe veulent de poing.

Pour faire vn oiſeau à la guiſe de Lombardie.

Vand l'Eſperuier ſera aſſeuré faites luy neuf ou dix trains
du moins. Et toutes les fois qu'il prendra paiſſez le touſiours, & faites que la caille dont vous ferez le train, ayt
touſiours quelque plume moins en l'aile, & luy iettez
l'Eſperuier de loing, par tant de fois qu'il la prenne bien
loing, & puis luy ieⱪez vne caille qui ait les ailes entieres. Apres le
pouuez faire voller au ſauuage: & toutes les fois qu'il prendra, paiſſez-
le à ſa volõté. Les Alemans treuuent les Tiercelets plus vaillãs & plus
legers que les Autours, pour Perdrix & Faiſant. Si vous voulez faire
vn Eſperuier pour la Pie, deſmembrez la pie, & la luy iettez en terre,
& le paiſſez deſſus du paſt chaut, comme de Pinſon, ou choſe ſemblable par deux fois: & puis la luy pouuez ietter volãte & ſillee, le paiſſãt
comme dit eſt. Leuez à la Pie quelque penne de l'aile, & la iettez en vn
arbre, & la luy faiⱪes prendre par aucunesfois, & luy faites le plus de
plaiſir que vous pourrez & puis luy faiⱪes franchement voller le ſauuage, Mais ayez en memoire quand luy faites leſdits trains, que la Pie
ait le bec taillé ou lié, afin qu'elle ne puiſſe gaſter ledit Eſperuier. Les
Autours & Tiercelets ſont meilleurs d'vne ou deux muës du bois &
Agars, que ne ſont les Sors: mais ils ſe doiuent nourrir auec paſt plus
delicat que les Sors, car ils ſont plus dãgereux, parce qu'ils ont accouſtumé au bois d'eux paiſtre de viãdes chaudes. Et ſi ſe perdent plus de
leger que ne font ceux qui ſont prins hors, pour cauſe des airs: mais ils
ne doiuent eſtre que de deux muës, ſans plus.

Pour eſſimer & faire Faucons.

Renez le Faucon, & luy tenez la reigle de l'Autour, comme
deuant dit eſt, ſinon qu'en le paiſſant, criez luy comme ſi
l'appelliez au leurre, & tous les iours luy offrez l'eau, & luy
donnez tous les ſoirs cure ſelon qu'il enduyra: & luy oſtez
ſouuent le chappelet entre gens. Et afin qu'il ne ſe batte, tenez touſ-

iours quelque tiroüer en la main. Et le soir au iour failly, leuez luy
le chappellet entre gens, à la chandelle, iusques à tant qu'il s'estonne,
& qu'il esmutisse, & lors le mettez à la perche & non plustost : & luy
mettez la lumiere deuant luy. Et quand il sera asseuré sur le poing,
commencez à l'asseurer sur le leurre, & le luy faites cognoistre &
peu à peu le reclamez iusques à ce que vous le pourrez abandonner
sans filiere, & soyez aduisé qu'incontinent que vous tiendrez le Faucon sauuage, de luy oster les poils, & s'il est mué de bois Agart, donnez luy le lardon. Tout Faucon a besoin de compagnie pour luy
monstrer à arrester, specialement l'Agart, lequel se peut faire d'vne, de
deux, ou de trois mues, & si est meilleur pour le Heron. Si le Faucon
mué Agart ne se vouloit arrester, taillez luy deux couteaux pour aisle,
le long, & le prochain de luy, & par ce il arrestera. Faictes luy le bec,
& l'espincetez raisonnablement. Les Alemans font tirer le Faucon
soir & matin : mais les Fauconniers de terre d'Oriente font de contraire opinion & dient que ce leur gaste les reins. Si vous voulez faire
môter le Faucon apres qu'il sera leurré & reclamé, & tout prest : quãd
vous le leurrerez, cachez le leurre, & le laissez passer. Et quand il sera
retournez deuers vous, iettez luy le leurre & luy faites grand feste, &
ce faites par plusieurs fois, & puis commencez à le bouter en haut, en
lieu plain sans arbres. Et s'il prenoit quelque poincte, donnez luy vn
tour de gand, & quand il viendra haut, & qu'il vous sera sur la teste,
iettez luy le leurre où il y ait vn poullet ou vn pigeon, & le paissez bien
à sa volonté, en luy faisant le plus de plaisir que vous pourrez. Et gardez vous que ne luy iettez le leurre en l'eau, afin qu'il ne l'apprehende
& quand il sera haut, & que d'auenture il allast apres quelque autre
oiseau, & qu'il le preint, leutz luy la proye lourdement, & luy en donnez par la teste, & luy remettez le chappron sans le paistre, & par ce
desplaisir il n'ira plus qu'à sa proye. Quand le Faucõ aura prins ou tué
aucun oiseau, leuez luy & le boutez haut, & quand il vous sera sur la
teste, iettez luy le leurre, & le paissez à sa volonté, & ce afin qu'il ayme
mieux le leurre. mais pour la premiere prinse qu'il fera, laissez le paistre à sa volonté, & cela le gardera d'aller au change. Quand il sera biẽ
encharné, faictes le voller en compagnie, iusques à tant que vous en
ferez bien vn seur. Si vous voulez faire vn oiseau pour Grue, faictes
que le Faucon soit Gentil & niays, & quand vous le nourrirez, faictes
luy tuer les plus grãds oiseau que pourrez finer : son leurre doit estre
vne Grue faincte. Et quand vous le voudrez faire voller, faictes le vol-

ler du poing,& le secoüez tost , & faut qu'il ayt des leuriers pour luy
ayder,lesquels le secourront plustost que les hômes, & que le leurier
mange tousiours auec l'oiseau,pour cause de la cognoissâce.Si voulez
faire vn Faucon pour Lieure,son leurre doit estre vne peau de Lieure
plaine de paille. Et quand il sera bien leurré,& que le voulez encharner,liez ladite peau d'vne petite corde,laquelle soit attachee à l'arçon
de la celle,& quand vous courrez, il semblera que le Lieure courre:
lors soit descouuert le Faucõ en criât,arriere Leurier,arriere Leurier.
Et quand il ioindra ladite faincte,laissez la corde,& il la prêdra,& lors
le paissez tres bien dessus,& le festoyez le plus que pourrez. Et quâd la
seconde fois vous l'écharnerez,ne vous arrestez pas du premier coup,
mais contraignez le vn peu , & puis vous arrestez, & ainsi peu à peu le
laisserez battre le plus que vous pourrez : car ainsi le conuient faire au
sauuage, le paissant tousiours entre les Chiens. Et quand il sera bien
encharné en ceste maniere ayez vn Lieure vif,& luy rompez vne iâbe
de derriere,& le laissez aller en vn beau plein entre les chiẽs , & vostre
Faucon le battra,& les chiens le prendront, & incontinent soit leué
aux chiens , & ietté au Faucon , en criant, arriere , arriere. Si vous
voulez que vostre oiseau volle le Faisan,ou la Perdrix , quand vostre
Faucon sera fait & reclamé, toutes les fois que vous le leurrerez ,iet-
tez luy le leurre en quelque arbret ou petit buisson,afin qu'il aprenne
de soy arrester,& de prendre la branche.Et s'il s'arreste sans veoir le
leurre,laissez le vn peu muser,'& puis tirez le leurre deuât luy,en criât,
gare,valet,gare,& le paissez à son plaisir,& en ceste maniere il accou-
stumera de soy arrester,en le paissant tousiours en terre,& en fort lieu
pource qu'en tel lieu luy conuiêdra faire sa chasse.Et luy faictes voller
au commencemêt Faisant ou Perdrix ieunes,pource qu'il aura grand
aduantage sur elles , puis apres les vieilles. Si le Fauconne vouloit arrester,& qu'il se voulust tenir sur aisle , adonc luy conuiendra voller
en lieu plain , afin que le puissiez voir tousiours sur vous. Les Sacres
& Lasniers arrestent en terre,& en arbres:& les Gentils arrestêt mieux
en terre. Et quand vous tirez vn oiseau de la muë ne le portez pas par
temps chaut, pour cause du battre, car par chaleur luy vient l'asma.
Mais si c'estoit par necessité,soit couuert du chapelet,en le côrregar-
dant le plus qu'on pourra. Si vn Faucon estoit superbe& orgueilleux,
donnez luy auec son past sal.Inde ou sal-geme,drag.j. ou sal albi pul-
uerizati,& luy presentez l'eau,pource qu'il aura besoin de boire, &
le faites dormir la nuit à la tourmente, & que soit en lieu humide,ou

froid & ainſi veillera toute la nuit, & luy fera diſtiller la graiſſe. Les Sacres ſe doiuent encharner incontinent qu'ils ſont faits, autrement ils
ſont difficiles à encharner. Tirez voſtre oiſeau de la muë 10. iours auãt
que le eſtmer. Si vn Fauconlie, ſi l'en voûlez garder, eſpincez luy
les maiſtreſſes ſerres. Iamais ne faites chere au Faucõ de l'oiſeau de riuiere, mais faites luy grãd chere du leurre, afin qu'il l'ait en plus grãde
amour. Le Soldan fait voller les Grues, les Oyes, & les Biſtars, auec
deux, ou trois, ou quatre Faucons, ou plus du poing, & de toutes
generations de Faucons, Sacres, Gerfaulx, Villains, & Pelerins, & puis
on les peut faire voller de montée. La Grue ſe doibt voller deuant
Soleil leuant, pour ce qu'elle eſt pareſſeuſe : & pouuez bouter deſſus
deux ou trois Faucons, ou auec les Autours du poing, & ſans chien.
Les Oyes ſe doiuent prendre par celle meſme maniere, & ſi tant eſt
qu'ayez des chiens, faites qu'ils ſoient propres à ce faire, & doyuent
eſtre leuriers courtois & doux. Il ne ſe doibt voller qu'vne Grue le
iour, & faire à voſtre oiſeau le plus de plaiſir que vous pourrez auec
ladite Grue. Le Villain ſe doit bouter le vent à la queuë. Les Allemans
font voller la pie auec trois ou quatre Faucons, & les font monter &
battre comme pour riuiere, en lieu plein & ſans arbres: mais il y doibt
auoir des petis buiſſons. Paiſtre ton oiſeau par téps & matin, fait auoir
faim aux oiſeaux à heure de chaſſer, ſpecialement aux Faucons qu'on
veut faire monter, & qu'ils ne ſoient trop hautains, leſquels ſe doiuẽt
paiſtre par neuf iours quatre heures apres ſoleil leuant, & le ſoir à la
fraiſcheur, & auec celle faim on les doit bouter haut: & par ce ils iront
plus haut qu'ils ne ſouloient, mais le meilleur eſt de les faire voller en
campaigne. Les Faucons Gentils arreſtent mieux muez que ſors. Le
Faucon ne prent le Hairon par nature, s'il eſt Pelerin, & pour ce leur
faut apprẽdre les trains. Vn Faucon peut voller dix oiſeaux de riuiere
le iour, & non plus ſelon raiſon. Les Faucons qui vollent pour riuiere,
ſe doiuent touſiours porter ſur le poing. Auant qu'vn oiſeau ſoit bien
faict, doibt auoir quarante cures. Les Faucons qui n'ont la cure tous
les ſoirs, la ſuperfluité des humeurs, qui leur abondent en l'eſtomach,
leur charge la teſte, par maniere qu'ils ne vont point ſi hault comme
ils ſouloient. Et parce tout oiſeau doibt auoir la cure tous les ſoirs, ſelon la nature, pour eſtre ſain & affamé. Et eſt bon de les faire tirer au
ſoir, principalement ceux qui vollent Perdrix : & ceux qui vollent
pour riuiere non, afin qu'õ ne leur affoibliſſe les rains. Et leur doit on
preſenter l'eau de deux ou de 3. iours en 3. iours pour le plus loing. Ne

touchez iamais les pennes de voſtre oiſeau auec les mains, car il en
vaudroit pis. Le Villain & le Laſneret ſe peuuent tenir ſur la pierre incontinent qu'ils ſont faits. Quãd voſtre oyſeau aura vollé ou trauaillé
ne le paiſſez iuſques à tant qu'ils ſera hors de groſſe alaine. Et ſi vous
faiĉtes autrement, voſtre oyſeau ſera en peril de deuenir aſmatique.
Si vn Faucon ou autre oyſeau eſtoit fort rebouté, ce qui aduient bien
ſouuent, faiĉtes tant que le faſſiez iouyr de quelque proye, & le laiſſez
paiſtre à ſa volonté. Et que celle nuit il demeure dehors au ſerain à ſon
plaiſir. Et le lendemain le reprenez, & l'eſſimez en oiſellets, ne plus
ne moins que ſi vous le tiriez hors de la mue. Si vn oiſeau ne veut lier,
mettez vn canon de plume d'Oye à la maiſtreſſe ſerre, & il ira le pied
ouuert, & il liera. Et quand il commencera à lier, oſte luy ledit canon,
& il liera touſiours. Si vous ne pouuez donner couuerte à voſtre Faucon ou Autour, faites que vous luy mettez le ſoleil à la queuë. Tous
oiſeaux ſe peuuent faire voler de ſault, & en toutes manieres que les
ferez voller, faites que l'Autour aille le vent à la queuë.

Pour oyſeller toutes manieres d'Oyſeaux

Rain de Perdrix, Choüettes, Corbeaux, & Corneilles, ſe
doiuent faire filles. Pour oyſeler voſtre oiſeau : faites vne
petite foſſe en terre, & y mettez voſtre proye, & la couurez
d'vne planchette, laquelle ſoit attachee d'vne filiere, que
vous tiendrez en la main pour la deſcouurir & le laiſſer aller quand
vous voudrez : puis ferez ſemblant de faire chercher vos chiens, &
tiendrez voſtre oiſeau tout deſcouuert : & quand il regardera celle
part, faiĉtes partir voſtre proye, comme ſi les chiens l'euſſent faiĉt
partir, & ſi voſtre oiſeau la prend, laiſſez le paiſtre à ſa volonté en terre, & ce faut faire pluſieurs fois. Si vous voulez faire vn bon oiſeau,
encharnez le à ieune proie, car il s'efforce touſiours peu à peu : & par
temps il ſurmonte biẽ le Faiſant & la perdrix. Et quand il a prins, faites le iouïr par pluſieurs fois de la proye à ſõ plaiſir, & à terre, & quand
il ſera bien encharné, ne le paiſſez iamais que du maſle, afin qu'il ſe
prenne en amour, & luy faiĉtes ſeulement plumer la femelle, en luy
donnant le cœur ou le cerueau. Encharner les oiſeaux à ieune proye
eſt beaucoup meilleur qu'à vieille : car la plus-part qu'on met à la
vieille ſe reboutent, ſi vous ne faites comme deſſus eſt dit. Si vous
voulez enoyſeler vn oyſeau Agart, ne le charnés point de ieune proye.

pourcequ'apres il ne voudroit voller les vieill , Et pareillement l'oiſeau que vous tirez de la muë, ne le faires point voler aux ieunes pour la meſme cauſe. Le train de l'Autour, & de tous oiſeaux en general, cóme à Grues, Biſtars, Hairons, Oyes, oiſeaux de riuiere, Cormorans, Corneilles, Choüettes, Milans, Cercelles, & tous autres oiſeaux des eaux ſe fait comme s'enſuit. Mettez vn deſdits oiſeaux en l'eau, & qu'étre vous & leau y ait quelque motte ou buiſſon, en maniere que l'Autour puiſſe prendre la couuerte, puis hauſſez la main tát que l'Autour voye la proye, apres baiſſez la main, & le laiſſez aller. Et s'il la prent, laiſſez le paiſtre à ſa volonté, à terre. Pour faire voler Autour en riuiere, faites le voler ſelon le train deſſuſdict : mais quand l'Autour ſera pres, touchez le tabourin de bon heure, & auant que l'oiſeau voie l'Autour, pourcequ'il ne ſe leueroit. Les Autours qui volent le Lieure, doiuent voler auec les entraues, afin qu'il ne s'ouurent trop. Les Eſperuiers vollét de ſaut aux oiſeaux qu'ils peuuent prendre comme fait l'Autour. Si vn oiſeau s'efforce, prenez luy deux pánes du meilleur de la queuë, & y mettez la quantité de deux grains de mil d'argent vif, en chacune, & les eſtouppez en maniere qu'ils n'en puiſſent yſſir, ou luy couſez la queuë. Iacob de Meſtrette plumoit l'Eſperuier ſur le cropió & auec vn cautaire cuiſſoit ou deſtruiſoit le petit grain qui eſt en celle part, & diſoit que iamais ne s'eſcarteleroit.

Pour tenir les oiſeaux ſains, & en bon eſtat.

SI auez vn ieune Faucon, incontinent que vous le commencerez à le faire, donnez luy l'aloes cicotrin, pour ce que beaucoup meurét de vers, pour le changemét du paſt : & de quinze en quinze iours, trois pieces de celidoine, ou vn peu d'aloes.

Ne leur donnez iamais medecine s'il n'en ont beſoin, pour ce qu'il leur conuiendroit faire par couſtume. Qu'en Feurier ou en Mars ſoient donnees les medecines, pour rompre les œufs, meſmement aux Agars, & ceux qui ſont muez au bois. Ne paiſſez iamais les Eſperuiers ſur le gand du Faucon Villain ou Gentil, car il en prendroit maladie. Ne le mettez à perche où ayent eſté Faucós. Ne tenez iamais oiſeaux ſains auec les malades, car leurs infirmitez ſont contagieuſes.

Pour

Pour cognoistre la santé vniuerselle de tous oiseaux.

Ous sages disent qu'il est impossible de cognoistre l'infirmité, si premierement on n'a la cognoissance de la santé,
qui est telle. Quand vous verrez vostre oiseau le matin à
l'aube du iour qui remuë la queuë, & la vantelle, & secouë
la plume pour l'amour de l'aube, & apres leue les aisles, & auec le bec
prent en quelque lieu de sa crouppe aucune graisse, dequoy il se oingt
à dextre & a senestre. Et ceste curee est appellee onction feable. Et s'il
le fait aux deux parts des aisles, c'est signe de santé : que s'il ne le faict d'v-
ne part ne d'autre, sçachez qu'il est contraint de forte & grande infirmité: & les signes de la santé du tour, sont que vous verrés vostre oiseau
allegre, & qu'il se paist esgallement de quelque past que ce soit, & son
esmeut est continuellement digest, & non en partie, & fort blanc, & le
noir est fort subtil, & l'oiseau est reluysant de plumage, comme s'il fust
oingt, & les deux os qui sont aupres des cuisses sont egaux sans differe-
ce, & les deux veines qui sont en la raye des aisles battent toussiours at-
trempeement entre fort & foible, & qu'il dorme bien la nuit, & qu'il
enduise bien sa viande de raisonnablemét: & nonobstant, s'il enduit bien
& il ne dort, il a aucun grief excez, si ce n'estoit pour les pouls qui l'en-
gardent de dormir.

Les signes des infirmitez vniuersellement.

L y a de trois sortes d'infirmitez és oiseaux : c'est assauoir en la disposition de l'egestion, au mouuement
de la vertu, en la superfluité du corps. Premierement
de la disposition de l'egestion. Quand vous verrez
l'oiseau clorre les yeux, & qu'il en ysse aucune lar-
me ou humidité, adonc pouuez considerer que quelque chose estrange doit estre dedans. Et si l'oiseau
ferme la deuxiesme ou troisiesme partie de l'œil, ou leue vn pied & re-
boute l'autre, & qu'il hausse son plumage, sachez qu'il est refroidy. Quád
vous verrez que l'oiseau ouurira le bec, & qu'il aleine la langue, & la fo-
rame part des yeux engrosse à l'entour, qu'il couche les pánes & les aisles, sachez qu'il souffre extreme chaleur. Quád vous verrez l'œil de l'oiseau clos, & qu'il le tienne au costé de son aile, & les veines qui sont entre les yeux batter, & pousset, sachez qu'il a frenaisie au chef, & estour-
dissement. Quád vous verrez le palais blächir, sachez qu'il a corrosion

Aa

ou arfure. Si vous voyez que voftre oifeau ouure le bec, & remuë la tefte, & fe batte en la poictrine, & en ce faifant demene la queuë, & qu'il
femble eftre troublé, fçachez qu'il eft afmatique. Quand vous verrez
voftre oifeau palpabier doublement, fçachez qu'il a ventofité en la tefte, quand vous verrez l'oifeau efbahi fur la perche, fçachez qu'il peut
eftre greué. La debilitation des aifles, fignifie ventofitez en celle partie.
L'influence de la gorge fans paft, fignifie ventofitez en ladite partie.

Quand l'oifeau fe tient mouillé fur la perche, ce fignifie ventofitez és
rains. La rupture des pieds, ou la creuaffe, & qu'il en forte eau continue, fignifie emorroides. L'inflation des pennes fignifie rouprure, ou
diftilation, ou vétofité. Quand l'oifeau eft fur la perche, & qu'il fe veut
vire vers vous contre fa nature, & s'il trauaille & ne fe peut fouftenir,
c'eft figne qu'il eft podagreux. La conftriction du bec, & l'appuyer fur
la poictrine, & l'abomination de la viande, augmente la podagre. L'inflation fur la cheuille du pied, & la defpoliation du poil, fignifient vers.
L'heriffement des plumes fur le col, & extreme debilitation de couteaux fignifient grande & outrageufe chaleur.

Des nocumens de la vertu.

A Pres que vous verrez l'oifeau muffé tout en fon plumage, &
qu'il ne tourne la tefte ne le col fçachez qu'il eft malade du
chef. Quand l'oifeau fiffle ou crie, cela fignifie grande chaleur, ou arfure. Quand il fe paift, & il fe gratte de l'ongle le
palais iufques au fang, & qu'il ne fe peut paiftre, cela fignifie chaleur
audit lieu & peril de chancre. Et s'il machote du bec l'vn contre l'autre, cela fignifie comme le precedent. Inequalité du paiftre & debilitation d'oifeau, fignifie chaleur. Le bec clos & fans alteration, fignifie
grand trauail, & grande infirmité. Si l'oifeau ne veut prendre la chair
ou le paft fi toft qu'on luy prefente, fignifie indigeftion. Et fi vous le
voulez fçauoir, faut odorer fon haleine, que fi elle put, fignifie indigeftion. Si l'oifeau iette la chair de fon bec en la paiffant, & la gorge qu'il
prendra luy demeure fans enduire fignifie indigeftion. Si l'oifeau gratte la dextre partie du bec, fignifie douleur au foye. Quand l'oifeau vantelle à la perche, & qu'il fait grand ventofité quand il digere, fignifie
qu'il a ventofité dedans le ventre. S'il grippe la chair, & qu'il la face
prendre, fignifie qu'il a ventofitez dedans les plumes, ou és iambes, ou
és cuiffes. Si vn oifeau trauaille quand vous le portez fur le poing figni-

fie qu'il a quelque cure dedans le corps. Retardement de la digeſtion, ſignifie reſtrinction du fondement, & la retardation de la cure ſignifie indigeſtion. Quand vous trouuerez le paſt aux inteſtins mol comme eau, & en la gorge dur, cela ſignifie engendrement de la pierre. Quand vn oiſeau ſe bat à la perche, & qu'il tombe, & ne peut remonter deſſus celà ſignifie ſa mort : ſi ce ne prouient par la faute de ceux qui l'ont attaché.

Des maladies de la ſuperfluité.

Ais parce qu'on dit qu'il y a cinq manieres de ſuperfluitez, il eſt bien neceſſaire de les ſçauoir : la premiere, ſont larmes & eaux des nerfs : la ſeconde, ventoſitez : la tierce, vomiſſement : la quarte, la cheute des pennes hors de ſaiſon : la quinte, l'eſcails ou eſmail. S'il iette eau des yeux, ſignifie que quelque choſe eſt cheute dedans, & s'il iette humidité par les nazilles, cela ſignifie qu'il eſt malade de rheume. S'il ſe plume le ventre & les cuiſſes, cela ſignifie vers eſtre dedans le ventre.

Pour cognoiſtre la ſanté & la maladie, pour la cure & par l'eſmeut.

Ien eſt vray que la cure baignee iettee de bon matin, eſt ſigne de ſanté, & ſi elle eſt eſſuyee, ſignifie ſuperfluité & chaleur, & ſi elle eſt puante, ſignifie indigeſtion, & ſi la cure eſt molle & viſqueuſe, ſignifie abondance de flegme. Si l'eſmut blanc ou tanné eſt viſqueux, celà ſignifie bonne digeſtion. Quand vous verrez l'eſmut mol, iaune & rouge entremeſlé, & que la moleſſe multiplie, ſignifie indigeſtion. Et quand vous verrez l'eſmut liquide, & quand vous le tirez qu'il ſe ſeche à coup, ſignifie engendrement de la pierre, ſecourez haſtiuement, car ceſte infirmité eſt mortelle. Si l'eſmut eſt gras, & qu'il file, c'eſt ſigne de reſtrinction du fondement. Si verdeur d'eſmut continuë, & qu'il demene peu ſouuent la queuë, & qu'il boiue eau, ſignifie que le fondement eſt reſtraint. La blancheur de l'eſmut qui tire à citrinité, & la multiplication d'humidité, ſignifie indigeſtion. Et quand l'eſmut eſt noiraſtre & entremeſlé de blanc, & qu'il ait petites bubettes parmy, ſignifie ventoſité. Et notez que quand vous medecinez l'oiſeau, faut continuer les medecines ſelon la qualité du mal.

Puis que ie vous ay parlé de la nature & gouuernement des oiseaux, ensemble des infirmitez & maladies qui leur peuuent suruenir, ainsi comme est dit cy deuant : c'est raison que ie vous die des remedes necessaires à l'encontre d'icelles pour les guerir.

Et premierement pour les catarres des oiseaux.

Our bien cognoistre aux oiseaux les signes du catarre, vous les cognoistrez quand la teste & les yeux luy enflent, les nazilles luy estouppent, & aucunesfois luy descend par lesdites nazilles eau ou morue grosse, specialement quand il esternuë · & ouure la bouche souuent pour prendre son halaine, & tire la langue dehors, ronfle, & les deux veines de dessus les yeux, par lesquelles les larmes luy descendent, luy battent plus souuent & plus fors qu'elles n'ont accoustumé.

La Medecine.

Donnez luy aloës cicotrin, chacun soir auec du cotton, & luy dōnez des pillules de yera ex octo rebus, ou des pillules cochees, lesquelles se doiuent donner au matin: & les trouuerez au liure de Nicolas, & le faites tirer au matin: quelque chose nerueuse. Et si par celà ne guerist, mettez tremper la poudre destaphisagre en eau, enueloppée dans vn drapelet, & auec iceluy brignez-le, & luy mettez dans les nazeaux. Et si pour cela ne guerist, prenez ladite pouldre & luy en mettez és deux parties du palais, & és deux parties des nazilles, & par la force de ceste poudre il iettera bien. Et si l'oiseau ou Faucon auoit pour ce trop de peine, vous luy lauerez la bouche & les nazilles auec vin, iusques à ce qu'il ait mis hors la dite poudre, & apres oignez le souuent auec miel, ou auec sirop de violettes, & ce, luy fera passer iceluy trauail & peine. Et si pour celà n'est guery, luy soit donné le feu au derriere de l'œil au milieu de la teste sagement: en maniere que ne luy ardez l'os de la teste, & luy soit donné feu aux deux parts: c'est assauoir, en chacune nazille, & qu'il aille vers la teste par dedans les nazilles contremont, tant qu'il perce iusques au cartillage de la teste, lequel feu soit mediciné & oingt par neuf iours d'huile rosat, & vitelli ouorum. Et ce ne se fait sinō quād il aura les nazilles tant estouppees qu'on ne les peut desclorre par medecine. Et combien que vous luy ayez donné le feu, faites tousiours les medecines dessusdites iusques à la fin. Si l'oiseau à la veuë aucunement

troublee ou obſcurcie par ledit mal, ſoit fait R. Aquæ plantaginis, fe-
niculi, ruthæ, verbenæ, celidoniæ an.   Dequoy vous luy lauerez les
yeux. Et s'il y auoit aucune concuſſion, en lieu de celidoine, ruthæ,
boutez y vn peu de canſſe. Le chapelet doublé d'eſcarlatte eſt moult
profitable pour le caterre.

Les ſignes d'Epilepſie és oiſeaux.

Yant l'oiſeau ceſte maladie d'Epilepſie, il tient la teſte haute tant qu'elle touche les aiſles, & bien ſouuent les eſpaules, & ſubitement ſe laiſſe cheoir en arriere à terre, & à reuers, & là ſe tourne & vire, par la grand' angoiſſe qu'il ſent,
& aucuneſfois demeure comme mort. Laquelle infirmité les prent
ſouuent le matin, & le ſoir apres qu'ils ſont puz, & ont les palpebres
des yeux enflees, comme s'ils euſſent la pierre, ou qu'ils euſſent le catarre: & quaſi continuellement tiennent les yeux ſerrés, & leur alaine
put fort. Et quand ils eſmeuriſſent ils s'eſpraignent fort, cõme s'ils euſſent la pierre, & ces ſignes ſont plus ou moins, ſelon que les oiſeaux
ſont paſſionnez, ne perdans point le manger par ceſte maladie.

La Medecine.

Le premier iour, faictes vomir voſtre oiſeau, & l'autre apres faictes
le eſternuer. Et quand vous ne le ferez point eſternuer ne vomir, donnez luy de aurea Alexandrina, enuiron la groſſeur de deux pois chi-
ches, à ieun, & quelque petit morceau de chair: & au ſoir donnez luy
vne pillule de yera ex octo rebus, cum agarico en la plume.   Et ce
deuez faire continuellement iuſques à ce qu'il ſoit guery. Et quand
il ſera bien purgé par les purgations deſſuſdites, donnez luy vn cautere au milieu de la teſte, où derriere les yeux, qui profonde iuſques à l'os. Et ſi par ce premier cautere ne gueriſt, donnés luy en vn
autre, vn peu plus arriere vers la nuque Caſſian gueriſt vne epilepſie,
cum yera pigra, cum ſucco abſintii, & de ce faicts pillules, & les donne
en la plume, vne fois de l'vn, & autresfois de l'autre, iuſques en fin de
gueriſon. Et Moy mon Fauconnier Arabique luy donnoit vne pillule
faicte de gomma balſami, & caſtereo, cum ſucco mentaſtri, & leur
mettroit en la gorge vne pierre de caſtoreo, gros comme vne petite
feue. Que s'il la reiette, luy ſoit retournee: & garde que la goutte de

A a iij

la teste ne descende.

Du mal de la bouche.

BIen souuent on cognoist ceste maladie de la bouche par le voir, laquelle se veut secourir hastiuement : car qui tarderoit à medeciner l'oiseau, elle tourneroit en chancre, & l'oiseau mourroit. Pource que vous deuez nettoyer le lieu de ces petis grains, & petites pustules qui viennent en la bouche, auec vn caniuet bien tranchant, & apres l'oindre de miel rosat, ou sirop de mourez, ou auec sirop d'escorse de noix : & chascun soir luy donner auec la cure de l'aloës cicotrin, ou vne pillule de yera ex octo rebus. Et si la maladie estoit si grande que pour ce ne peust guarir : apres que la teste sera purgee, luy soit donné le feu aux deux bouts du mal, d'vn bout iusques à l'autre. Et si aucunement luy venoit au palais vne apostume dure & grosse comme vne demie noizille, laquelle le garde de manger, soit ostee toute celle apostume auec vn boutonnet de feu, qui aille iusques à la chair viue, & qn'il n'y demeure rien.   Chose esprouuee à tout mal de bouche.

Oignez souuent le lieu malade, auec aceto squilitico. C'est vne façon de vin-aigre, qui est fait comme vin aigre rosat : mais en lieu de roses on y met vn oignon sauuage, qui croist pres de la Marine : ou le medecinez de l'aloës cicotrin, & miel rosat. Et le dernier remede est, que le lieu soit cautherisé, comme dit est, & au milieu des deux yeux sur le commencement du bec, luy soit donné vn bouton de feu, auec instrument d'argent, & soit gouuerné ledit feu cum oleo rosato, & vitellium simul mistis.

De l'asma, ou pantail.

PArce que ceste infirmité vient souuentesfois aux oiseaux, on la cognoist quand ils ouurent le bec, & ne peuuent bonnement auoir leur alaine, & demeinent la teste, & ont les yeux larmoyans, en alenant le ventre leur bat, & remuent la queuë, & tirent & mettent hors leur alaine souuent. Et quand le mal leur engrege, vous les oüyriez si fort ronfler qu'à grand peine peuuent auoir leur alaine.

La medecine.

Donnez leurs des pillules de yera ex octo rebus, cum agarico &
salis gemmæ, Et leur donnez auec leur viande puluis pulmonis vulpis,
ou leur baignez leurs viandes auec les eaues qui s'ensuiuent, ou auec
vne toute seule: C'est assauoir, Aquæ scabiosæ, capilli Veneris, prasi.
celidoniæ, donnez leur auec leur viande, sang de bouc frais, ou sec, preparé en vne desdites eaux, & des penites, & de liquiritie en poudre:
ou leur baignez leur viande en eau de vie, enquoy ayent trempé les
herbes dessusdites par xxiiii heures, auec regalice. Ou R. ysopi yeros,
brassi, liquiritiæ oleum ros. hieræ pigræ, puluis vulpis, gentianæ &
scabiosæ enulæ campanæ, omnia puluerizentur & cum modico butyro incorporentur, & luy soit administré. Bonnes pillules pour le mesme, R. ysopi, aloes ʒ. vj agar. ʒ. ij, masticis, colloquintidæ cercollæ
an. ʒ. ij, sticados, assa fœti i. scamoniæ, an. j. s. fiant pillulæ admod.
ciceris. Et auec lesdictes pillules, luy soient donnees deux cauteres, vn
au plus haut de la teste, & l'autre au fourchu de la poictrine. Selon An-
thonel Spinello, mais que l'oiseau se puisse paistre, luy soit donné auec
la poictrine d'vn pigeon chault, vn peu de miel despumato, cum limatura fieri, ad quantitatem vnius ciceris. Et disoit qu'en trois iours estoit
guary l'oiseau, & specialement l'Esperuier. Et le dernier remede quand
il est purgé, luy soit donné le feu, cōme dit est. Et nonobstant ce on luy
doit apres donner aucunes des medecines dessusdites, iusques en fin
de guarison. Notez que quand l'oiseau est meigre, & le mal du pantal
luy dure longuement, il est incurable, & ne le peut on guarir.

Pour le mal de la pierre.

Ais on dit que si l'oiseau a la pierre, que vous le pourrez
cognoistre à ce qu'il aura les pieds enflez, & les nazilles
estouppees, & leuera volontiers la queuë deux ou trois
fois auant qu'il puisse emutir. Et ce qu'il esmutira, sera
mol comme eau trouble, & aucunefois quand la pierre
sera endurcie il se mordra le fondement, & esmutira lōg,
vne fois çà, l'autre là. Et aucunefois quand il esmutira, vous trouuerez
de grands blancs comme chaux endurcie.

La Medecine.

Donnez luy auec la cure, ou sans la cure, des pillules de yera pigra
Gaueli, chacun iour, & luy faictes deux fois le iour vn suppositoire

d'vn lardon puluerifé auec poudre d'hiera pigra de Galeny: luy donnez
auec fa viande, lard de porc falé fondu, & le fondant laiffez le tomber en l'eau froide, & puis apres recueillez-le auec vne cuillier, & de
ce foir oingte fa viande, ou bien la luy baignez auec les eaux qui
s'enfuiuent: C'eft affauoir de veruene, lymons, capilly veneris, alca-
cangé. Ou bien luy donnez auec fa viande, de la poudre qui s'enfuit.
R. lapis fponcij, & fang de bouc preparé, ou frais, qui eft plus fort,
femen mille folis, & faxifragæ. Et fi pour cela ne guerift, vous luy
pourrez encores donner enfermé en vn boyau ce qui s'enfuit. R. fucci
limonis, verbenæ, fiftulæ, lapis fpongiæ, lapis lincij, fang de bouc preparé, mille-folis, faxifragæ, oleum oliuæ antiquæ: & le tout foit bien
incorporé enfemble, & foit mis apres dedans vn boyau, & luy faictes
prendre. Et auffi pareillement luy pourrez donner deux fois la femai-
ne, le paft laué en huille. Plufieurs font d'opinion que cefte medecine
fuyuante luy eft fort bonne, R. fanguis hirci, femen accedulæ, lactucæ,
portulacæ, fpicæ, nardi, galangæ, femen faxifragæ, mille-folis, puluis
pilorum lepolis, & de fanguine eius, incorporentur cum fucco limo-
rum, & foit adminiftree & baillee par bonne quantité. Et fi pour tout
cela l'oifeau ne gueriffoit, apres qu'il fera purgé, auec les medecines
deffufdites, luy faudra donner le feu fur la tefte, & au milieu comme
pour le catarre, & luy en foit donné apres vn autre qui prenne depuis
le bec, & aifles iufques à l'autre, tout ainfi comme vous verrez par l'en-
feignement des cauteres cy apres mis.

Des Vers, & des Filandres.

S I vous voulez cognoiftre quand vn oifeau a les vers, filandres, ou aiguilles, vous le cognoiftrez à ce qu'il baille fouuent, & eftrainct les efpaules, comme fi on le piquoit, &
demene la queuë çà & là, & tremble quand vous le mettez
fur le poing, ou quand il fe debat. Et quand vous l'aurez pu, il fe plu-
mera auec le bec, là ou il fe fentira auoir les vers, & digere la moitié
de fa viande & iette l'autre. Apres qu'il eft pu, il fe frotte volontiers
l'œil à fon aifle, & eft tout melancolieux, & à la parfin fe gratte les nazilles bien fort auec les ongles.

La Medecine.

Donnez luy vne pillule faicte en cefte maniere. R. partes ij. Reubarbari, &

bari & cum succo centaureæ & absinthij, fiant pillulæ. Ou luy donnez
thiriaca, auec semen coutra, & luy faites suppositoire de fiel de bœuf,
aloes centaurea, & miel. Le diptamum tire les vers, & pareillement
fait la poudre de zeduari. Le meilleur remede pour vers qui sont dans
les intestins, c'est le Reubarbarum. Vne autre pouldre bien profitable
pour filandres & aiguilles. R. zeduarij ʒ. j. rad. enulæ campaæ, aristo-
logiæ rotuneæ, semen caulij an. ʒ. j. cornu cerui combusti, aloes cicotrin, reubarbari, sileris montani, an. ʒ. v. succi rad. yereos rad. concume-
ris agrest. pulpæ colloquintidæ, semen certami. an. ʒ. vj. de laquelle
vous pouuez donner la grosseur d'vne petite febue à chacune fois, enueloppee d'vn petit boyau. On peut baigner sa viande en eau de porce-
laine, d'ozeille, d'absince, & de centaurea, & ce est pour Esperuiers.
Plus vn emplastre qui s'applique sur les reins pour filãdres & aiguilles,
on luy doit baigner les reins, & apres luy lier vne esponge dessus, &
la tenir baignee incessamment de la composition qui s'ensuit. R. centaurea minor, ruthæ, absinthij casti, mentæ, persicariæ, dymptami, fa-
rinæ lupinorum, aloë, galbani. Et toutes ces choses soient destrempees
auec fiel de bœuf, & fort vin-aigre, par l'espace de vingt quatre heures, & soient appliquees.

De la pododre.

Vant à la podagre, ce n'est autre chose que chãcre, & se cognoist par l'eslure des pieds, dessus & dessous les doigts. Et
aucunesfois l'enfleure est molle, & aucunesfois dure comme
pierre, & aucunes fois la veine de la iambe luy enfle, & la partie de dedans la iambe deuient rouge, & aucunesfois dure comme
pierre, & aucunesfois luy vient vne partie du pié.

La Medecine.

Faictes luy ceste medecine. R. aquæ vitæ part. ii. aceti rosati part. iii.
sulfuris, cendali rubei, aluminis, galandæ, salis armoniaci, an. part. i. Et
ce mettez en motte en vn vaisseau de verre par vingt quatre heures,
& puis l'appliquez en ceste maniere. Enueloppez les pieds de l'oiseau
d'estoupes, & les liez auec vn filet, afin qu'elles ne puissent tomber, & a-
pres baignez les estoupes auecques la dessusdite cõionction, & luy laissez par vn iour naturel, & soient tousiours baignees. Aucuns luy baignent les pieds au commãcement de l'infirmité, cum succo ebulor, &

aceti rofatí, in quo temper. fanguis dra. boliar. terræ ſigillatæ , cum
modico olei rof. Et aucuns font tremper armoniacum in aceto , & de
ce font emplaitre, & l'appliquent ſur l'enflure, & ſe molliſt & appetiſſe
la choſe dure & enflee. Aucunesfois quand l'oiſeau a ladite infirmité, il
a grand chaleur és pieds, lors il ne le faut medeciner iuſques à ce que la
chaleur luy ſoit toute paſſee. Et puis luy appliquez le deſſuſdit vnguét,
comme dit eſt, laquelle chaleur vous deuez corriger en ceſte maniere.
R. boliar. ʒ. ſ. thuris, maſtycis an. ʒ. i. aloes. ʒ. iiii. ſucci ſemper viuæ ʒ. ii.
albuminis ouorum quod ſufficit, & fiat ad modum vnguenti. Et de ce
oignez la podagre , iuſques à ce que la chaleur luy ſoit paſſee, lors le
pouuez penſer, comme dit eſt, deuant. Auſſi faites repoſer l'oiſeau con-
tinuellemét ſur vne perche de laurier, & ſi la perche eſtoit verde, il gue-
riroit en 15. iours des cloux qui viennent ſur les pieds. En ces quinze
iours deuez muer de ſix perches, ſelon Anthoine Spinello, afin qu'elles
ayent plus grande vertu: & deuez oindre ſe clou de graiſſe de poulaille
vieille: & ſi pour ce ne gueriſt, i'ay experimété ceſte medecine. On luy
doit lacer la veine, & apres donner le feu au lieu qui eſt enflé, & ce doit
faire quäd l'enflure eſt molle. Et quand l'enflure eſt dure, on doit fendre le cuir & oſter celle dureté, & apres doit-on donner le feu ſur la ſuperfluité de la chaleur qui eſt dedans , & vous donnez bien de garde
que le feu ne touche les nerfs, & puis gouuernez le feu diligemment,
cum oleo roſ. vitell. ouorum, cum modico butyro, ſiue ſale.

De la goutte des rains:

LA goutte des rains ſe cognoiſt quand l'oiſeau ne peut voller, lors luy ſoit purgee la teſte comme dit eſt au chapitre
du catarre. Et cerchez au milieu des lombes & des rains, &
vous trouuerez vne ſouffrette en laquelle vous luy donnerez
butyro ſimul myſtis ad mod. emplaſtri.

Des concuſſions de dedans le corps:

L'Nfirmité des concuſſions ſe cognoiſt à ce que l'oiſeau iette
ſang par la gorge, ou par le fondement, ou par toutes les deux
parties, & qu'il eſmutiſt noir & pres du poing. Et quäd il voudra eſmutir, démenera la queuë çà & là, & le corps, & les aiſles
luy pouſſeront, halenera, & ſera tout maté.

La Medecine.

Donnez luy chacun foir vne des pillules fequentes. R. fanguis dra-
con. boliarm. terræ figillitœ, mafticis, momiȩ, reubarbari an. conficiȩ-
tur pillulæ, cum fucco confolidȩ, & detur vna pillula vt decet. Plus luy
foit donné auec fa viande les eauës qui s'enfuiuen. tR. aquæ confolidæ
maioris, & minoris, ftella maris, & de la momie, rubea tinctoris, boliar.
fanguis dracun. terræ figill. mafticis, & femen nafturtii, & fpecialemēt
quand il y aura fang. Selon razis, R. thuris fanguinis drac. an. ʒ. iii. mafticis, ʒ. ii. terræ figillate ʒ. xv. aluminis ʒ. ii. balauftiæ ʒ. iii. opii, cinam.
an. ʒ. ii. omnia fimul tereantur, & fiant tronceti numero x. de laquelle
chofe pouuez adminiftrer la groffeur d'vne bōne feue à chacune fois.

Qand l'oifeau iette fa viande.

S I l'oifeau iette fa viande, c'eft pour deux occafions : C'eft
affauoir par corruption de l'eftomach, ou par maladie : &
s'il la iette par accident, l'haleine ne la viande ne puent
point : & s'il la iette par corruption, l'haleine & la viande
qu'il iette puent.

La Medecine.

Si l'oifeau iette le paft par accident, donnez luy aloes cicotrin, & le
laiffez eftre par fix heures fans le paiftre, & puis paiffez le vn peu, & de
bonnes viandes. Et s'il iette par corruption, donnez luy des pillules qui
s'enfuiuent, & puis le laiffez par huict heures fans le paiftre. R. aloes cicotrin, cum fpeciebus part. iii. mafticis, part. ii. rubarbari part. f. confi-
ciȩtur cum fucco abfintii fiant pillulæ. Et huit heures apres foit pu voftre oifeau de petit, & fouuent de la poictrine de petis oifeaux trempee
en eau tiede, en laquelle ayent efté bouillies les chofes qui s'enfuiuent
c'eft affauoir, mafticis, garofili, fpice nardi, nucis mufcatæ, cynamomi,
galangæ, & ambræ. Et qui mettroit lefdites chofes deffufdites en eau
de vie, les laiffer tremper par l'efpace de vingt quatre heures, & a-
pres que lon donnaft d'icelle eau auec la viande, tant qu'il en pourroit
en demie coquille de noifille, ce feroit fouueraine chofe. Cefte poudre
qui s'enfuit eft bien profitable pour faire tenir le paft à vn oifeau, &
pour le faire reuenir à foy. R. coralli rubei ʒ. iii. aloes ʒ. ii. cynamomi,
rofarum rubrarum an. ʒ. ii. garofili, mafticis, galangæ an. ʒ. v. fiat
puluis, & detur cum pafto, ou vne des chofes deffus-dictes par foy,

specialemẽt le girofle ou maftic. Vn peu de chair de bœuf trempee en
eau ardante, fait tenir le paft aux Faucons. Mais pour Efperuiers, Autours & Tiercelets, feroit trop fort. La reubarbe, & aloës accouftrent
l'eftomach, plus qu'autre medecine, en euacuant les mauuaifes humeurs, & pour ce ie confeille qu'incontinent que l'oifeau aura ietté le
paft qu'on luy dõne pouldre d'aloës & reubarbe, auec vn peu de viãde,
& quand il aura enduit, luy foit donné eau cordiale, comme trouuerez
au chapitre des chofes cordiales cy apres. Et notez que la reubarbe
conforte plus que l'aloës, & aloës rubrique plus l'eftomach.

Des ventofitez.

Es ventofitez fe peuuent cognoiftre comme au chapitre
vniuerfel de la cognoiffance des infirmitez eft declaré.

La Medecine

Donnez à l'oifeau auec fon paft, pouldre de femen-
ce de maftic, & ce vaut contre indigeftion, ou vn peu
d'aloes, car il leur fait vomir & ietter hors celles humeurs fuperfluee
parquoy l'eftomach fera mis en bon eftat, car l'infirmité leur viẽt d'indigeftion, & par paft engendrant vent, qui leur engendre colique. Et
parce incontinent que vous apperceurez qu'ils feront entachez d'icelle maladie, fecourez les auec la medecine deffufdite, & auec paft re-
ftauratif. Et quand l'oifeau fera retourné à naturelle matiere, luy foit
donné auec le paft, puluis boliarmeni, & cacabie.

Pour les infirmitez du faye, & la medecine.

Nfirmitez du faye fe congnoiffent ainfi qu'a efté dit au
chapitre cy deuant.
Pour guerir cefte maladie, le paft & gras nerueux eft
defendu à l'oifeau, & fon paft doit eftre trempé cum aqua
folatri. Et puis feigné de la veine qui eft fous l'aifle, en maniere, qu'il en faille quelque goutte de fang, & le paiffez de petits poullets, & de chair frefche, qui foit trempé en lait d'ouaille ou en fuc
d'appio. Si par cefte maladie auoit foif, ce que ne peut eftre autrement,
donnez luy firupus rofarum vel violarum, cum aqua clara, ou reubar.
lequiritia, bethonica infufa in aqua per noctem.

De la rignolle & de sa Medecine.

OVTE ceste infirmité se cognoist par la cheutte des pennes hors de saison. Soit oingt le lieu auec baume, qui en pourra trouuer, car c'est chose qui y est grandement profitable : ou bien on luy donne fellis bouini, limatura ferri, celidonia, saluiæ, absintij, mile foilorum, stercus anseris, corticis oliuæ, salis nitri, aloes, centaurea Et faut que toutes ces choses soient bien incorporees auec fort vin aigre, & en oindre le lieu, & s'il ne trouue allegement, qu'on saigne la veine, ou sur les cuisses. Et si par ce ne guerist, saignez le auec vne aiguille d'or ou d'argent, au lieu ou les pennes tombent, & là où il sera enflé & rouge : & frottez ledit lieu des medecines qui s'ensuyuent. R. aloes, piperis, myrrha. borat album, pini cortisis, granatotorum adustorum an. part. puluerisentur, & cum forti aceto incorporentur, & vngatur locus, vt dictum est.

Des playes qui sont en l'Oiseau.

Vand vn oiseau à la gorge rocte, cousez la le plus doucement que vous pourrez, & la closture soit oingte cum oleo rosa, & terbentine, & le paissez petit & souuent, Oleum factum ex vitell. ouorum, est grandement profitable pour appliquer és playes.

Ouorum cum succot ruthé & omnium consolidarum, stella maris, & laureola, sont fort bonnes & profitables. Et vnguentum commune vaut à ce mesme, & generalement à toutes playes. & si mestier est d'estre cousues, qu'on les couse. Si l'oiseau à la fistule en la teste, elle se cognoistra quand il iettera sang par les nazilles : alors plumez la teste au derriere, & luy cousez la veine qui passe au long de la teste, & oignez le lieu par l'espace de huit iours, auec oleum ros. & oleum ex vitell. ouorum.   Il y a aucuns Fauconniers qui a telle infirmité passent les nazilles d'vn costé iusques à l'autre auec vn subtil cautere. Mais le meilleur cautere est celuy du milieu de la teste, comme dit est. La fistule des nazilles soit cauterisee auec vn fer subtil, iusques au fonds de la nazille.   Pour leuer la douleur d'vne aisle ou d'vne iambe. R. corticis oliuæ, absintij, rutæ fænugręci, de coquantur vsque ad tertiam. Et de ceste decoction estuue le membre par longue espace & par plu-

sieurs fois. Si vn chien auoit donné poison à vn oiseau, donnez luy
estouppes hachees bien menu , & trempees en huile de noix, ou luy
donnez huyle de noix par soy, & il guarira. La morsure du Serpent
se cure en luy donnant poudre de diptamo, ou de dyagomera, ou ser-
pentine, ou de tormentille , & tyriacle , & iarser la morsure , & lier
quelque animal vif dessus, fendu par l'eschine. Quãd le bec de l'oiseau
se creuace & fent, comme si le bec se voulsist separer de la teste, lors le
deuez cerner tout à l'entour, & bien ouurir , & puis le cauteriser iusques au vif, & oingdre le lieu auec oleum rosarum. Toute oingture doit
estre continuee par neuf iours, cum oleo ros. & vill. ouorum, exceptez
celles de la teste , laquelle doit auoir emplastre de picenauali , seminis
sinapis , & butyro. Il y a pour affaiter & adoucir le pennage deux manieres de faire les pennes: l'vne à l'aiguille, & l'autre au tuyau , & est le
meilleur. Quand tu enteras à l'aiguillie, fais que la penne en quoy tu
mettras l'aiguille soit liee, afin qu'elle ne se fende, & puis taille le filet,
si tu veux, & fais que l'aiguille soit trempee en eau sallee, ou en vrine.
Et pour enter en canon, soit taillé le tuyau de la penne, mais premierement mettez dedans vn petit bastonner, à fin qu'il ne fende,& entez
vostre penne dedans. Et s'il y a des pennes ployees qui ne soient du
tout rompues, prenez le trou d'vn chou, & le mettez en la braise tant
qu'il soit bien chaut, & puis le fendez par vn bout , & auec cela dressez
vostre penne. Ou autrement auec eau en quoy ait esté cuit le trou de
chou. Si vne penne ou deux tombent par coup, ou par hurter soit incontinent prins oleum laurinum:& oleum morum an. & soit appliqué
au lieu où la penne sera tombée: car c'est la chose du monde qui plustost le fera renaistre. L'esmeut sanglant signifie rompure & froisse-
ment de corps. Les oiseaux malades ou blessez se doiuent garder de
vent, poudre & rousee. Notez, que l'on peche plus de donner trop de
medecines que peu, car elles ne se peuuent donnees retirer.

De la complexion des Faucons, & comme
ils se doiuent medeciner.

Arce que les Faucons noirs sont melancoliques, ils doiuent
estre medecinez auecques medecines chaudes & humides,
pour cause de la complexion qui est froide & seche: comme aloës, piper chairs de coqs, & de coulons, passereaux,
chieure ou cheureau. Les Faucons blancs sont flegmatiques, & se me-

decinent auec les medecines chaudes & seches pour cause du flegme
qui est froid & humide: c'est assauoir, auec cynamome, gorofili, sirelis
montani, cardamoni, chair de bouc & de corneilles. Les faucons
roux sont sanguins, coleriques, & se doiuent medeciner par medecines
froides & attrempees en humidité & secheresse, comme sont mirtile,
amarici, cassia fistula, acetum, chairs de poulles, & d'aigneaux.

Des cauteres.

Vant aux cauteres, ils sont vtiles & derniers remedes, quand
autrement par medecines ne se peut faire, selon tous ceux
qui ont traicté de la chirurgie. Premierement, ce que vous
cauterisez doit estre purgé, specialement pour les cauteres de la teste, par esternuer, & par vomir, & par conuenables purgations. Et neantmoins quand vous luy donnez le cautere, vous deuez
tousiours administrer les autres medecines appropriees au mal iusques
à la fin de la cure. Et si par le meilleur cautere il ne guerist, laissez
cheoir l'escarre de la teste, & luy en donnez vn autre vn peu plus arriere que le premier. Les cauteres de la teste veulent profondeur iusques
à l'os, pour faire son escarre, & sur le lieu cauterisé soit appliqué cest
emplastre. R. picis naualis. 3. ii. pulueris sinapis. 3. i butyri. 3. s. & fiat
emplastr. Et luy faictes tenir vn chappelet a bourse en la teste, afin
qu'il ne puisse gratter le lieu. Les autres cauteres qui sont de la teste,
se doiuent oingdre par neuf iours, cum oleo ros. & vitell. ouorum.
Tous cauteres se doiuent donner en Mars, si ce n'est par necessité, pour
tenir les oiseaux sains. A chancre & aux apostumes qui viennent en la
bouche & à la langue, & à fistule ou catarre, le dernier remede est le
cautere. Le cautere du milieu de la teste derriere les yeux, est pour le
catarre, pour l'epilepsie, pour l'asma pour la pierre, & pour la goutte. Et sont des autres qui donnent vn autre cautere, depuis le bec iusques à l'autre cautere derriere les yeux, tout du long de la teste. Les
cauteres pour l'asma sont ceux du milieu de la teste, & de la fourche
de la poictrine, & celuy du milieu de l'estomach. Ceux de podagre
& des cloux, se doiuent faire au lieu que le malse demonstre. Le Roy
Daucus appliquoit le cautere au milieu des rains en la foussette qui
est en celle part. Le meilleur remede pour vne playe profonde: mais
qu'elle soit fresche, est de donner vn anneau de feu entour la playe, &
puis apres l'oingdre auec huyle rosat, & terebentine chaude. Si
la playe est enfistulee, donnez luy vne poincte de feu iusques au
fons & le pensez, comme dit est. Pillules pour conforter la teste

& l'eſtomach, & pour les mũdifier des mauuaiſes humeurs. R. turbith.
part.x. maſticis iiij. aloe. xxviij. conficient, cum ſucco abſintij in hyeme,
in æſtate cũ ſucco liquiritię. Les cauteres preſque de toutes infirmitez
ſe doiuent donner les veines lacees, & cauteriſer le lieu où les infirmitez ſont ſoubçonnees. Le Roy d'Aucus, auec tous les autres cauteres
leur perçoit les nazilles de part en part, auec vn cautere bien ſubtil. Et
comme le cautere eſt le dernier remede, & le ſouuerain, auſſi eſt il le
plus dangereux, & le plus difficile à qui n'y regarde de bien pres.

Chairs vſables & bonnes.

Les chairs bonnes pour les oiſeaux, ſont Vache, Porc, Mouton, Lieure, & toute chair ſauuage : excepté Cerf & Sanglier fort vieux, mais
elles ſe doiuent lauer & nettoyer du ſang des veines & des nerf auec
eau chaude. Gardez vous de donner peaux ne graiſſe à voſtre oiſeau:
car par ce leur pourroit ſuruenir mainte & diuerſe infirmité, & ſi fait
mal digerer, & perdre l'appetit.

Chairs reſtauratiues.

Pigeons de fuye, Paſſereaux, & tous petits oiſeaux champeſtres,
Oyes & Canes priuees & ſauuages, Poulaille, Tourterelles, Cailles,
Francollins, Cheureaux, Cochons de laict, Chieure, Moutons Souris,
Faiſans, & Perdrix.

Chairs laxatiues.

Tortues ieunes, Poulles, Ratelle, & foye de Cochons, & leur poulmon laué & trempé, ſpecialement qui mettroit ſuccre par deſſus,
Succre candy eſt plus fort, chair de Veau ieune, chair de Bouc en ſu-
perlatif degré, ſpecialement au mois d'Aouſt.

Chairs deffendues.

Oyſons, Cercelles Cormorans, Corbeaux, Chouettes, Corneilles,
pour ce qu'ils ont le ſang amer & ſallé : car i'ay veu oiſeau de la ſuſdite
chair ſubitement ietter ſa gorge.

Des choſes qui font auoir faim.

Les pillules communes font auoir faim, quand elles ſont donnees en
la cure, & purgent les humeurs ſuperflues. Le paſt oingt auec la fleur
de lart, fait fort affamer l'oiſeau, & eſt vne choſe moult ſaine.

Medecines laxatiues & les dozes.

Turbit purge le flegme, & s'en peut donner la groſſeur de deux
pois ciches aux Laſniers, Sacres, & Gerfaux. Mais aux Faucons Gentils moins, & encores moins aux Autours, Tiercelets Eſperuiers. La
reub arbe ſe peut donner gros comme la quantité d'vne febue : & ſe
donnee

donne communémēt pour abondance d'humeur, & cõtre vers. Trois
pieces de celidoine, ſtaſilagre, aloës, le lardon, poiure, toutes ces choſes ſe peuuent donner quand l'oiſeau iette rhume ou quand vous le
voulez faire ietter le flegme à la mue, ou le paſt, & ſuffit d'en donner
d'vne ſorte à la fois.

Les choſes cordiales, & confortatiues.

Le meilleur paſt & nutriment, & le plus profitable aux oiſeaux malades, & bien reſtauratif, ſelon Armodeus, ſpecialement à ceux qui ne
peuuent enduire la chair. R. lactis recentis part. iij. vitell. ouorum. Et
ce battez enſemble, & apres le faites cuire iuſques à ce qu'il deuienne
eſpais, dequoy vous paiſtrez voſtre oiſeau, & s'il ne vouloit manger,
mettez de quelque ſang par deſſus, & tel paſt luy donnez peu à peu, &
ſouuent. Le iaune d'œuf cuit auec eau eſt bon paſt, par defaute de
chair. Pillules confortatiues pour l'eſtomach ſecondum Io. Serapion.
R. aloē part. iij. maſticis par. j. conficientur cum ſucco ſolatri. Le paſt
trempé en vinaigre auec ſuccre, faict auoir faim merueilleuſement.
Mais il ſe doit donner vn ſoir auant qu'on aille voller. Le matin qu'on
veut faire voler, trois petis lopins de chair trempee en vin-aigre ſont
fort bons. Pour faire ladicte fleur de lart, mettez tremper voſtre lart
par pluſieurs iours en eau courante, tant qu'il ſoit bien deſſalé, & puis
le raclez. Ou autrement, fondez voſtre lart, & puis le iettez en eau
fraiſche, & ce faictes pluſieurs fois. & c'eſt la fleur deſſuſdite.

Des choſes qui font muer.

Prenez vne couleuure, & luy taillez vn peu de la teſte, & autant de
la queuë, & du milieu paiſſez voſtre oiſeau : car cela fait biē muer & tout
entierement. Le grain du ſerpent noir, & en nourrir des poulles, deſquelles paiſſez voſtre oiſeau, fait pareillement muer : lequel grain ſe
fait en ceſte maniere. Prenez vne couleuure noire, & la mettez bouillir en eau auec du froment, & en nourriſſez voz poullailles & leur donnez à boire l'eau. Mais le bon paſt & les Souris font muer naturellement, & mieux que toutes les medecines du monde. Et aucuneſfois
leur donnez paſt laxatif pour les faire tenir lubriques. Vous deuez mettre l'oiſeau gras en la muë, & qu'il ait touſiours l'eau deuant luy, & le
preau verd, & luy muer ſouuent le paſt, en luy donnant vne fois la ſe-
maine le paſt laxatif, & ceſte regle deuez tenir aux Niez. Et le Hagart
ne ſe doit mettre en la muë, mais ſe doit muer ſur le poing, car il s'e-
ſtrangeroit trop des gens, & s'il battoit par le chaut, boutez luy le chapelet, ou les bouflets d'eau froide, & il ſe tiendra en paix, & ceſte peine

de le tenir sur le poing durera iulques à tant qu'il commencera à ietter
& alors le pouuez mettre sur vne pierre comme les autres. Et quand il
vollera, tenez le sur vn billot de bois, que s'il estoit couuert de drap, il
seroit meilleur. Autours Tiercelets, & Esperuiers, se muent comme
les Faucons, sinon qu'ils ne veulent point estre portez, mais doiuent e-
stre en la muë, & nettement seruis. Les Esmerillons se muent auec les
pieds dedans le mil iusques aux genoux, pour ce que s'ils voioient leurs
pieds, ils les mangeroient pour la grande chaleur qu'ils ont : & la froy-
deur du mil corrige icelle grand'chaleur, & celle humeur superflue. A-
uant que tirer vostre oiseau de la muë quinze iours ou vingt iours faut
le commencer à dessimer & restraindre son past, pour cause de la repletion : car il pourroit en prendre tant qu'il luy feroit mal.

Pour faire le lardon.

Le lardon se fait en ceste maniere. R. piperis par. ij. salis communis
par. iij. cineris par. j. & ce soit incorporé ensemble, & en faictes trois
petits morceaux de lart, desquels soient bien soupoudrez des poudres
dessusdites, & luy donnez par force, & le laissez ieusner par treize heures, & le lendemain luy presentez l'eau, car il en aura mestier.

Pour leuer & oster les poulz.

R. piperis part. j. cineris part. ii. Et auec eau chaude soit laué par tout
le corps, & luy gardez bien les yeux. Les Alemans les orpimantent tout
à sec, & ce est bon pour temps chaut. La decoction de la mente Ro-
maine faict mourir les poulz, & pareillement l'estafisagre.

Quand vous aurez osté les poulz de vostre oiseaux, faictes-le dormir
par deux ou par trois nuicts sur vne peau de Lieure, car tout les poulz
se bouteront dedans.

Dequoy on donne les cures.

Vous deuez entēdre qu'on dōne les cures de cotton, de queuë de Lieure estouppes tailles, ou pieds rompuz, ou de plume. Et est à sçauoir, que
les cures baignees ne sont pas si fortes comme sont les essytes, ex ce-
pté qu'elles fussent baignees en choses laxatiues.

Lon doit donner tous les soirs cure, & tous les huict iours vne de
cotton, & aux muez tous les quinze iours, & aux sors tous les vingts
iours.

FIN.

Receuil de tous les oiseaux de proye qui seruent à la vollerie & Fauconnerie, par G. B.

Cc ij

C'est vne chose asseuree de tous, que les Seigneurs Grecs & Romains, tant de l'Orient, de l'Asie, que de nostre Europe, n'auoient cognoissance de l'Art de Fauconnerie, à plus forte raison, ne les personnes priuées, n'ayās ne la puissance ny le vouloir de faire despence à vne chose qui est sans profit. Puis donc que c'est vne inuention moderne, il se trouue bien peu d'Autheurs qui en parlent : encores s'ils en parlent, c'est seulement en passant & conferant noz oiseaux de Proye auec ceux des Anciens, accordans les noms François, & en passant disent quelque mot de leur nature & proprieté. Ce que i'ay voulu n'estre ignoré des plus curieux & sçauans Fauconniers de nostre France, afin d'estre excusé d'vn si petit Recueil : attendant que quelque autre plus docte & mieux entendu en l'art de Fauconnerie y mette la main.

C c iij

Fin de la Table.

Des noms des oiseaux de proye.

T O v s oiseaux de proye sont comprins soubs ces deux noms, Ætos, ou Hierax, c'est à dire, Aquila, ou Accipiter : & de ces deux genres y en a qui seruent à la voilerie, desquels seulement entendons parler. Car tous oiseaux de proye ou de rapine ne seruent à la Fauconnerie : mais seulement ceux qui sont hardis, & de franc courage, & qui peuuent voller l'oiseau tant par les riuieres que par les champs. Or comme les Grecs ont voulu que Hierax, & les Latins, que Accipiter, qui est le Sacre, nom special à vn oiseau de proye, donnast le nom vniuersel à tous autres oiseaux de rapine, comme par maneire d'excellence : aussi les François de nostre temps, ont fait que le Faucon, qui n'est que nom special d'vn oiseau de proye, donneroit le nom vniuersel à tout le genre des oiseaux de proye : parce qu'il surpasse les autres en bonté, hardiesse, & priuauté : comme si l'on vouloit dire, Faucon Gentil, comme Pelerin, Faucon Sacre, & ainsi des autres. D'auantage comme le Faucon, qui n'est que le nom special d'vn oiseau, a donné le nom à tous les autres oiseaux de proye, aussi a il donné le nom de Fauconnier à celuy duquel l'estat & office est d'appriuoiser tels oiseaux, & le nom de Fauconnerie à l'art & science de leurrer & appriuoiser les oiseaux de proye & de rapine, pour les faire voller aux autres oiseaux, tant aërez, terrestres, qu'aquatiques.

De combien d'especes il y a d'Aigles.

M Ais puis que nous auons diuisé tous oiseaux de proye ou rapine, qui seruent à la Fauconnerie, en Aigles & Faucons : nous parlerons premierement de l'Aigle, & du Vautour, qu'aucuns ont pensé estre compris soubs les especes de l'Aigle : puis les Faucons, qui sont oiseaux de proye seruans à la vollerie, qui ont prins leur nom de Faucon.

Selon Aristote, il se trouue six especes d'Aigles, qu'il a nommees de nom que les habitans de la Grece leur auoient baillé. Pline en faict mesme diuision, les nommant toutesfois autrement qu'Aristote à cause qu'ils estoient de diuers pays, & ont escrit en diuerses langues. Mais parce que n'entendons icy parler que des especes d'Aigles qui seruent à la Fauconnerie, nous parlerons seulement de deux especes d'Aigles : car auiourd'huy pour la Fauconnerie nous ne cognoissons que le Fauue. qui est l'Aigle Royal, & le noir : estans les autres especes de si petit courage qu'on ne les sçauroit leurrer pour la Fauconnerie.

De l'Aigle Fauue qu'on nomme l'Aigle Royal.

L'Aigle Fauue par Aristote est appellee en Grec Gnesión qui signifie en François legitime & non bastard : parce que c'est la vraye & legitime entre toutes les autres especes d'Aigles. & aussi la nomme de diction Grecque Chrysaëtos, à cause de sa couleur fauue, & en Latin Stellaris & Herodius : c'est celle que nous nommons l'Aigle Royal, & Roy des oiseaux, & autresfois Aigle de Iupiter : & c'est celle qui se doit cognoistre pour principale, estant de plus grande corpulence que les autres, aussi est plus rare à veoir, car elle se nourrist par les sommitez des hautes montagnes, & si prent & mange toutes sortes d'oiseaux, & Lieures, & Cheureux, & toutes autres bestes terrestres : combien qu'il soit solitaire, sinon quãd il meine ses petits auec luy, & les conduit pour leur enseigner à prendre les oiseaux, & leur gibbier : mais aussi tost qu'il les a instruits & apprins, il les chasse hors de là en vne autre contree & pays, & ne leur permet se tenir en celle contree : afin que les pays, où les Aigles ont fait leur aire ne soit despeuplé & desgarny de gibbier, dont ils pussent auoir faute sçachans que si les petits y demeuroient, ne laisseroient en brief temps assez de proye qui les pust fournir. Il la faut descerner d'auec les Vautours : parce que l'Aigle Royal de couleur fauue n'a le pied aucunemẽt velu, & couuert de plumes, comme l'on voit au Vautour. Il est bien vray que la iambe de l'Aigle est courte & iaune & a des tablettes par-deuant, mais les griffes sont larges, & le bec noir, long & crochu par le bout. Les queuës du grãd Aigle Royal, & aussi du petit noir sont courtes & robustes par le bout quasi comme celles des Vautours. L'Aigle est tousiours de mesme corpulence, & ny en a aucune qu'on puisse nommer moyenne, ou plus grande, qui ne luy donne vn surnõ de noire, fauue, ou autre tel nom propre. Et si ce n'estoit qu'elle est si lourde à

porter

porter ſur le poing (& de vray elle eſt moult grande, & auſſi qu'elle eſt
difficile à appriuoiſer du ſauuage, l'on en verroit nourrir aux Fauconniers des Princes plus qu'on n'en fait. Mais parce qu'elle eſt audacieuſe
& puiſſante, pourroit faire violence, ſi elle ſe courrouçoit contre le
Fauconnier, au viſage ou ailleurs. Parquoy qui la veut auoir bonne,
il la faut prendre au nid, & l'appriuoiſer auec les chiens courants, a-
fin qu'allant à la chaſſe, & la laiſſant voller ſuiuant les chiens, leſquels ayant leué le Lieure, Renard, Cheureul, ou telle beſte, l'Aigle
deſcende deſſus pour l'arreſter. On la peut nourrir de toutes manieres de chairs, & principalement des beſtes qu'elle aura prinſe à la
chaſſe. Rouge couleur en l'Aigle, & les yeux profonds, & principalement s'elle eſt nee és Iſles Occidentales, eſt ſigne de bonté : car l'Aigle

D d

rouſſe eſt trouuée bonne: auſſi blancheur ſur la teſte. ou ſur le dos, eſt ſigne de meilleur Aigle. L'Aigle partant du poing, qui vole au tour de celuy qui la porte, ou s'aſſied à terre, eſt ſigne qu'elle eſt fugitiue. Quand l'Aigle eſpanoüiſt la queuë en volant, & tournoye en montant c'eſt ſigne qu'elle eſt deliberee de fuir: le remede eſt, de luy ietter alors ſon paſt, & la r'appeller bien fort. Et ſi elle ne deſcend à ſon paſt, ou pour auoir trop mangé, ou pour eſtre trop graſſe, il faut luy coudre les plumes de ſa queuë, afin qu'elle ne les puiſſe eſpanouyr, ne voler d'icelles: ou bien luy plumer le tour du fondement, en ſorte qu'il apparoiſſe, & lors craignant la froidure de l'air, ne taſchera à voler ſi haut. Mais ayant la queuë couſuë, faut doupter les autres Aigles: car alors elle ne les pourroit euiter. Quand l'Aigle tournoye ſur ſon maiſtre en volant, ſans s'eſloigner, c'eſt ſigne qu'elle ne fuira point. On dit qu'vne Aigle peut arreſter vn loup, & le prendre auec l'aide des chiens & qu'on l'a veu. Ceſte Aigle fait communement ſon nid au coſté de quelque roche precipiteuſe, à la ſommité d'vne haute montagne, combien qu'elle le face auſſi ſur les hauts arbres des foreſts. L'on dit que les paiſans qui ſçauent le nid d'vne Aigle, voulans deſnicher les petits, ſe font bien armer la teſte, de peur que l'Aigle ne leur face mal: & s'ils luy en oſtent vn de ſes petits, le tiennent lié à quelque arbre aupres du nid, iceluy appellera ſa mere, laquelle l'ayant trouué luy apportera tant à manger que celuy qui l'aura attachee trouuera aſſez de gibbier tous les iours pour luy, & ſix autres: car la mere luy apporte Lieures, Connils, Oyes, & autres telles viandes. L'aigle ne ſe paiſt communement pres de ſon nid, ains s'en va pouruoir au loing. Et s'il luy eſt reſté de la chair du iour precedant, elle la reſerue, afin que ſi le mauuais temps l'empeſchoit de voler, elle ait aſſez de viande pour le iour enſuiuant. Vne Aigle ne change point ſon aire durant ſa vie, ains retourne en vn meſme nid par chacun an. Et a l'on obſerué pour cela que l'Aigle eſt de longue vie, & deuenant vieille, ſon bec s'allonge, tant qu'il deuient ſi crochu, qu'il l'empeſche de manger tellement qu'elle en meurs non pas de maladie ou d'extremité de veilleſſe, mais pour ne pouuior plus vſer de ſon bec, qui luy eſt ſi fort accreu. L'Aigle mene guerre auec le petit Roitelet, mais ce qui en eſt, ſelon Ariſtote, eſt ſon ſeul nó. car à cauſe qu'on l'appelle Roy des oiſeaux, lequel tiltre l'Aigle luy veut oſter. Encore y a vn autre ſorte de petit oiſeau, qu'Ariſtote a nommé Sitta, & les François vn Grimpeau, qui luy fait de grans outrages, car lors qu'il ſent l'Aigle abſente, il luy caſſe ſes œufs. Quand

nous auons dit cy deſſus, que l'Aigle Royal eſt de couleur fauue, pour
fauue couleur entendons comme eſt celle du poil de Cerf. Et combien qu'Ariſtote la nommé Chriſaëtos, qui eſt à dire Aigle doree, il
ne faut pourtant entendre que ſa couleur ſoit tant doree, mais eſt
plus rouſſe que des autres eſpeces. Les paintres & ſtatuaires Romains
la deguiſent en leurs pourtraicts, mais chacun ſçait qu'elle eſt autrement. Les Aigles, tant fauues que noires, ſont eſcorchees comme les
Vautours, & enuoyees aux Peletiers de France, auec leur aiſles, teſtes,
& pieds, de telles couleurs qu'auons dict.

De l'Aigle noire.

Ous auons dit qu'il y a ſeulement de deux ſortes d'Aigles,
qui ſeruent à la Fauconnerie, qui ſont la fauue (de laquelle auons parlé) & la noire, qu'il nous faut deſcrire. Ariſtote nomme l'Aigle noire, Melauratus, & Lagophonos, parce qu'elle prend les Lieures, que les Latins ont nommée
Puila, Fulua, Leporaria, & auſſi Valeria: qui ne ſe peut toutesfois bonnement diſtinguer, car ceſte noire eſt plus petite que l'Aigle Royal
qui eſt le fauue, que le Milan noir au Royal. Pline a mis ceſte Aigle
noire au premier ordre des Aigles, comme s'il l'euſt voulu preferer à
toutes autres eſpeces. Ariſtote ne la miſe qu'au tiers ordre: toutesfois en a dict de grandes louanges. Ceſte noire, dit-il, eſtant de moindre corpulence que les autres, eſt de plus grande vertu. D'auantage,
il dit que les Aigles volent haut pour voir de plus loing: & pour-ce
qu'elles voyent ſi clair, les hommes ont dit qu'elles ſont ſeules entre
les oyſeaux qui ſont participans de diuinité. Et auſſi pour la crainte
que l'Aigle a des eſchauguettes, elle deualle non tout à vn coup contre terre, mais petit à petit: & ayant aduiſé le Lieure courant, ne le
prent incontinent à la montagne, mais ſçait bien temporiſer & atten-
dre qu'il ſoit en belle pleine: & l'ayant pris, ne l'emporte incontinent,
mais fait premierement experience de ſa peſanteur, & de là l'ayant en-
leué, elle l'emporte.

D d ij

Du grand Vautour cendré.

L y a deux especes de Vautours : à sçauoir de cendrez
ou noirs, & de bruns ou blancheastres. Premierement nous
parlerons du cendré, qui est plus grand que le brun,
car le cendré est le plus grand oiseau de rapine qu'on trouue : estans les femelles plus grandes que les masles, comme quasi de tous les oiseaux de proye. Les Grecs appelent le Vautour
Gyps, & les Latins Vultur. C'est vn oiseau passager en Egypte, con-
gneu plustost par sa peau qu'autrement, parce que les pelletiers ont coustume d'en faire des pellisses pour mettre sur l'estomach. Les autres oiseaux de rapine sõt differens aux Vautours, pource qu'ils ſont le dessous

desaisles tout nud sans plumettes, mais les Vautours l'ont couuert de fin dumet. Leur peau est quasi aussi espoisse que celle d'vn Cheureau: & mesmement l'on trouue vn endroit au dessous de leur gorge, de la largeur d'vne paume, ou la plume est rougeastre, semblable au poil d'vn veau: car telle plume n'a point les tuyaux formez, non plus qu'aux deux costez du colet, & au dessus du ply des aisles : auquel endroict le dumet est si blanc, qu'il en est luysant, & delié comme soye. Les Vautours ont cela de particulier, que leurs iambes sont couuertes de poils: chose qui n'auient à aucune especes des Aigles, ne oiseaux de rapine.

Du moyen Vautour, brun & blancheastre.

E Vautour brun ou blancheastre est different du noir ou cendré, à ce qu'il est quelque peu moindre que le noir: aiāt le plumage de son col, du dos, le dessous du ventre & tout le corps de couleur fauue ou brune : mais les grosses plumes des aisles & de la queuë sont de la mesme couleur du noir ou cendré: qui fait penser à aucuns qu'il n'y a difference entre eux que du masle à la femelle, mais on les voit souuent chez les grans Seigneurs, aussi communs les vns que les autres. Toutes deux ont la queuë courte, au regard de la grandeur des aisles: qui n'est de la nature des autres oiseaux de rapine: mais de celle des Pic-verds, car on la leur trouue tousiours herissee par les bouts, qui est signe qu'ils la frottent contre les rochers, où ils demeurent. Toutesfois les bruns ou blancs sont plus rares à voir que les noirs ou cendrez, aussi ont cela de particulier, que les plumes de dessus la teste sont assez courtes, au regard de celles des Aigles: qui a esté cause que quelques vns les ont trouuez chauues cōbien qu'ils ne le sont pas. Le Vautour, cendré ou noir, & le brun ou blanc ont les iambes courtes, toutes couuertes de plumes iusques au dessus des doigts: qui est vne enseigne entre tous oyseaux de rapine, qui conuient à eux seuls, & qu'on ne trouue en nul autre oiseau ayant l'ongle crochu, horsmis aux oiseaux de nuict. Pour discerner le brun d'auec le cendré, il faut noter que le brun a les plumes du col fort estroittes & longues(comme celles qui pendent au col des Coqs, & Estourneaux)au regard de celles de dessus le dos, des costez, & des coings du ply des aisles, qui sont petites & largettes en maniere d'escailles: mais celles qui sont dessous l'estomach, comme aussi celles de dessus le dos, & les autres qui couurent la racine de la queuë, sont

D d iij

rouſſes, au roux : & au noir, noires : mais en tous deux ſont larges. A cauſe de leur groſſeur, ils ne peuuent voler de terre ſans aduãtage. On les voit rarement par les plaines d'Italie, Alemaigne & France, ſinon en yuer, qu'on les voit voler en tout lieux : car alors ils laiſſent les ſommitez des hautes montaignes, euitans la grande froidure, & paſſent outre la mer és regions chaudes. LES Vautours ne font communement que deux ou trois petits, mais il y a grande difficulté à les deſnicher : car le plus ſouuent ils font leur nid au coſté de quelque falaiſe, en lieu precipiteux, & de difficile accez. On les peut nourrir de tripailles, charongnes, & vuidanges de beſtes. auſſi l'on dict à ceſte cauſe, qu'ils ſuiuent les champs pour en manger les vuidanges des beſtes qu'on y tuë, & les corps morts, dont aucuns ont dit qu'ils preſageoient vn grand meurtre, & vne grande occiſion en vne armee.

Des Faucons.

Ous auez entendu que tout ainſi comme les anciens ont voulu que le Sacre que les Grecs nommoient Hierax, & les Latins Accipiter, fuſt le terme principal, deſſoubs lequel ſont comprins toutes autres eſpeces d'oiſeaux de proye : ſemblablement les François de noſtre temps, ont fait que le FAUCON ſeroit le principal en ſon genre : voulans que le Sacre, GERFAUT, Autour, & tels autres tinſſent auſſi le ſurnom de Faucon : car nommans les vns Faucons de leurre, ils mettent le FAUCONS GENTIL au premier lieu, & apres le FAUCON Pelerin, le FAUCON DE Tartarie, le FAUCON de Barbarie, le FAUCON Gerfaut, le FAUCON Sacre, le FAUCON Lanier, le FAUCON Tunicien, ou Punicien : qui ſont huit eſpeces d'oiſeau de proye congneus d'vn chacun, & familiers en FRANCE. Dont en y a quatre qui volent de poing, & prennent de randon, qui ſont l'AUTOUR, l'Eſperuier le Gerfaut, & l'emerillon : & quatre qui volent haut, qui ſont le FAUCON, le LANIER, le Sacre, & le Hobreau. LES vns ſont retirez & rappellez de leur vol en leurs preſentant le poing : les autres en leur preſentant le leurre, c'eſt à dire vn inſtrument qui en façon de deux aiſles d'oiſeau accouplées enſemble, pẽdu à vne leſſe, & vn eſteuf ou crocher de corne au bout : & les oiſeaux ſont attirez par ce leurre, qu'ils penſent eſtre vne poulle viue. Les vns ne commencent la chaſſe, mais commancee par les chaſſeurs, l'acheuent. Deſquels nous traiterons l'vn apres l'autre, & par ordre. Et ces oiſeaux ne ſemblent eſtre differens enſem-

ble sinon qu'ils ne volent indifferemment tous oiseaux, mais vn chacun d'eux s'attaque, à l'oiseau à la chasse duquel il est adonné.

Du Gerfaut

I L ne se trouue point de gerfaut sinon és mains des raucon-
niers des grands Seigneurs, & est vn oiseau bien rare à voir:
il est de grande corpulence, de façon qu'aucuns ont pensé que ce fust vne espece d'Aigle. Il est bon à tous oiseaux,
car il est hardy, & ne refuse iamais rien : toutesfois il est plus difficile à appriuoiser & leurrer que nul autre oiseau de proye, d'autant
qu'il est tant hazart & bizarre, que s'il n'a la main douce, & le maistre

debonnaire, qui le traicte amiablement, il ne s'appriuoifera iamais:
Il eſt fort bel oiſeau, & ſpeciàlement quand il a mué : & apres l'Aigle
c'eſt l'oiſeau de plus grande vigueur que nul autre que nous ayons. Le
Gerfault ſe tient aſſis ſur le poing, auſſi eſt de longue corpulence, ayant
le bec, les iambes & pieds de couleur bleuë, & les griffes moult ouuertes, & longs doigts. Il eſt ſi hardy qu'il ſe hazarde contre l'Aigle. Nous
ne le verrions point s'il ne nous eſtoit apporté d'eſtrange pays : & dit-
on qu'il vient de la partie de ruſſie, où il fait ſon aire, & qu'il ne hante
point ny en Italie ny Fráce, & qu'il eſt oiſeau paſſager en Allemagne, tát
en la haute qu'en la baſſe : où les habitans le prennent en la maniere
des Faucons Pelerins, & de là le nous apportent en France, aurre-
ment nous n'en aurions aucun. Et ſi on en apportent quelqu'vn de par-
deçà, il eſt communement vendu vingt ou trente eſcus. Ceſt oiſeau
eſt bon à tous vols, car il ne refuſe iamais rien, & ſi eſt ouurier de
prendre les oiſeaux de riuiere : car il les laſſe tant, qu'à la fin ſont con-
traincts de ſe rendre, ne pouuans plus faire le plongeon. Aucuns tiennent que c'eſt Plangos & Morphnos des Grecs, & Anataria des autheurs Latins.

Du Sacre, & de ſon Sacret.

E Sacre eſt de plus laid pennage qu'autre oiſeau de Fauconnerie : car il eſt de la couleur comme entre roux &
enfumé, ſemblable au Milan. Il eſt court empieté, ayant
les iambes & les doigts bleus, reſſemblant en ce quelque
choſe au Lanier. Il ſeroit quaſi pareil au Faucon en grandeur, n'eſtoit qu'il eſt compaſſé plus rond. Il eſt oiſeau de moult hardy courage, comparé en force au Faucon pelerin : auſſi eſt oiſeau de
paſſage, & eſt rare de trouuer homme qui ſe puiſſe vanter & dire d'auoir
onc veu l'endroict où il fait ſes petits.

Il y a quelques Fauconniers qui ſont d'opinion qu'il vient de Tartarie, & Ruſſie, & de deuers la mer Maieur, & que faiſant ſon chemin
pour aller viure certaine partie de l'an vers la partie du midy, eſt
prins au paſſages par les Fauconniers, qui les aguettent en diuerſes iſles
de la mer Egee, Rhodes, Carpento, Cypre, Candie. Le Sacre eſt oiſeau propre pour le Milan : toutesfois on le peut auſſi dreſſer pour le
gibbier, & pour campagne, à prendre Oyes ſauuages, Faiſans, Perdris & à toutes autres manieres de gibier. Les grands ſeigneurs qui veulent

lent auoir le plaiſir du vol de Milan, le font combattre au Sacre: & pour
le faire deſcendre(parce qu'il eſt couſtumier de ſe tenir l'Eſté , & ſur le
Midy, au plus haut du iour, fort haut en l'air, pour prendre la fraiſcheur qui eſt la moyenne region de l'air) font touſiours porter vn
Duc ſur le poing d'vn Fauconnier, à qui ils pendent vne queuë de Renard au pied: & le laiſſant voler en quelque plaine , donne ſoudaine-
ment vouloir au Milan de deſcendre: car quand le milan aduiſe le Duc,
incontinent il deſcent à terre, & ſe tient ioignant luy, ne luy deman-
dant autre choſe ſinon de le regarder, eſmerueillé de ſa forme. Alors
on laſche le Sacre ſur luy, mais ſe ſentant leger , eſpere le gaigner a vo-
E e

ler : parquoy il monte foudainement contremont en tournoyant, le plus haut qu'il peut : & là le combat eſt plaiſant à voir, principalement ſi c'eſt ſur plaine ſans arbres, & que le temps ſoit clair, & ſans vent : car on les verra & Sacre & Milan monter ſi haut qu'on les pert tous deux de veuë : Mais de rien ne ſert au Milan, car le Sacre le rend vaincu, l'amenant contre terre à force de coups qu'il luy donne par deſſus. Sans le vol du Milan on ne verroit iamais Duc, d'autant qu'ils hantent tãt ſeulement en pays de montagne, où ils font leur aire, quelquesfois dans les rochers, & ès pertuis des hautes tours. On fait voler au Sacre deux ſortes de Milans, c'eſt à ſçauoir le Milan Royal, & le Milan noir, qui donne plus d'affaire aux oiſeaux que le Royal : car il eſt plus agile, & de moindre corpulence. Aucuns tiennent qu'entre les oiſeaux de proye que le Sacre eſt le plus vaillant, plus fort que l'Aigle, ayant les ongles plus fermes & forts, la teſte groſſe, & le bec fort long : toutesfois il n'eſt pas ſi peſant que l'Aigle, & n'a pas les ailes ſi grandes, & ſi le Sacre va touſiours en haut, ayant ſeul entre les oiſeaux de rapine la queuë fort longue. Nous appellõs le Tiercelet du Sacre, vn Sacret, qui eſt le maſle, & le Sacre ſa femelle, entre leſquels il n'y a autre differéce ſinon du grand au petit : car communément aux oyſeaux de rapine les maſles ſont plus petits que les femelles. Aucuns diſét que le Sacre a eſté nommé en Grec Triorchis, pource qu'il a trois teſticules, ſelon Ariſtote, & ſon Sacret, Hypotriorchis : en Latin buteo, & ſon Sacret, Subuteo.

De l'Autour femelle, & de ſon Tiercelet maſle.

Vcuns ont penſé que l'Autour fuſt du genre des Vautours, à cauſe de l'affinité de ces deux noms. Les autres tiennent que l'Autour & l'Eſperuier ne ſont differents qu'en grandeur : mais nous dirons de l'Autour à part, laiſſant diſputer les ſçauans Fauconniers.

L'Autour eſt plus priſé que ſon Tiercelet : car les maſles des oiſeaux de rapine mõſtrent à l'œil en pluſieurs eſpeces euidente diſtinction de leur femelle : auſſi cognoiſt on l'Autour pour femelle, qui eſt beaucoup plº grande que ſon Tiercelet. Les Fauconniers en mettent encores vne autre eſpece qu'ils nomment demy-Autour, comme moyen entre l'Autour & ſon Tiercelet. Tous deux ſont plus haut eniambez que les Gerfauts & Faucõs. Ils ſont oiſeaux de poing au contraire des ſuſdits, qui ſont de leurre. La femelle rapporte moult à la couleur de

l'Aigle. Et faiſant comparaiſon du grand au petit, ils ont le plus
long que l'Aigle & ſont encores plus mabrez de rouſſes taches, ayans
principalement le champs de la mabrure roux, Ceux qu'on nous apporte d'Armenie, au recit des Fauconniers, & de Perſe, ſont les meilleurs apres ceux de Grece, & en dernier lieu ſont ceux d'Affrique.
Celuy d'armenie a les yeux verds fort different des autres Autours, &
a les pieds blancs comme aucuns Faucons Pelerins, bon pour les
grands oiſeaux. Celuy de Perſe eſt gros, bien emplumé, les yeux clairs,
cõcauez & enfoncez, ſourcils pendans. Les autres qui ſont de Scauo-
nie, ſont bons à toute vollerie, grands hardis, & beaux de pennes, ils
ont la lãgue noire, & les narines grãdes. Celuy de Grece a grãde, teſte.

E e ij

gros col, & beaucoup de plumes. Il y a des Autours que les Italiens appellent Alpisani, desquels ils vsent fort en Lombardie, & en la Tausca-
ne, & en la Pouille, qui sont plus gros que longs, fiers & hardis. Celuy
d'Affrique a les yeux, & le dos noir, quand il est ieune: & quand il muë,
les yeux luy deuiennent rouges. Ceux de Sardaine ne semblent
point aussi les autres: ils ont les pennes brunes, fort petits, les pieds ve-
lus, couards, & peu hardis. Mais les nostres que nos Fauconniers ont
pour le iourd'huy, sont principalement venuz d'Alemaigne, ayant le
tour des yeux, & celle partie du bec qui touche la teste, comme aussi
les pieds, & les iambes, de couleur iaune, au contraire du Gerfaut qui
les a bleuës. Leur queuë est bien fort mabree de taches, larges & obli-
ques: parties noires, parties grises: comme aussi les plumes de dessus le
col, & de la teste, sont plus roussettes, & bien marquetees de noir: mais
celles des cuisses, & de dessous le ventre, sont autrement tachees: car
n'estans si fauues, ont les taches rondes, telles qu'on voit à l'extremité
de la queuë d'vn Paon. Les Autours d'Alemaigne ne sõt gueres beaux,
combien qu'ils soient grans, de pẽnes rousses, peu hardis. Ils s'en trouue aucuns qui sont bons auant la muë, qui apres auoir mué ne valent
plus rien. L'on en prent moult grande quantité en la forest d'Arden-
ne, & en plusieurs lieux d'Alemaigne. La bonne forme d'Autour, est
d'auoir la teste petite, face longue, estroicte comme le Vautour, &
le gosier large, & qu'il ressemble à l'Aigle, ses yeux grans profons, & en
iceux vne rondeur noire, narilles, oreilles, croupe, & pieds larges, col
long, grosse poictrine, chair dure, cuisses longues, charnues, & distantes. Les os des iãbes & des genoux doiuent estre forts, les ongles gros
& longs. Et dés le fondement iusques à la poictrine doit estre cõme en
vne rondeur du croissant. Les plumes des cuisses, vers la queuë, doiuẽt
estre larges & peu rousses, & molles. La couleur de dessoubs la queuë
doit estre comme celle, qui est à la poictrine. La couleur de l'extremité
des plumes de la queuë, doit estre noire en la partie des lignes. Des
couleurs la meilleure est rouge, tendant au noir, ou au gris clair. La
mauuaise forme d'Autour, tant en petits qu'en grans, & est quand ils
ont la teste grande, le col court, les plumes du col meslees, fort emplu-
mez, charnuz & mols: cuisses courtes & grosses, iambes lõgues, doigts
courts, couleur tannee, tendant à noir, aspre soubs les pieds. Cumbiẽ
qu'ayans obserué les Vautours, & autres oiseaux de proye, leur auons
trouué les iambes, pieds, & bec blesmes: és autres, bleuz, & és autres,
d'autre couleur, selon leur aage & muë. Les Grecs ont appellé l'Atour,
Asterias Hierax, les Latins, Accipiter Stellaris, les Italiens Astures.

De l'Esperuier, ou Esparuier, femelle, & de son Mouchet masle.

PArce que, selon aucuns, l'Esperuier & l'Autour ne different
qu'en grandeur, ie mets icy l'Esperuier apres l'Autour. Il y a
de deux sortes d'esperuiers, de niais & de ramages: qu'õ ap-
priuoise, les tenant bien longuement & souuent sur la main
& principalement à l'aube du iour. On leur donne à manger deux fois
le iour, ou vne fois, principalement quand le lendemain on les veut
faire voller: car alors l'Esperuier doit estre bien affamé, afin qu'il volle
plustost apres sa proye. Sa nourriture doit estre de bonne chairs, specialement d'oiseaux, & de mouton, afin qu'il soit bien gras. l'Esperuier
est facile à laisser son maistre: & pour obuier à ce, faut que le maistre gar-

de de le bleſſer, & ne luy contredire , car il eſt deſdaigneux. Quand il
ira voller, il ne le doit point laiſſer aller trop loing: d'autant que quand
il ne peut attraper l'oiſeau qu'il volle, il s'en va par indignation, & mõ-
te ſur vn arbre, ſans vouloir retourner à ſon maiſtre: qui ne le doit trauailler outre meſure, mais ſe doit contenter de ce qu'il pourra prẽdre,
& luy donner de ſa proye à manger, afin qu'il ſente ce que la proye luy
a valu, & qu'il ſoit excité de volontiers voler. Les oiſeaux que l'Eſpe-
uier prend, ſont Perdrix, Cailles, Eſtourneaux, Merles, & autres ſemblables. Quelque part qu il y ait des Pinſſons, & que l'Eſperuier paſſe,
on les oira crier à haute voix, & ſe le ſignifier de l'vn à l'autre: car entre
les petits oiſeaux, les Eſperuiers ayment à manger les Pinſſons. Mais
c'eſt que les Pinſſons deſcendans l'hyuer és plaines, & volans à grandes troupes, ſe donnent pour paſture aux Eſperuiers: leſquels il nous
ſemble qu'ils ne partent aucunement de noz contrees.

Les Fauconniers nomment diuerſement les Eſperuiers, ſelon diuers
accidens: car ceux qui ſont muez de bois, & ne tiennent point du ſort,
ſont nommez ramages: les autres qui ne ſont muez , & qui ſont nouuellement ſortis du nid, & ont eſté quelque peu à eux ſont nommez
Niais. De telle ſorte faict bon choſiir pour apprendre: car ſe ſont ceux
qu'il fait le mieux appreſter pour s'en ſeruir , comme auſſi eſt de ceux
qu'on ſurnomme Branchers: ſçauoir eſt qui ne ſont encores muez, &
qui n'ont point fait d'aire & n'ont iamais nourry de petis.

Les Eſperuiers, comme auſſi tous oiſeaux de rapine, ſont couuers de
diuerſes pennes ſelon leurs aages, & auſſi ſont differents ſelon leurs
tailles. Il y en a qui ſont couuers des menues plumes blanches trauer-
ſaines: les autres ſont couuers de groſſes plumes, les fauconniers les appellent mauuaiſes. L'Eſperuier meilleur pour la fauconnerie eſt ceÿy
qui a la teſte rondette par deſſus, & le bec aſſez gros, les yeux vn peu
cauez, & les cercles d'entour la prunelle de l'œil, de couleur entre vert
& blanc le col long & groſſet, groſſes eſpaules, & vn peu boſſues. Doit
auſſi eſtre vn peu ouuert à l'endroit des reims, & aſſilé par deuers la
queuë. Ses ailes ſoient aſſiſſes en auallant le lõg du corps, ſi que le bout
s'appuye ſur la queue, laquelle il doit auoir non trop longue, garnie de
bonnes pennes & larges. Auſſi faut que ſes iambes ſoient plattes &
courtes, & les pieds longs & deliez, la couleur entre verte & blanche,
les ongles poignans bien noirs & deliez. Quand les plumes trauer-
ſaines d'vn Eſperuier ſont groſſes, vermeilles, & bien colorees, & les

nouee groffes, & que c'elles de la poictrine enfuiuent bon ordre, & que
le breuil foit meflé de mefme trauerfaine, ainfi que le corps, & les four-
cils foient blancs, vn peu meflez de vermeil, qui prennent le tour iufques derriere la tefte, & aiant les pennes larges, & foit toufiours familleux, fera entre tous autres de bonne eflite.

Il y a des Efperuiers appellez en Italien di Ventimiglia, fort grans:
ayans treze pennes en la queue. Il en y a de Sclauonie, qui ont les pennes de la poictrine noires. D'autres font appellez Galabriens, qui font
moyens & fort hardis. Autres font qui viennent de Corfe, ayans les
pennes brunes. Ceux qui demeurent en Alemagne, font petis, & non
trop bons. A Veronne & à Vincente s'en trouuent de moyens en grandeur. Ceux que les Italiens appellent di Sabbia, ont les pennes rouffes,
& les taches dorees comme vne Tourtre,

Les Efperuiers ne tiennent leurs perches fi conftamment comme
font les faucons: parquoy on ne les prend fi fouuent aux lacets. On les
trouue volótiers perchez en temps d'hyuer aux bois de haute fuftaye.
fur vn arbre greffe, en lieu où il y a abry, le long de quelque haye, plus
toft qu'en vn bien gros arbre en vne haute foreft. Et vient à la perche
enuiron Soleil couchant, volant principalement contre le vent. l'Ef-
beruier eft de moyenne corpulence entre les oifeaux de proye, mais
fon mafle eft de moindre ftature. Il y a fi peu de difference entre l'efperuier & fon mafle, qu'on n'y cognoift que la grandeur qui les puiffe
diftinguer. Son mafle de nom propre Frãçois eft appellé vn Mouchet.
Et pource qu'il n'eft hardy, & de frand courage, l'on n'a pas fouuent ac-
couftumé de le nourrir pour s'en feruir à la Fauconnerie. La defcrip-
tion des couleurs du Mouchet conuient à celle de l'Efperuier à cefte
caufe les auons mis enfemble. l'Efperuier comme auffi le Mouchet,
ont le deffus de la tefte couuert de plumes brunes, mais la racine eft
blanche. quelques plumes de celle partie des ailes, qui touchẽt le dos,
font marquees de taches rondes & blanches. Les plumes qui couurent le dos, & les ailes, ne luy apparoiffent madrees, finon
qu'on les regarde par le dedans, qui font principalement mer-
quees par le trauers. Les petites plumes qui ont entour les plis
des ailes, & au cofté de l'eftomach, font rouffettes, comme auffi
font celles qui font deffoubs le ventre, qui luy apparoiffent fort
mouchettees par le trauers, ayant celà de particulier, que les coftez en font noirs. Aucuns difent que noftre Efperuier eft le mefme

oiſeau' de proye que les Grecs appelloient Percus Spizias , parce qu'il mange les Pinſſons, & en Latin, Fringillarius, & en Italien, Sparuieros.

Des Faucons.

Ous pouuez entendre que la Fauconnerie eſt dediee pour le plaiſir des grands Seigneurs, & principalement de noſtre France: les eſtrangers eſtans aduertis de leur profit, s'eſtudient de prendre diuerſes ſortes de Faucons, & nous les apporter: qui a eſté cauſe que nous en auons rencontré que les Grecs, ny les Latins n'auoient point veu, & ainſi ne leur ont donné aucun nom, parce qu'ils n'auoient l'vſage de les aduire au leurre, & par conſequent n'eſtoient point maniez des hommes de ville. Et à cauſe que le Faucõ:

ſur

sur tous les oiseaux de proye , est le meilleur pour la vollerie, tous les
autres oiseaux pe proye ont esté appellez ꜰᴀᴠᴄᴏɴꜱ, côme dessus a esté
dit:car le Sacre, Gerfaut, Autour, & tels autres, tiennent le nom de
ꜰᴀᴠᴄᴏɴ.Or maintenant nous entendôs parler du ꜰᴀᴠᴄᴏɴ en particulier, c'est à dire de celuy qui a baillé le nom à tous les oiseaux de proye
Les ꜰᴀᴠᴄôꜱ sont bien d'autre gére que les Aigles,car les Aigles à grâd
peine, encores qu'on mette long temps à les leurrer, se peuuêt accoustumer à la vollerie. Mais les ꜰᴀᴠᴄᴏɴꜱ encores qu'ils soient sauuages,
n'aiansiamais esté leurrez,de nature ils gibboient:car voyans des hômes & des chiens de chasse, ils se mettent auec eux pour leur ayder,
frappans aucunesfois les oiseaux qu'ô vouloit prêdre, d'autresfois les
espouuentans:s'associans auec les hommes & les chiens pour auoir
part au butin. Les ꜰᴀᴠᴄᴏɴꜱ qui sont de mesme genre & espece , prenêt
grande difference entre eux,& sont appellez par diuers noms,selon le
temps qu'on les commence à nourrir,selon les lieux où ils hantent,&
selon les pays dont ils viennent. Nous les distinguôs en muez,de bois
en sors,en niards,ou niais,en grans moyens.& petits,qui sont tous de
diuerses tailles,& ont diuerses pênes,selon diuers pays,aussi sôt de diuers pris,selon diuerses louanges de bonté.Le ꜰᴀᴠᴄᴏɴ niard,ou niais,
est celuy qu'on prend au nid: & ceux cy, le plus souuent, sont grands
criards & fascheux à nourrir & entretenir. Le ꜰᴀᴠᴄᴏɴ sort, est celuy
qui est pris depuis Septembre,iusques en Nouembre,ceux-cy sont les
meilleurs de ce genre,car estant petis,ils sont aisez à s'appriuoiser,&
estant desia forts,& la saison en laquelle ils sont prins têpérée, appren-
nent plus facilement:ceux qui sont prins és quatre mois subséquens,
combien qu'ils soient fort beaux, si sont ils maladifs,& fascheux à entretenir. Et ceux qui sont prins apres ce temps, combien qu'ils soient
forts,sont toutesfois trôpeurs & cauts,parce qu'ils sôt deuenus grâds
en liberté,qui est la cause qu'en ayant encore memoire, facilement ils
se destournent de ce qu'on leur a apprins & enseigné.Les ꜰᴀᴠᴄᴏɴꜱ sauuages,qu'on a cogneu hanter es lieux marescageux & se paistre d'oiseaux de riuiere, sont surnômez Riuereaux:les autres qui se nourrissêt
de Merles, Estourneaux,Corneilles,& Mauuis, sont nommez Cham-
pestres.Il y en a aussi qu'on nomme ꜰᴀᴠᴄᴏɴꜱ apprins de repaire. Il en y
a d'autres qui sont appellez passants. Les autres sont nommez estran-
gers parce qu'ils viennent de loingtain pays. Puis encores on appelle les ꜰᴀᴠᴄᴏɴꜱ par ces appellations, selon la bonté & le pays dont ils
viennent, où ils sont prins: car il y a le Faucon Gentil , le Pelerin, le

E f

Du *Faucon Gentil.*

IL faut entendre qu'entre les Faucons, les Fauconniers loüent celuy qu'on nomme le Gentil, pour e-
stre bon Heronnier, & à toutes manieres d'oiseaux
de riuiere, tant dessus que dessoubs comme à Rouppeaux, qui ressemblent à vn Heron, aux Esplugebãs,
aux Poches, & aux Garsottes: & aussi que c'est le plus
hardy & vaillant de tous les Faucons. Si ce Gẽtil est
prins niais, on le peut mettre à la Gruë: car s'il n'y estoit fait de niais,
il n'en seroit si hardy: pource que n'ayant iamais rien cogneu, le laissant premierement sur la Gruë, il en sera trouué plus vaillant.

Du *Faucon Pelerin.*

LE Faucõ Pelerin est ainsi appellé parce qu'il fait de
longs chemins & voyages, & passe de pays en autre,
qui est en la saison d'automne, en laquelle saison il
est prins. Les autres disent qu'ils sont prins depuis
Iuin iusques en Aoust: & qu'à cause de la chaleur
ils sont difficiles à auier & à leurrer. Les signes pour
cognoistre le vray Pelerin, sont qu'il a le bec gros
& azuré, & depuis le bec iusques à l'oreille roux & noir, & la teste pi-
geassee de blanc ou roux, les pennes grandes, & semblables à la Tourtre, ayant la poictrine large, les pieds grãs & azurez ou blãcs, les iambes courtes & grosses. C'est oiseau Pelerin est de sa propre nature frãc
à tout faire, & n'y en a point entre tous les oiseaux de proye de plus
commun. On le leurre pour la Gruë, pour l'oiseau de Paradis, qui est
plus petit que la Grue, pour les Rouppeaux, pour les Poches, Garsottes, Oustardes, Oliues, Faisans, Perdris, Oyes sauuages, & toute autre maniere de gibbier. Le Faucon Pelerin est plus petit que tous les
autres Faucons, ayant les aisles & les cuisses, longues, les iambes & la
queuë petite, la teste fort grosse: les meilleurs sont ceux qui ont le bec
de couleur bleuë. Les Faucons Pelerins qu'on apporte de Cypre, qu'õ
cognoist à ce qu'ils sõt de petite corpulence, ayans leurs plumes rousses, sont plus hardis que les autres. L'on pense que ceux de Sardaigne

sont moult séblables aux Cypriens, & que tels Faucons sont fort bons
Gruyers & Heronniers, & assaillent hardiment les Cignes.

Faucon Tartarot, ou de Tartarie, ou Barbarie.

Nous nommons le Faucon Tartarot Faucon de Tartarie,
& aussi Faucon de Barbarie : car on le prend lors qu'il passe de Tartarie en Barbarie : estant passager comme le Pelerin, toutesfois de plus grande corpulence, roux dessus les
ailes, & moult empieté de longs doigts. Quelques vns ont
opinion que tels Faucons sont espece de Pelerins, & où il y a peu de
difference. Quoy qu'il en soit, c'est vn oiseau bien volant, & qui assaut
hardiment toutes manieres d'oiseaux de riuiere. Aussi le peut on mettre à voler tous ceux que nous auons nómez du Pelerin. De tous deux
peut on voler pour tout le mois de May, & de Iuin, car ils sont tardifs
à leur muer : mais quand ils ont commencé à despouiller leurs plumes,
ils n'arrestent à estre muez. Les nobles qui habitent és Isles de Cypre,
Rhodes & Candie, vsent desdits Faucons Tartares ou Barbares, plus
volontiers que de ceux qui se trouuent niais en leur pays.

Du Faucon Tunicien, ou Punicien.

LE Faucon Tunicien pourroit estre aussi appellé Punicien :
car ce que nous lisons de la guerre Punique contre les Car-
thaginois, estoit contre les habitans, où est maintennnt si-
tuee Tunis. Ce Faucon Tunicien est moult grand, ap pro-
chant de la nature du Lanier, aussi est-il de tel pennage, & de tels pieds
mais est plus petit, & de plus long vol, mieux croisé, & a grosse teste &
ronde. Il est appellé Tunicien, pource qu'on l'apporte du pays de Barbarie, car il fait son air ne plus ne moins que le Lanier en France. Aussi
est apporté par ceux de Tunis, qui est la maistresse ville du pays. Il est
fort bon pour riuiere, & bien montant sur aile, & aussi pour les
champs, à la maniere du Lanier : mais il est rarement apporté de par
deçà. Il y a vn Faucon qu'on appelle Montain, ou montagner qui a cela de propre qu'il regarde souuent ses pieds & si est fort despit comme
sont communement tous les oyseaux de proye : car à peine le Fauconnier le peut r'anoir, & ne veut reuenir à luy s'il a perdu sa proye.

Ous difons que le Tiercelet eft prononcé fuiuant l'Etymo-logie d'vn tiers, & poffible que le Tiercelet gaigne cefte appellation Françoife de fa petiteffe. Aucuns difent que les Latins, à cefte caufe, l'ont nommé pomilio. Les Tiercelets des au-tres oifeaux de proye font autrement nommez : car celuy de l'Efper-uier eft nommé Mouchet, celuy du Lanier, Laneret, & du Sacre, Sa-cret, Le Tiercelet de Faucon eft donc le mafle du Faucon eftant de moindre corfage que le Faucon (comme font quafi tous les mafles des oifeaux de proye) & luy eft fi féblable, qu'il ne differe qu'en grãdeur, ayãt les plumes beaucoup madrees, duquel la tefte eft fort noire: auf-fi il a les yeux noirs, & eft cendré par le dos, & deffus la queuë, qui tou-tesfois eft madrée comme auffi font les plumes des aifles, defquelles le bout eft noir. Il y en a fix entieres, qui luy fortent dehors, comme au Faucon: car la feptriefme, qui eft la derniere, eft petite & fe cache def-foubs les autres. Il eft oifeau de leurre, comme eft le Faucon, & non de poing. Ses iambes & pieds font iaunes, & a communément la poictri-ne palle. Il porte deux taches bien noires fur les plumes, és coftez des yeux.

De la nourriture des Faucons , & comme il les faut choifir.

N Autheur nõmé Suidas, dit que Falco eft vn nom gene-ral à tout oifeau de proye & de rapine, cõme a efté Accipi-ter en Latin, & en Grec, Hierxa, Feftus pẽfe qu'õ le nom-moit Falco, à caufe de fes ongles tournez en faux. Il sẽble qu'Ariftote n'a point vfé de telle diction, mais femble que pour noftre Faucon il ayt entendu nõmer. Accipiter Palumbarius. Et de fait, les oifeleurs n'ont meilleur moyen pour prendre les Faucons, que des Ramiers. Quoy qu'il en foit, le Faucõ eft le prince des oifeaux de rapine (i'entens quant au vol) pour fa hardieffe, & grand courage. Les Faucons ne doiuent eftre defnichez & mis hors de leur nid qu'ils ne foient ja grandets, & en leur perfection. Que fi pluftoft on les ofte, il ne faut point les manier, mais faut les mettre en vn nid le plus fem-blable au leur qu'on pourra, & là les nourrir de chair d'Ours , & de Poullets: autremẽt les aifles ne leurs croiffẽt point, & les iãbes & tous leurs autres membres facilement fe quaffent & defnoüent. L'efle-

æion des Faucons pour les meilleurs, & ceux qui sont de plus grand
pris, sont ceux qui ont la teste ronde,& le sommet de la teste plein, le
bec court & gros,les espaules amples,les pennes des aisles subtiles,les
cuisses longues,& les iambes courtes & grosses,les pieds noirs,grands
& estendus. On cognoist les meilleurs&plus vaillãs Faucõsà ce qu'ils
ont le col court,la teste grosse & rõde, l'os de la poictrine fort aigu &
poinctu,les aisles lõgues, la queuë petite, les iãbes courtes, & bien a-
massees & nerueuses,rondes par le haut, par le bas fermes & seches:
& ont la face de couleur tachee de noire ,& la peau de dessus & dessoubs les yeux qui les couure, toute noire, mais aupres des yeux y a
des taches blãches & cendrees,& les yeux fort iaunes, auec la pupille
noire.Faut aussi , pour choisir les meilleurs Faucons,eslire les moyẽs,
qui ne sont ne grans ne petis, comme sont ceux qu'on nomme Pelerins qui ont esté prins sur la falaise de la Mer, qui n'ont gueres sejour-
né au pays pour se nourir, & qui n'ont entendu sinon à venir. Le Faucon aussi qui a longues espaules, longues aisles, gisants au bout de la
queuë, & que celles de la queuë monstrent grosses plumes,biẽ mou-
luës, & la queuë fort longue, & qui se termine en filant, cõme celle d'vn Esperuier, & que les pennes soient bien rondes, & que le bout
de la queuë ne soit blanc de plain pousse,ayant les nerfs vermeils,sera
loué entre tous les autres. Aussi doit auoir les pieds de la couleur de
ceux d'vn Butord,& bien fendus,& verds,les ongles noirs,bien poinctus & trancheants,&ne doit estre ne trop haut assis,ne trop bas,mais
que la couleur des pieds,& chiere du bec soit toute vne. Cuisses grosses,iambes courtes,plante large,molle,& verte,plumes legieres. Aussi
doit auoir le bec brossie,& grosset,grãdes narines & ouuertes, & doit
auoir les sourcils vn peu hauts & gros, les yeux grands & cappes, &
la teste vn peu voultissee & rondette par le dessus. Et quand il est
seur qu'il face vn peu de barbette dessus le bec auec sa plume. Aussi
doit auoir le col long,& haute poictrine, & vn peu rondette sur les espaules à l'assẽbler du col,& se doit seoir large sur le poing, peu reuers,
mordant & familleux. Ses plumes blanches & colorees de vermeil, &
les nouees grosses & bien vermeilles. Les sourcils, & ioües blanches,
colorees de plumes vermeilles la teste grise, le dos de bize couleur,
comme celuy d'vne Oye,les plumes larges & rondes : & sur tout ne
doit point estre grand,mais se doit entresuir de plumes,de pied,& de
bec,& doit auoir aussi l'ouure grande,& dedans l'ouure ne doit point
auoir vn bout de l'escofraye,

F f iij

Les Faucons se perchent en diuerses manieres, dont y en a qui tiennent leurs perches longuement, & n'ont gueres accoustumé de les prendre dedans la forest, mais à l'oree du bois, dessus les branches des hauts arbres, à l'endroit où il y a meilleur abry, & où il ne vente point: ou bien s'asseoient sur les guignons de roches és hautes falaises.

Pour les appriuoiser les faut souuent tenir sur la main, les nourrir d'ailes & cuisses de poulles mouillees en l'eau & mettre en lieu obscur & souuent leur presenter vn bassin plein d'eau, où ils se puissent baigner puis apres le bain les secher au feu, on les accoustume à chasser premieremēt petis oiseaux, puis moyens, par apres des grãs: & ne faut faillir à leur dōner curee des oiseaux qu'ils aurōt prins. Ils volēt merueilleusemēt tost, & montent en haut en roüant & regardāt en bas: & où ils voyent la Cãne, l'Oyson, la Gruë, le Herō, ils descendent cōme vne sagette, les aisles closes, droict à l'oiseau, pour le desrōpre à l'ongle de derriere, & s'ils faillent à le toucher, & qu'il fuye, volēt soudainemēt apres, & s'ils ne le peuuent attraper perdēt leur maistre. Le Faucon sur tout est propre pour voller le Herō, & tous autres oiseaux de riuiere.

Du lanier femelle, & de son Laneret masle.

Arce que le Lanier approche de la nature du Faucō principalement du Tunicien, & aussi est de tel pennage, & de tels pieds, & que le Lanier entre les oiseaux de Faucōnerie prēd aussi le surnom de Faucon, car ils dient communément Faucont Lanier, nous l'auons mis apres les especes des Faucons. Monsieur du Fouilloux, Gentil-homme, autant accord & accomply, qu'il s'en trouue en nostre France, (auquel toute la posterité seroit redeuable, s'il nous vouloit mettre en lumiere sa Fauconnerie, cōme il a fait heureusement sa Venerie) dict par vn petit fragment que i'en ay veu, qui seruira d'eschantillō pour le reste, que les Faucons Laniers & autres oiseaux qui hantent les costes de France, & principalement nostre Guyenne, viennent de deux pays: les vns des pays froids, comme de la Russe, de la Prusse, de Norouargue, & autres pays circonuoisins qui se cognoissent aux pennaches, aux pieds, & à la teste. Et telle sorte d'oiseaux suiuent en ces pays de deça les Pluuiers, & Vaneaux. Ils viēnēt de ces pays-là, à cause des grãdes froidures, & des bords des Mers, qui sont gelez, & parce veullēt approcher du Soleil, & mesmes passent outre nostre region, pour aller en la coste d'Espagne & d'Affrique. Et quand ils retournēt de leurs passage, qui est en Mars, les Grues retournent aussi pour aller aux aires. Nous cognoissons ces oiseaux aux pennages, qu'ils ont fort gastez, à cause de la salsitude de l'air marin, qu'ils

ont paſſé, qui leur a mangé le pẽnage, & on les appelle à ce retour Lãtenaires. Les autres Faucons qui viennent d'vn autre pays, comme du
pays chaud deuers les mõts Pyrenees, du coſté d'Affrique, & des mõtagnes de Suiſſe, ſont aiſez à cognoiſtre par les ſignes, que Dieu aydant, quelque iour il nous monſtrera. Le Faucon Lanier eſt ordinairement trouué faiſãt ſon aire en noſtre Frãce: & pour ce qu'il s'y trouue, & qu'il eſt de mœurs faciles, l'õ s'en ſert cõmunémẽt à tous propos. Il fait tous les ans ſon aire, tant és hauts arbres de fuſtaye, comme és hauts rochers, ſelon les pays ou il ſe trouue. Il eſt de plus petite corpulence que le Faucon Gentil, auſſi eſt de plus beau pennage que le Sacre, & principalement apres la muë, & plus court empieté que nul des autres Faucons. Les Fauconniers choiſiſſent le Lanier ayant groſſe teſte, les pieds bleuz & orez. Le Lanier vole tãt pour

riuiere, que pour les champs. Et pource qui n'eſt dangereux pour ſon viure, il ſupporte mieux groſſe viande, que les autres Faucons de gentes pennes. Les marques ſont infaillibles pour cognoiſtre le Lanier: c'eſt qu'il a le bec & les pieds bleuz, & les plumes de deuant meſlées de noir auec le blanc, non pas trauerſees comme vn Faucon, mais de taches droictes le long des plumes. Le plumage du Lanier de deſſus le dos, ne luy ſemble eſtre madré, non plus que par deſſus les aiſles & la queuë. Et ſi d'auenture il y a des madrures, elles ſont petites, rondes & blancheaſtres: mais quand il eſtend ſes aiſles, & qu'on le regarde par le deſſoubs, ſes taches apparoiſſent contraires à celles des autres oiſeaux de proye: car elles ſont rondes & ſemees par deſſus, comme petis deniers: nonobſtant, comme nous auons dict, les pênes de deuant & de deſſoubs la poictrine, ont les bigarrures eſtendues en long ſur les coſtez de la penne. Son col eſt court & groſſet, & auſſi ſon bec. Les Fauconniers voulans faire le Lanier gruyer: le mettent en vne chãbre baſſe ſi obſcure qu'il ne puiſſe voir aucune lumiere, ſinõ lors qu'ils luy baillent à manger, & auſſi ne le tiennent ſur le poing, que de nuict. Et alors qu'ils ſont preſts de le faire voller: font feu en la chambre pour l'eſchauffer, afin de le baigner en pur vin: puis l'ayant eſſuyé, le font repaiſtre de ceruelle de geline: & le portant deuãt le iour, celle part ou eſt le gibbier, le iettẽt de loin à la Grue, deſlors qu'il commẽce à eſtreiour: s'il ne prend ce iour, il ne laiſſera eſtre bon par apres, principalement depuis la my-Iuillet, iuſqu'a la fin d'Octobre. Le Lanier eſt femelle, ſon maſle eſt nõmé Laneret. Il n'eſt aucun oiſeau qui tienne mieux ſa perche: & parce qu'il ne s'en part l'hyuer, aucuns ont dict que c'eſt l'Aeſalon de Pline, & auſſi des Grecs.

Du Hobreau.

ON ne cognoiſt de tous oiſeaux de Fauconnerie aucun de moindre corpulence que le Hobreau apres l'Eſmerillon. Le Hobreau eſt oiſeau de leurre, & non de poing, auſſi eſt il du nombre de ceux qui volent haut, comme le Faucon, le Lanier, & le Sacre. Quand auons voulu deſcrire du Hobreau, le voyant conferé à vn Sacre, n'auons trouué gueres de difference, ſinon en la grandeur. Il n'y a contree ou les Hobreaux ne ſuiuent les chaſſeurs: car le vray meſtier du Hobreau, eſt de prendre ſa proye de petits oiſeaux en volant. Parquoy il n'y a aucun

payſant

paiſant, ou homme de baſſe condition, qui ne le cognoiſſe. La comparaiſon des petits poiſſons en l'eau, pourchaſſez des plus grands, eſt com-
forme à celle des pitits oiſeaux en l'air pourchaſſez du Hobreau : car
tout ainſi comme les poiſſons chaſſez par les Daulphins, ne ſe ſentans
eſtre en ſeureté dedans leur element, ont recours à ſe ſauuer en l'air, &
ayment mieux eſtre à la mercy des Canards, & autres oiſeaux de marine, qui volent au deſſus de l'eau, que de ſe donner en proye à leur en-
nimy : tout ainſi les Hobreaux, aduiſans les chaſſeurs aux champs, al-
lans chaſſer le Lieure ou la perdrix, accompagnent les chaſſeurs en
volant par deſſus leurs teſtes, eſperans trouuer rencontre de quelque
petit oyſeau, que les chiens feront leuer. Mais comme aduient que

G g

les Farlouſés, Proyers, Concheuis, & Alouettes ne ſe branchent en arbre, ſe trouuans ſur terre à la gueule des chiens , ſont contraints de s'eſleuer en l'air, par ainſi ſe trouuans cōbatus des chaſſeurs, & des Hobreaux, ayment mieux ſe donner en proye aux Chiens , ou chercher moyen de trouuer mercy entre les iambes des Cheuaux , & ſe laiſſer prendre en vie, pluſtoſt que de tōber à leur mercy. Vn Hobreau eſt ſi leger qu'il ſe hazarde contre vn Corbeau, & luy oſe donner des coups en l'air. Il a cela de particulier, qu'ayant trouué les chaſſeurs, il ne les ſuit que certaine eſpace de temps, quaſi comme s'il auoit ſes bornes limitees : car ſe departant, va trouuer l'oree de ſon bois de haute fuſtaye où il ſe tient & perche ordinairement. Le Hobreau a le bec bleu : mais ſes pieds & iambes ſont iaunes. Les plumes qui ſont au deſſous de ſes yeux, ſont fort noires, tellement que cōmunément depuis le bec elles continuent de chaſque coſté des temples, & vont iuſques derriere la teſte, dont ſort vn autre courte ligne noire en chaſque coſté du bec, qui luy deſcend vers les orees de la gorge. Quād au ſommet de la teſte, il eſt entre noir & fauue : mais a deux taches blanches par deſſus le col. Le deſſouz de la gorge, & les deux coſtez des temples ſont roux ſans madrures. Les plumes de deſſouz le ventre ont la madrure de celle façon, qu'eſtans brunes par le milieu, ont quelque petite partie des bords blanchaſtre. Les aiſles ſont bien mouchettees par deſſous, mais cela eſt que les plumes ont les taches ſur les coſtez par interualles, ne touchant point au milieu. Tout le dos, la queuë, & les aiſles apparoiſſent noires par le deſſus. Il ne porte aucunes larges tablettes ſur les iambes, ſinō que commençant depuis les trois doigts, leſquels il a longs, au regard des iambes qui ſont courtes. Sa queuë eſt fort bigaree par deſſouz , de taches rouſſes treſſees, en trauers entre les noires. Les plumes (qu'on nōme les iambieres) qui couurent les cuiſſes , ſont plus colorees d'enfumé qu'en nul autre endroict. Le voyant voller en l'air, l'on apperçoit le deſſouz de la queuë, & l'entre-deux des iambieres rougeaſtre.

Il y a vn oiſeau qu'on appelle Ian le blanc, ou l'oiſeau ſainct Martin, & vn autre de meſme eſpece, qui s'appelle blanche queuë, que volans par la campagne chaſſent aux Alouettes : & s'ils en aduiſent aucune, ils ſont coſtumiers de ſe ietter deſſus : mais elles ont recours à ſe garentir en l'air, & gaigner le deſſus. Mais ſi le Hobreau s'y trouue, c'eſt choſe plaiſante à voir : car le Hobreau, qui eſt beaucoup plus agile, n'arreſte gueres à l'auoir deuancee. Et s'il la prend , lors ce Ian le blanc , ou l'oiſeau S. Martin, l'entreprend contre le Hobreau, combien qu'il ſoit

plus viste: & les auons veu tomber tous deux attachez ensemble. Aucuns ont voulu dire que nostre Hobreau, est-ce que les Grecs appe-
loient Hypotriorchis,& les Latins, Subuteo.

De l'Esmerillon, ou Emerillon.

'Esmerillon est le plus petit oiseau de proye dont les Fauconniers se seruent. Il est de poing, & non de leurre: cõbien
qu'à vn besoin on le puisse aussi aduire au leurre. Il est fort
hardy de courage : car combien qu'il ne soit pas gueres plus
gros qu'vn Merle, ou pigeon, toutesfois il se hazarde contre la
perdrix, la Caille, & tels autres plus grands oiseaux que luy, de
tel courage, qu'il les suit souuentes-fois iusques aux villes &

villages, Il represente si naïfuement le Faucon , qu'il ne semble differ-
rer, si non en grandeur, car il a mesmes gestes, mesme plumage, & de
mesmes mœurs, & en son endroit a mesme courage: parquoy il le faut
maintenir estre aussi noble que le Faucon. Il est seul entre tous les autres oiseaux de proye, qui n'a distinction de son masle à la femelle : car
l'on ne trouue point de Tiercelet à l'Esmerillon. Aucuns pensent que
Lyers Hyerax en Grec, & Leuis Accipiter en latin , soit nostre Emerillon : & les oiseaux de proye , qu'Aristote nomme Leues, nous semblēt
estre les Esmerillons.

Du Fau-perdrieux.

Ous mettons les Fau-Perdrieux au nombre des oiseaux
de rapine : lesquels n'auons gueres accoustumé de nourrir pour nous seruir à prendre les oiseaux sauuages , car ils
sont moins gentils que les autres : ioint qu'ils ne volent
trop hastiuement. Si est-ce qu'en auons veu de leurrez
pour la Perdris, pour la Caille , & pour le connin. Ils volent encores mieux que le Milan , mais moins que le Faucon, Sacre , & son
Tiercelet : qui nous est assez notoire , apres les auoir veuz au vol des
Sacres & Faucons, au lieu de Milan, Ils descendent au Duc comme
le Milan : mais soudain qu'ils voyent qu'on lasche les Sacres pour les
prendre, ils s'essayent à fuyr au loing, & non pas en haut, comme fait
le Milan : parquoy leur vol est penible. Aussi le Fau-perdrieux, qui est
aussi de grande force se defend vaillamment, car il est beaucoup plus
fort qu'vn Milan. Cela est cause qu'il faut pour le moins , lascher quatre oiseaux pour le prendre. Il n'est pas amy du Hobreau ne de la Cer-
serelle, comme il appert quant lon va à la chasse de la Caille auec les
chiens que le Hobreau a accoustumé suyure, car si le Fau-perdrieux
y arriue, le Hobreau est contrainct de s'enfuir, pour euiter sa passée :
car le Fau-perdrieux est oiseau qui volle assez roide pres de terre sans
gueres battre pres des aisles. Mais afin que facions mieux entendre de
quelle espece d'oiseau de proye & rapine pretendons parler, nous dirons la la figure & couleur. Le Fau perdrieux est quelque peu de moindre corpulence qu'vn Milan, toutesfois plus haut eniambé, ayant le
bec & les ongles moins crochus que tous autres oiseaux de rapine.
Aussi il boit quād il se trouue à quelque mare sa iambe est bien deliee
& iaune , couuerte de tablettes : sa queuë est noire, comme aussi le

bout des aifles, mais les plumes font tannees obfcures : le deffus de fa
tefte, & deffoubs la gorge eft blancheaftre, tirant fur le rouge, comme auffi eft le deffoubs du ply des aifles aux deux coftez de l'eftomach:
les plumes qui luy cœurent les ouyes font noires : fon bec ioignant
la tefte eft de couleur plombee, mais le bout eft comme noir. Cen'eft
pas vn oifeau paffager au pays de France, car on le trouue faifant fon
nid fur les fommitez des hauts arbres feparez par les plaines d'Au-
uergne le long des glapiers, où il fait moult grands dommages fur les
Connils. Il a le col bien court, au contraire de l'Autour qui l'a long.
Aucuns tiennent que le Fau-perdrieux eftoit nommé par les Grecs &
Latins, Circos & Circus.

VNe grande partie des oifeaux de rapine, excepté les
Vautours, & auffi le Coquu, ont communement les
plumes de la queuë & des aifles beaucoup madrees.
Tous ont l'ongle & le bec crochu, & font prefque
femblables les vns aux autres : car ils ne femblent e-
ftre differents qu'en grandeur, veu mefmement que leur couleur
fe change diuerfement felon leur muë, qui faict qu'ils en font appellez Hagars, ou Sors, tout ainfi qu'on faict des Harans enfumez,
furnommez Sorets.

Il y a grande partie des oifeaux de proye qui font paffagers, que
nous ne fçauons bonnement dont ils viennent. ne où ils s'en reuont:
mais d'autant que les eftrangers fçauent y auoir profit, font diligence
de les prendre, & les nous apporter, qui eft caufe de nous les faire cognoiftre : car fans cela nous n'en pourrions auoir aucune efpece eftrã-
gere. Et pource qu'on les prend le plus fouuent auec de la gluz, qui
eft caufe de leur froiffer les pennes, à qui ne la fçait ofter, nous en dirons la maniere. Il faut auoir du fablon menu & fec, & cendre nette,
meflez enfemble : & de cela faupoudrer le lieu & plumes engluees, &
le laiffer ainfi vne nuict. Le lendemain ayant battu des moyeux
d'œufs, faudra oindre le lieu englué auec vne plume, & le laiffer là
deux iours : de rechef prendre du gras de lard, & beurre frais fondus
enfemble, & oindre les places engluees, & les laiffer ainfi vne nuict.
Le lendemain ayant faict tiedir de l'eau, faut lauer l'oyfeau, puis l'ef-
fuyer auec du linge net, & deffecher l'oifeau. On ne les doit ofter du

nid qu'ils ne foient forts, & fe fachent tenir fur les pieds, puis les tenir fur vn bloc ou perche, pour mieux demener leur pennage, fans le gratter en terre. Les oifeaux de Fauconnerie font communement prins niais, branchers, ou fors. Il faut le paiftre de chair viue le plus fouuent qu'on pourra, car elle leur fera bon pennage. Si on les prend trop petits, & qu'on les garde en lieu froid, ils en pourront auoir mal aux rains, en forte qu'ils ne fe pourrõt fouftenir. Ceux qu'on prend fors, eft quãd ils ont mué. Le paft & chair bõne outre l'ordinaire des oifeaux de fauconnerie eft, leur donner des cuiffes, ou du col de poulles. Les chairs froides leurs font bien mauuaifes. Les chairs de bœuf, de porc & autres leur font de forte digeftion : mais particulierement celle des beftes de nuict les pourroient faire mourir, fans qu'on s'apperceuft de la caufe. Et afin de s'en donner de garde, ie te mettray icy des beftes de nuict : c'eft à dire, qui volent la nuict, & ne bougent gueres de iour, par ce que fi les oifeaux de Fauconnerie en mangeoient, ils en mourroient. I'en trouue dix. Le grand Duc, le moyen Duc, ou Hibou cornu, Hibou fans cornes ou Chahuant, Cheueche, Huette, l'Effraye, ou Frefaye, Corbeau de nuit, Faucon de nuit, ou Chalcis, & Souris chauue. La chair de poulle eftant douce & delectable, trouble le ventre de l'oifeau, s'il la mange froide : parquoy l'oifeau affriandé de telle chair pourroit laiffer fa proye en vollant, & fe ruer fur les Poulles s'il en voyoit aucunes. A tel inconuenient, faut paiftre l'oifeau de petits pigeons ou petites Irõdelles. Chair de Pie, & vieils Coloms eft amere & mauuaife aux oifeaux. La chair de Vache leur eft mauuaife pour eftre laxatiue, qui aduient par fa pefanteur, qui leur caufe indigetion. Et s'il eft neceffité de paiftre l'oifeau de groffe chair, par faute de meilleure, foit trempee & lauee en eau tiede, fi c'eft en hyuer, & il la faudra efpraindre : en efté il ne la faut lauer qu'en de l'eau froide. Il faut entretenir l'oifeau de quelque bon paft vif & chaut, car autrement on le pourroit mettre trop au bas. La chair qu'on doit donner aux oifeaux, foit fans greffe, nerfs, ne veines : & ne les faut laiffer manger leur faoul tout à la fois : mais par pofes, en les laiffant manger leur faoul tout & par fois leur muffer la chair deuant qu'ils foiẽt faouls, puis la leur rẽdre : mais qu'ils ne voyẽt la chair de peur de les faire debattre. Auffi eft bon leur faire plumer petits oifeaux comme ils faifoient au bois.

Si voftre oifeau de proye eft trop gras, il le faut ameigrir par medicament laxatif, comme d'aloës meflé auec la chair qu'on leur donne à manger : mais cependant il les faudra nourrir de quelque bon paft

vif & chaud , autrement on les mettroit trop bas. Apres qu'ils auront
esté purgez, les faudra preparer à la proye: & mesme quand on les voudra faire chasser, il ne sera mauuais de leur mettre en la gueulle des
estouppes couuerte de chair , en forme de pillule , & leur faire aualler
au soir, afin qu'au matin ils reiettent icelle pillule , auec plusieurs ex-
cremens pituiteux , par ce moyen seront rendus plus sains , plus appe-
tissez, plus auides, plus legers, & plus promps à la proye. La chair de
porc, donnee chaudement auec vn peu de poudre d'aloës, fait esmeutir l'oiseau : mais il faut obseruer, qu'apres qu'il aura esté purgé, qu'on
le mette en lieu chaud, & le tenant sur le poing, le paistre de quelque
oiseau en vie: car alors il a les entrailles destrempees. Les oiseaux peuuent faire des œufs sans la compagnie du masle : aussi font les oiseaux
femelles de proye, qui en engendrent souuent en leurs ventres, tant en
la muë, comme ailleurs : & alors elles en deuiennent malades iusques
à estre en peril de mort.   Les Fauconniers nous ont laissé par quels
signes on le cognoistra : car alors le fondement leur enfle, & deuient
roux, les narilles aussi, & les yeux.

On dresse vn vol pour le Heron auec les oiseaux de proye. Et le Herõ
se sentant ailailly, essaye à le gaigner en volant contremont,& non pas
au loing en fuyant,comme quelques autres oiseaux de riuiere : & luy se-
sentant pressé, met son bec contremont,& par dessouz l'aisle , sachans
que les oiseaux l'assomment de coups, dont aduient bien souuent qu'il
en meurt plusieurs qui se le sont fiché en la poictrine.

Si vostre oiseau à la fieure apres long trauail ou autres accidens, le
faut mettre en lieu frais sur perches enuoloppees de drappeaux mouillez, & le nourir peu & souuent de chair de petis poullets trempee pre-
mieremẽt en eau où aura trempé semences de courges, ou de cõcõbres.
S'il est refroidy, le faut tenir chaudement,& le nourrir de chair de poulet masle, ou de pigeons trempez en vin , ou en decoction de sauge,
mariolaine, ou autre semblable. S'il a des pouls, faut oingdre sa perche
auec ius de morelle, ou d'aluine. S'il a des vers dedans le corps , faut
mettre sur sa viande fueilles de peschers. S'il a les gouttes à l'aisle ou à
la cuisse, faut luy tirer quelque goutte de sang de la veine qui est souz
l'aisle, ou dessoubs la cuisse. S'il est podagre faut oingdre ses pieds auec
ius de l'herbe nommee laicterolle, mesme la perche où il sera. L'oiseau
de proye proprement, est celuy qui prend l'oiseau & luy couppe la gorge. L'Aigle frappe l'oiseau de ses ongles, puis le prent & le mange. Il y
a vne espece d'Aigles qui tueront en vn iour plus de cent oiseaux, com-

bien qu'vn ou deux leur suffise pour leur viure.

Les meilleurs oiseaux de proye, sont ceux qui paisent dix ou onzé onces: à grande peine en trouue l'on qui en paisent douze. Il en ya beaucoup qui ne paisent que sept ou huict onces: & ceux cy sont fort legers. Tous oiseaux de proye ont le bec & les ongles crochus.

L'estomach des oiseaux de proye est fort poinctu & aigu, afin que plus facilement ils soient portez par l'air: ayans les aisles & queüe fort ample & grande. Ils se paissent principalement du ceruea des oiseaux & aussi de la chair. La proye la plus commune des oyseaux, sont les Coulombs, ou Pigeons, & oiseaux ne riuiere: pource qu'il en y a grande quantité, tant pour fecundité, que pour la ffluence de la nourriture. Aucuns oiseaux de proye prennent le gibbier au plus haut: les autres volans en bas, aucuns ne sefiants, en leurs aisles prennent les oiseaux à terre. Ce que cognoissans les pigeons, & voyans vn oiseau de proye de ceux qui prennent en haut, ils se tiennent en terre, ou pres de terre: & si c'est de ceux qui prennent en bas les pigeons, contre leur naturel, montent tant qu'ils peuuent. Entre les oiseaux de proye, on met le Sacre pour le plus fort & vaillant, & est le meilleur: apres luy, on met celuy qui a de coustume de voler en rond, & tout autour de quelque chose, comme font les Aigles, ne prenant ne chasslant aux petits oiseaux. Le tiers lieu tient l'oiseau de proye qu'on appelle Montain, qui a cela de propre, qu'il regarde souuent ses pieds: & si est fort de pit, comme sont communement les oiseaux de proye, car à peine veut reuenir quand il a perdu sa proye. Apres y a le Pelerin, ainsi nommé par ce que il fait de grands chemins: le meilleur est celuy qui a le bec de couleur bleuë, & est le plus commun de tous. On ne fait de tous les autres oiseaux de proye cas pour la Fauconnerie, Les meilleurs oiseaux pour la Fauconnerie, sont ceux qui ont les pieds blanchissants sur le iaune, & ceux qui ont, quand ils commancét à crier, leur voix deliee, gresle, & haute, se finissant en vne voix plus grosse & basse: car les grans criards, ne sont pas bons pour la vollerie, parce qu'ils font peur aux oiseaux, les chassent. Le propre des oiseaux de proye est, auec grande vehemence se ruer sur la proye. Albert escrit, qu'vne Aigle ayant osté vne Perdrix à vn Faucon, que le Faucon fut si courageux, qu'en montant il frappa l'Aigle par la teste de telle force que luy & l'Aigle en moururent.

Les oiseaux de proye ont le bec, les ongles & leur haleine veneneuse, infecte & dangereuse: combien que celle de l'oiseau que les Latins

appellent

appellent Accipiter, soit legere, & de facile digestion & concoction, &
bonne au goust: & si est fort bonne pour la douleur des boyaux , & du
ventricule, & de l'estomach, & si profite au cœur. Ceux que les Latins
appellent Astures, aiment fort la chair d'Escreuisse, à ceste cause, on
leur en baille quand ils ont bien vollé, pour les recompēser & inciter
mieux à leur deuoir: combien que d'eux mesmes ils n'y chassent. Ie
me'sbahy de ce que dit Aristote, que les oiseaux de proye, qu'on appelle Accipitres en Latin, ne mangent point le cœur des oiseaux qu'ils
prennent, ou qu'on leur dōne, veu qu'ils en sont sur tout friands. Mais
possible qu'il y auoit de son temps autres genres d'oiseaux de proye,
que les nostres: ou que la diuersité des regions cause cela. Tout oiseau
qui māge chair peut estre apprins & enseigné pour la vollerie, & pour
la chasse des oiseaux: parquoy on peut leurrer & affaçonner pour la
vollerie, & la Pie, qui mange les Pallereaux, & le Corbin, qui mange
les Alouëttes: car si ces deux bestes sont apprises, elles prennent les
Perdrix. Entre les grans oiseaux de proye y a difference en bonté selon les pays dont ils viennent, & se prennent: car ceux qui viennent
d'Armenie sont fort bons, ayans les pieds blancs, & beaux: apres ceux
cy les meilleurs sont ceux d'Illirie, qui sont grāds de pieds & de corps:
apres sont ceux de Sarmatie, fort grands aussi de corps : & ces trois
genres excedent tous les autres en bonté. Et ce du genre des grands:
car du gēre des petits, les meilleurs sont ceux qui ont les pieds iaunes:
ou noirs, & qui sont d'Italie. Aux oiseaux de proye deux choses sont
grandement requises pour estre bons : c'est assauoir, qu'ils soient bien
appriuoisez, & non farousches, & qu'ils soient vaillants, hardis, & courageux. Mais parce que l'audace & hardiesse, le plus souuent est iointe
auec orgueil, fiereté, & rebellion, peu souuent on les trouue vaillans &
dociles ensemble, car ceux qui croyent facilement, sont bien priuez.
On ne voit donc gueres de Faucons hardis & vaillans, estre aisez à leurrer: & gueres d'Aigles bien appriuoisees, estre hardies & vaillantes, car
la hardiesse les rend rebelles & farousches. En nourrissant l'oiseau de
proye, faut bien se donner de garde de leur bailler à vn mesme past de
deux sortes de chair, ne de la chair qui soit de vieille beste ou maladi-
ue. La chair de Lieure, de Connils, de Chiens, de Rats, de Renards, de
Perdrix, de Poullets, & generalement de toute chair qui vit de grain,
leur est bon: comme aussi celle des petits oiselets. La chair de Chats
de Loups, & des oiseaux de rapine, ne leur vaut rien à manger. La ceruelle, le poil, & les os des bestes à quatre pieds leur sont dangereux

Hh

à leur paſt à manger. La chair des oiſeaux de riuiere eſt indifferente, ne trop bonne ne trop mauuaiſe. Toutesfois la plus nuiſante eſt celle des grands oiſeaux de riuiere, comme des Oyes, & des Cignes, & ceux là qui ſont de nature ſeche, comme les Cigongnes, & les Grues. La chair des Ours leur eſt ſaine, & auſſi celle de Porc non trop gras. Les oiſeaux de proye endurent des maladies & de l'eſprit & du corps. Les maladies du corps ſont cogneuës par leur eſmutiſſement, & quand ils ont leur plume toute rebouſchee, ou qu'ils tiennent les yeux fermez, auec difficulté de leur voix, & s'ils ſont long temps ſans manger ne boire. C'eſt ſigne de ſanté quand leur eſmutiſſement eſt blanc, & d'vne ſeule couleur, qui n'eſt ne trop liquide & clair, ne trop eſpois & dur. On gueriſt les oiſeaux de proye comme les hommes. On les gueriſt par diete: & alors on leur baille, apres auoir eſté long temps ſans manger de la chair trempee en vinaigre. On les gueriſt auſſi par vomiſſement, qu'on prouoque par cotton ou chanure meſlez auec la chair qu'on leur donne, & ſi on laiſſe de petits os en leur chair: car entre les beſtes qui mangent chair, elles reiettent ſeules la viande par la bouche. Ce qui leur fait aualler la chanure, ou cotton, & les oſſelets, c'eſt leur gourmandiſe & voracité. On gueriſt auſſi les oiſeaux de proye par purgation, qui ſe faict ou auec aloës, ou rheubarbe, ou erithodanon, poiure, maſtic, fueilles de laurier, & auec myrrhe. Qui plus eſt, ils endurent bien les plus forts medicaments, auſſi bien qu'ils ſont la ſeignee & le cautere. Les oiſeaux de proye aiment ſur toutes les herbes, la mente & la ſauge: & ſur tous les arbres, le ſaule & le ſapin. S'ils boiuent ſouuent du ſang d'oiſeau eſtant tout chaud, ils endeuiennent plus forts & puiſſants. Ils ayment & ſe trouuent bien d'eſtre mis au Soleil, & d'auoir l'eau à commandement, & de faire exercice, comme font tous autres oiſeaux. Le poumon auec le fiel d'vn porc leur eſt bon, donné ſouuent en paſt, car celà les purge. Si tu veux qu'ils changent de plume & de poil, baille leur à manger des rats ou ſouris ſaupoudrez de poudre de petits poiſſons: ou leur donne de la chair de gelines nourries de ſerpens. Les oiſeaux de proye different fort en grandeur, ayans tous leur plumage madré & diuerſifié comme de taches: ils font leurs nids és lieux hauts & pierreux, & couuent vingt iours. Pline en met de ſeize ſortes d'eſpeces. On dict auſſi que les Pigeons cognoiſſent bien le naturel de tous ces oiſeaux: car quand ils aduiſent ceux qui prennent leur proye en volant, qu'ils, ſ'arreſtent tout coy: mais ſi c'eſt de ceux qui prênent leur proye à terre ils s'en volent incontinent en haut contre leur naturel.

En vne partie de Thrace, les habitans & les oiseaux de proye gib-
boyent & chassent és oiseaux ensemble & comme en communité : car
les habitans de ce pays là, font leuer les oiseaux des buissons & des bois,
& ces oiseaux de proye sont si faits à celà, que les voyans voller, ils volent & prennent le dessus, les faisant deprimer en terre, lesquels sont
prins par ces oiseleurs qui les departent à ces oiseaux de proye qui les
rabattent.

De la diuersité des Faucons, & comme on cognoist les meilleurs.

IE vous declareray seulement comme il faut gouuerner les
Faucons : car le sçachant, facilemét on sçaura gouuerner tous
les autres. Il y a de plusieurs sortes de Faucons : aucuns sont
muez de bois, les autres sont sors, & les autres sont muez, &
tiennent du sors, les autres sont appellez niais, qui ont esté prins au nid.
Et si y a de grands Faucons, de moyens & de petits, qui sont differents
en plumes, pays, & uature. Les vns se paissét d'oiseaux marins & de marais, lesquels sont appellez Faucós riuereux : il en y a qui se paissent d'oiseaux champestres, comme de Corneilles, Estourneaux, Merles, Mauuis.
Il y a vne maniere de Faucons, qu'on appelle apprins de repaire : autres
qui sont appellez passans : autres qui passent par dessus la mer, & viennent de loingtain pays en autre region, qui sont appellez Faucons pelerins d'outre-mer. Les plus hardis Faucons de tous, sont ceux du Royaume de Chip, requi sont fort petits & de rousse plume, cóme sont ceux
de Sardaine : & prennent le Cigne, la Gruë, & le Hairon. Toutesfois
les plus à priser, sont ceux qui ne sont ne trop grâs ne trop petis qu'on
appelle Faucons morans, lesquels on prent sur la falaise de la mer, que
nous auons nommé Pelerins : parce qu'ils n'ont gueres esté ne seiourné
en leurs pays. Le Faucon pelerin a grosses espaules, & les aisles longues,
& en filát comme la queuë d'vn Esperuier, les pénes rôdes : que la queuë
soit de plein pouce que le bout ne soit blanc & que les nerfs de la queuë
soiét bien vermeils. Pour estre bon il doit auoir les pieds semblables à
ceux d'vn butor bien fendus & vers, les ongles noirs, bien poinctus &
tranchans. Que la couleur du bec, qu'il doit auoir grosset, & pieds, soit
tout vne : ayans les narines grandes & ouuertes. Il doit auoir les sourcils vn peu hauts & gros, & les yeux grands & cauez, & la teste vn
peu voultée, & rondette par dessus. Et quand il est seur, qu'il face
vn peu de barbette soubs le bec, de sa plume. Il doit auoir le col long.

Hh ij

& haute poictrine : & vn peu rondette sur les espaules, à l'assembler du col. Il doit seoir large sur le poing, peu reuers, mordant & familleux. Ses plumes doiuent estre blanches & coulourees de vermeil, bien noüees & grosses : les sourcils blancs, la teste grise, & les ioües blanches, coulourees de vermeilles plumes, & le dos de couleur bise, comme le dos d'vne Oye, & les plumes larges & rondes, enuironné de blāc bien coulouré : & ne doit point estre gouet, & se doit entresuir de plumes, de pied & de bec. Faucon de telle sorte, sera bon sur tous, s'il est bien gouuerné.

Comme on doit mettre en arroy & porter le Faucon.

V N Faucon nouueau prins, doit estre chillé en telle maniere, que quand la chillure laschera, que le Faucon voye deuant, pour voir la chair deuant luy : car il souffre moins quand il la voit à plain deuant soy, que s'il la voit par derriere : & ne doit point estre chillé trop estroit ny ne doit estre le fil dequoy il est chillé trop delié, ne noué sur la teste, mais doit estre retors. Vn Faucon nouueau doit auoir nouueau arroy, comme vn grand blanc, & nouueaux gects, le tout de cuir de Cerf : auec la lesse de cuir attachee au gant : puis faut auoir vne petite brochette penduë à vne petite corde, de laquelle soit manié souuent le Faucon, car plus est manié & touché, & plus s'en asseure, & aussi que la main le salist d'auentage, & qu'il se pourroit blesser de son bec en le maniant. Il luy faut deux sonnettes, afin qu'on le puisse mieux trouuer : ouyr remuer, & gratter. Il doit auoir vn chapperon de bon cuir, bien fait, & bien en forme, fort esleuee & bossue endroit les yeux, bien profond, assez estroit par dessoubs, afin qu'il tienne bien à la teste, mais qu'il ne le blesse. On luy doit aussi vn peu espointer les ongles, & le bec, non pas tant qu'ils saignent.

Comme on doit affaiter vn Faucon, & mettre hors de sauuagaine.

O N dict que le Faucon sor, qui a esté prins bien à heure sur la falaise, & estoit passé la mer, est celuy où y a plus d'affaire, aussi est il le meilleur. Faut donc apres l'auoir mis en tel ordre que dessus, paistre cest oiseau de bonne chair, & shaude, de couloms & autres oiseaux vifs à pleine gorge, deux fois le

iour, iufques à trois iours: car ne luy faut ofter tout à vn coup la vie dequoy il vfoit: & eftant nouueau, il mange plus volontiers la chair chaude, que autre. En luy baillant à manger, on le doit hucher: afin qu'il co-
gnoiffe quand on luy voudra donner à manger, en luy oftant le chapperon en paix: puis on luy doit donner deux bequees de chair ou trois,
& apres luy auoir remis fon chapperon, baille luy en encore autant:
mais prens garde qu'il foit tellement chillé qu'il ny voye goutte. Les
trois iours paffez, fi tu le vois friant à la chair, & qu'il mange volōtiers,
reftrains luy fa viande c'eft à dire, que tu luy donnes moins & fouuent,
qu'il n'aye en gorge qu'vn bien peu vers les vefpres: en le tenant longuement la nuict auant que tu le couches, le mettant couché fur vn
treteau bien feant, afin qu'on le puiffe la nuict refueiller. Puis fe doit
leuer deuant le iour fur le poing, auec la chair d'oifelet vif. Quand on
luy aura tenu cefte reigle deux ou trois nuicts, & qu'on voye que le
Faucon foit plus mat qu'il ne fouloit, & qu'il face figne de feureté &
foit aigre de la bonne chair, ti luy muë fa viande, en luy donnant petit
& fouuent chair de cœur de Porc, ou de Mouton. Sur le foir quand
il fera nuict, fans le prendre, l'œil luy foit vn peu lafché du fil dequoy
il eft chillé, en luy iettant de l'eau au vifage quand on le mettra coucher afin qu'il ayt moins de fommeil, & le veillant toute la nuict, en le
tenant fur le poing le chapperon hors la tefte. Que s'il auoit trop veu,
& qu'il fift figne d'eftre vn peu effroyé, foit porté en lieu obfcur, fors
qu'on voye mettre le chapperon: puis foit abbeché de bonne chair, &
foit veillé par plufieurs nuicts, tant qu'il foit mat & qu'il dorme fur le
poing par iour: combien que le laiffer vn peu dormir feurement, eft
vne chofe qui bien l'affeure. Au matin au point du iour, qu'il trouue la
chair chaude dequoy il fera abeché. Or parce qu'il y a des Faucons, de
diuerfes fortes: car l'vn eft mué de bois, l'autre eft prins de repaire &
a efté à luy longuement, l'autre eft for, duquel auons parlé, encores
qu'ils foient ou forts, ou muez, ou niais, fi font ils de diuerfe nature,
parce les faut gouuerner diuerfement: qui eft la caufe qu'on n'en peu
bailler regles propres: car ceux qu'on trouue amiables, de doux affaitement & de bonne fin, doiuent eftre affaitez fans leur donner grand
peine. Et quand l'auras mis en tel eftat, tant pour voller, comme de
luy faire auoir faim, fi tu vois figne de feureté, tu luy pourras ofter fon
chapperon de iour, loing de gens, en luy donnant vne bequee de bonne chair, puis luy remets tout en paix, en luy en donnant encores vn
peu. Sur tout, faut fe garder de luy ofter fon chapperon ou remettre, en

H h iij

lieu où il puiſſe auoir effroy : car celá perdroit ton oiſeau. Quãd il aura
apprins à voir les gens, ſi tu vois qu'il euſt faim, oſte luy le chaperon,
& luy donne vne bequee de chair , luy monſtrant droit à ton viſage
car par celá il n'aura peur des perſonnes. Et puand il ſera nuiĉt, luy ſoit
coupé le fil dequoy il ſera chillé, & ne ſoit veillé, ſi tu le voy aſſez aſſeuré entre les gens : mais ſoit mis ſur vn treteau aupres de toy, afin d'eſtre
reueillé la nuiĉt deux ou trois fois, & le mets ſur le poing deuant iour:
car trop veiller ſon ꜰaucon n'eſt pas bon, qui aſſenrer le peut par autre
voye. Que ſi par bon gouuernement & pour luy auoir eſté courtois, &
gardé d'effroy, & veillé ton oiſeau ſe trouue ſeur, & qu'il mange & ſe
batte à la chair deuans les gens , donne luy lors de la chair lauee en l'a-
bechant au matin, ſi qu'il ait la foſſe de la gorge pleine : laquelle mettras tremper en eau claire, vn demy iour , & luy feras battre deuant les
gens en luy baillant au matin à Soleil leuant l'aiſle d'vne Poule. Et au
ſoir en luy remettant le chapperon prens le pied d'vn Cõnin, ou d'vn
Lieure qui ſoit couppé au deſſus des orteils & eſcorché, en oſtant les
ongles , le faiſant trémper en bonne eau , & vn peu eſpraint : que tu
luy donneras auec vne ioinĉte du gros de l'aiſle d'vne geline. Se faut
bien donner de garde de bailler plumes à ton oiſeau s'il n'eſt bien ſeur,
autrement il ne s'oſeroit ietter ſur ton poing : car il faut qu'il ſoit tenu
& alors qu'il fera ſigne de ietter, oſte luy le chapperon tout en paix,
par la tirouere en luy donnant par deux fois de la chair lauee, & l'autre
iour de la plume, ſelon que ton oiſeau ſera net dedans le corps : quand
il aura ietté ſa plume , ſi luy remets le chapperon ſans luy donner à
manger, afin qu'il iette ſa glette, Eſtant curé de plume & de glette, ſoit
abeché de chair chaude, deuant les gens, deux ou trois bechees à la fois
& au ſoir fais luy tirer l'aile d'vne geline, auſſi deuant les gens. Si tu le
trouues bien ſeur, & de bonne fin & aigre, adonc eſt temps de le faire
manger ſur le leurre. Il faut regarder, ſi les plumes que ton ꜰaucon iette ſont ordes & gletteuſes : & ſi l'ordure eſt de couleur iaune, car alors
faut mettre peine de le rendre net par dedans, auec plumes, & chair
lauee. Que s'il eſt net, ne luy donne ſi fortes plumes, qui ſont pieds de
Lieures & de Connins, mais luy faut donner plume qui eſt prinſe ſur
la ioinĉte de l'aiſle d'vne vieille geline, ou la ioinĉte meſme de l'aiſle,
ou celle du col, decouppee par entre les ioinĉtures, quatre ou cinq
fois, lauee & trempee en eau froide. Pour la fin de ce chapitre, il eſt
aſſeuré qu'il faut plus long temps a affaiter & veiller vn ꜰoucon mué
de bois, qu'il ne faiĉt vn ſor, qui a eſté prins en paſſant : & auſſi qu'il

y a plus d'affaire à vn ꜰaucon prins de repaire, & qui a esté bien longuement à luy, qu'il n'y a vn qui a esté acuré.

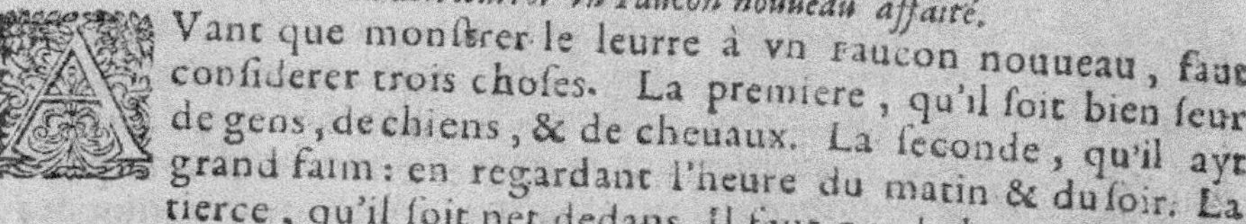

Comme on doit leurrer vn Faucon nouueau affairé.

Vant que monstrer le leurre à vn ꜰaucon nouueau, faut
considerer trois choses. La premiere, qu'il soit bien seur
de gens, de chiens, & de cheuaux. La seconde, qu'il ayt
grand faim : en regardant l'heure du matin & du soir. La
tierce, qu'il soit net dedans. Il faut que le leurre soit bien
encharné d'vn costé & d'autre, & estre en lieu secret, quand tu voudras
alonger la laisse à ton ꜰaucon & le deschapperonner, en l'abbechant
sur le leurre sur ton poing, puis luy faut oster, & le cacher qu'il ne le
voye. Et quand ton ꜰaucon sera descharné, iette ton leurre si pres de
toy qu'il le puisse prendre, de la longueur de la laisse : & s'il le prend
seurement, on doit crier hae, hae, & le paistre sur le leurre côtre terre,
en luy donnant dessus, la cuisse d'vne poullette toute chaude, & le cœur.
Si tu l'as ainsi leurré au vespre, ne luy donne qu'vn peu à manger : &
soit leurré si à heure, que quand il aura esté accoustumé tu luy puisses
donner de la plume : & vn osset d'vne ioincte, & le lendemain soit mis
sur le poing, au poinct du iour : & alors qu'il aura iette sa plume, & sa
glette, soit abeché d'vn peu de bône chair chaude. Le lendemain quâd
il sera grand iour, & temps de le paistre, prens vne corde, & l'attache à
sa lesse, & t'en va en vn pre bien net & bien vny, & l'abeche sur le leurre, comme deuant dit est, puis le descharne : & si tu voy qu'il ait bonne
faim, & ait prins le leurre roidemët, si le baille à tenir à quelqu'vn qui
bien le lasche au leurre. Adonc tu dois desployer la corde, & le traire
arriere quatre ou cinq fois : & celuy qui le tiët doit tenir à la main dextre, le chaperô dudit ꜰaucon. Que si le ꜰaucon vient bien au leurre, &
qu'il le prenne incontinent & roidemët, laisse le mâger deux ou trois bequees, puis le descharne, & l'oste de dessus le leurre, & luy mets le chapperon, & puis le rebaille à celuy qui le tenoit, & l'eslongne, & le leurre
ainsi de plus loing, & le pais contre terre sur le leurre, en huant & criât
hae, hae, & ainsi le leurreras chacun iour de plus loing en plus loing,
tant qu'il soit bien duit de venir au leurre, & de le prendre seurement :
apres soit leurré entre les gens, en se gardant qu'il ne vienne chiens ou
autre chose dequoy il ayt effroy. Et en l'ostant de dessus le leurre, mets
luy le chapperon sur le leurre. Et estant bien leurré à pied, faut le
leurrer à cheual : ce qui se fera plus aisément, si quand tu le leurre

à pied , tu fais venir des cheuaux aupres de ton Faucon , afin qu'il les voye en les approchant de luy quand il mangera sur le leurre , en les faisant tourner autour de luy : mais que les cheuaux soient paisibles, afin qu'ils ne luy facent peur. D'auantage , pour mieux dire l'accoustumer auec les cheuaux , qu'il les cognoisse , porte le Faucon sur le leurre, quand il mengera , en haut pres du cheual : ou le porte à cheual, & le fais manger entre les cheuaux. Et quand il les aura bien accoustumez , & qu'il ne fera nul semblant de les craindre , tu le pourras bien leurrer à cheual en ceste maniere. Faut que celuy qui tiendra le Faucon pour le laisser aller au leurre soit à pied , & celuy qui aura le leurre sera à cheual : & quand il branslera son leurre , celuy qui tient le Faucon luy ostera le chapperon par la tirouere, & celuy qui tient le leurre doit huer & crier, hae, hie : que s'il prend le leurre roidement par dessus & ne doute ny gens ny cheuaux , oste luy la obecanne , & soit leurré de plus loing, & en plus longue tiree. Et pour faire venir le Faucon nouueau , & l'accompagner en la compagnie des autres , faut que deux tiennent les Faucons , & deux qui les leurrent : mais celuy qui tiendra le Faucon nouueau , ne laissera pas si tost aller le sien au leurre comme fera l'autre. Adonc sera ietté au Faucon nouueau le leurre, & quand il sera cheut sur le leurre , son maistre le doit porter sur son leurre , manger auec les autres Faucons. Celà faisant trois ou quatre fois, il les suiura, & aimera. Et si voullez qu'il ayme les Chiens ce qui est necessaire, les faut appeller autour de luy , quand on sera tirer, plumer, ou manger son Faucon.

Comme on doit baigner , faire voller , & hayr le change,
à vn Faucon nouueau.

Vand ton Faucon aura bien esté leurré à pied & à cheual, & qu'il sera prest d'estre ietté à mont , & il aura mangé de bonne chair sur le leurre , & sera tout hors de sauuagine, & sera vn peu recouuré & efforcé de la peine qu'on luy aura donnee, & aura les cuisses plus plaine de chair, offre luy de l'eau pour se baigner. Regarde quand le temps sera beau, chair & temperé : puis prens vn bassin si profond que l'oiseau soit en l'eau iusques aux cuisses, soit emply d'eau, & mis en lieu secret : puis ayant dõné clair chaude à ton Faucon, & leurré au matin, apporte le en lieu haut, & la le tiẽs au Soleil iusques à ce qu'il ait enduit sa gorge, luy ayant osté son chapperon,

peron, afin qu'il se manie : celà fait, remets luy le chapperon, & le
mets bien pres du bassin.   S'il veut saillir sur l'herbe ou dedans l'eau, si
le laisse aller : & afin qu'il sente l'eau, frappe d'vne vergette dedans, &
le laisse la baigner tant comme il voudra.   Quand il sera semblant de
s'en aller, mets de la chair en ton poing, & luy tends : & regarde qu'il
ne saille hors, sans saillir sur ton poing, afin de luy donner vne bechee.
Puis leue-le, & le tiens au Soleil, & il se maniera & pourrondra sur ton
poing ou sur ton genouil. S'il ne se veut bagner au bassin, essaye de le
bagner en eau de riuiere. Le bain donne à l'oiseau grande seureté, aspre faim, & bon courage.   Le iour qu'il sera bagné, ne luy donne chair,
lauee.   Pour bien ietter en haut & faire voler ton Faucon nouueau, le
lendemain qu'il se sera baigné, monte à cheual le matin, ou au vespres,
alors qu'il a grand faim, & choisis les champs, & le pays où n'y ait ne
Coulomsne Corneilles, puis prens ton leurre bien encharné d'vn costé & d'autre, & ayant osté le chapperon, abeche-le sur le leurre, l'ayāt
osté de dessus, remets luy le chapperon : puis t'en allant tout bellemēt
contre le vent, oste luy le chapperon.   Mais auant qu'il choisisse aucune chose, ne qu'il s'esbate, mets le hors de dessus ton poing tout en
paix, & comme il tournoiera, en allant le trot du Cheual, iette luy le
leurre, & ne le laisses gueres tournoyer. Et continue celà tous les iours
tant au soir qu'au matin. Que si tu vois que ton faucon ne soit bien
duit de tournoyer enuiron toy, & de cheoir au leurre, & ne fait semblant d'aimer les autres Faucons, faut le faire voler auec vn qui ayme
les autres, & qui ne se bouge de nul change, premierement aux Perdrix: car les Faucons ne les chasse gueres loing. Et si ton Faucon a chassé, & il reuient, vne, deux, ou trois fois, iette luy le leurre, & le paiz
sur le destren de ton cheual, & puis le paiz sur le leurre contre terre,
de bonne chair chaude, pour le resoudre en volant, afin qu'il reuienne
plus legeremēt de sa chasse. Et si l'oiseau à quoy tu voles est prins, fais
luy en manger auec l'autre Faucon : & quand il en aura vn peu mangé,
oste-le, & le paiz sur le leurre.

Si tu voles de ton Faucon aux oiseaux de riuierre, & qu'il en soit vn
bien prenable: demeure, & le mets souz le vent, & oste à ton Faucon
le chapperon, & le laisses aller auec les autres. Quand tu veux faire ton
Faucon hautain, & qu'il prenne son hault, il faut faire voler auec le
tien vn Faucon bien hautain : mais que le tien soit bien duict de retourner ses chasses, & qu'il ayme bien les Faucons qu'il treuue. Que si

les oiseaux de riuiere sont dedans vn estang, qui ne soit pas grand, ou en vne belle fraiche , on doit laisser aller le Faucon hautain, & celuy qui tient le nouueau, doit estre bien arriere au dessus du vent : & quand verra son bon, il le doit deschapperonner, que s'il se bat, c'est pour aller à l'autre : lors le doit aller, si tirera contre le vent droit à l'autre au contremont. Et auant qu'il s'amatisse d'aller apres l'autre, qu'on luy sourde les oiseaux, quand le Faucon hautain sera à poinct, & luy face sourdre sur la queuë. S'il prend l'oiseau, donne luy à manger le cœur & la poitraine auec l'autre. Si ton Faucon va au change, & il prend Coulom ou Corneille, ou autre oiseau de change, qu'il mange, ou la mangé, ne le rudoie, mais reprens-le au leurre, en luy donnant vne bequee de chair, & luy mets le chapperon, & apres n'en volle de deux iours : & quand tu en voleras, n'en vole à faute, si tu peux : Que si par aucune maniere tu ne le pouuois garder d'aller au change, fais pour le dernier remede ce qui s'ensuit. Si ton Faucon a prins oiseau de change, & arriues auant qu'il l'ait mangé, aye du fiel de geline, & en oins la poitrine de l'oiseau qu'il aura prins, qui sera escorchee & descouuerte, & luy en baille à manger peu, afin qu'il ne soit greué, car il la iettera, & s'il ne la iette, si n'aura il courage de voler tel oiseau, & en haira la chair. Ou bien mets dessus quelque autre chose amere, comme poudre de myrrhe, ou ieunes vers menuz detranchez, mais que l'amertume ne soit trop forte. Que si l'amertume auoit dehaité ton oiseau , mouille luy sa chair en eau succree. Aucuns leur mettent deux sonnettes à chacun pied, ou leur cousent les grosses pennes des ailes. Et est bon, encores qu'il vienne du change, luy ietter le leurre, ou faire sourdre vn oiseau de riuiere blessé, afin qu'il le prenne.

Comme on fait prendre le Heron à son Faucon.

Faire son Faucon bon haironnier, faut que tu l'y mettes en aspre faim , & auoir vn Heron vif, duquel tu feras vne tome a ton Faucon, ainsi. Au matin quand il sera heure de paistre ton oiseau si tu vois qu'il ait faim, va à vn pré, & laisse aller le Heron apres luy auoir brisé les pieds & le bec, & te cache derriere vn buisson : & alors celuy qui tiendra le Faucon luy ostera son chapperon, lequel sera au dessous du vent : & s'il ne veut prendre le Heron, iette luy le leurre que tu auras tous prest : s'il le prend faits luy la cure , en luy donnant premierement le cœur, & quand il aura mangé, baille le

Heron à celuy qui a laissé aller le FAUCON, lequel en se tirant vn peu
loing, le tournoyera par l'aisle. Lors oste le chapperon à ton FAUCON,&
le laisse aller au bransle: & que celuy qui bransle le Heron ne le iette:
mais qu'il attende à le laisser cheoir iusques à ce que le Faucon le prenne au bransle, puis descouure la poictrine au Heron,& la fais manger à
ton FAUCON, & aussi la moüelle qui sortira de l'os de son aisle couppee
par le bout, que nous appellons la garde. Cela fait, iette luy le Heron
en contenuant deux ou trois iours, tu l'acharneras à prēdre le Hairon,
& à l'aimer : ce qui se fera encores mieux si au commencement il est
accompagné d'vn bon FAUCON heronnier. Lors ayant trouué le Hairon seant, faut que tu le mettes auec ton FAUCŌ nouueau en haut lieu,
au dessus du vent,& que celuy qui a le FAUCON haironnier face charier
le Hairon: & quand il aura laissé aller son FAUCON au Hairon, qu'il regarde si le Hairon qui volera prendra sa monstre, car alors ne laisse
pas aller ton FAUCON apres, & ne luy oste pas le chapperon : mais s'il se
desconfit, & qu'il fonde en l'eau, & que le FAUCON haironnier le debatte, adonc oste le chapperon à ton nouueau FAUCON, & le leue, & s'il se
bat, laisse le aller au debatis.

Comme on fera aymer son Faucon les autres quand il les hayt.

I L y a aucuns Faucons qui ne veulent voler auec les autres, se
tirent arriere, & ne bougēt:les autres les vont prendre en volant au hauelonnier. Vn Faucon hait à seoir & voler auec les
autres, ou pour doute qu'il a d'eux, ou qu'il ne les ayme: celuy
qui les hayt, les prent, qui les craint, s'enfuit. Pour remede , faut auoir
vn Lanier amiable , qui soit mis sur la perche auec celuy qui hayt les
autres, assez loing & de iour, en leur baillant à tous deux vne bequee
de chair en passant, les approchāt peu à peu : & estans pres l'vn de l'autre, mettre de la chair entr'eux, afin que l'vn & l'autre la bequent:
puis quand il ne fera nul semblant de courir sus au Lasnier, faut au soir
le paistre de bonne chair,& le mettre gesir hors à la gelee, sur vne perche, s'il est gras & fort, & le laisser là trois ou quatre heures, ce pēdant
tenez vostre Lanier pres du feu: puis mettez-le sur le poing, ce pandant
faictes apporter le Faucon, & luy mettez le chapperon, & le mettez entre le Lanier & vostre costé: & lors le Faucon qui sentira la chair du
Lanier, se tirera contre luy, & s'approchera pour la chaleur. Et soient
ainsi laissez sans dormir l'vn & l'autre, iusques à ce que vous voyez que
le Faucon ait grand faim de dormir, puis luy ostez tout bellement le
chapperō,& soit en lieu qu'il ne voye tout ainsi toute la nuit sur vostre

poing. Et quand il sera iour, faut les remettre à la perche l'vn aupres de
l'autre, toutesfois qu'ils ne puissent aduenir l'vn à l'autre. Celà fait par
deux nuits, mettez l'vn & l'autre gesir hors à la gelee, la troisiesme nuit
pres l'vn de l'autre qu'ils se puissent ioindre sur la perche. Et quand
vous verrez qu'ils se feront approchez l'vn aupres de l'autre pour auoir
chaleur, ostez leur les chapperons: puis faites-le manger, gesir & leurrer ensemble, & mettez peine de luy querir son aduantage.

Comme on doit essemer, c'est à dire, bailler la cure a vn Faucon.

LEs Faucons sont plus forts a essemer les vns que les autres : car tant plus vn Faucon a esté à maistre, il est plus
fort a essemer : & vn Faucon vieil mué de bois, qui n'a
qu'vne muë par main d'homme, est de plus leger essement, que n'est vn Faucon moins vieil, qui a esté plus
longuement à main d'homme: la raison est, qu'vn Faucon estant à luy,
se nourrit plus nettement & mieux selon sa nature, & de meilleures
chairs, qu'il ne faict par gouuernement d'homme. Ce n'est donc de
merueilles s'il n'est si ord dedans, quand luy mesmes se paist, que quãd
on le paist: car le Faucon qui est à toy, mange gloutement plume &
cuir, & n'est repeu en la muë de si nettes viandes, & ne digere si bien,
& n'a l'air en ses necessirez, comme celuy qui est à soy-mesmes.

Quand tu mets ton Faucon hors la muë, s'il est gras (ce que cognoistras s'il a les cuisses grasses & pleines de chair, & que la chair de la
poictrine soit aussi haute comme en est l'os) & s'il est bien mué, & a ses
pennes fermes, donne luy à manger quand il voudra mordre en la
chair, au matin, vne bequee ou deux de chair chaude, ne luy en donnant au vespre que bien peu, s'il ne faisoit trop froid. Sil mange bien
sans qu'on l'efforce, baille luy la chair lauee, ainsi preparee: Prens les
aisles d'vne poulette pour le matin, & laue en deux eaus, si c'est chair
de Lieure ou de Bœuf en trois. Le lendemain matin, donnes luy vne
cuisse de Geline bien chaude, & à midy chair trempee, bonne grosse
gorge, le laissant ieusner iusques au vespre bien tard : & s'il a mis sa viãde aual, & qu'il ne soit rien demeuré en la gorge, donne luy vn peu de
chair chaude, cõme tu as fait au matin : & ainsi soit gouuerné iusques
à ce qu'il soit temps de luy donner plume: ce que sçauras par trois signes. Le premier, quand trouueras au bout de l'aisle du Faucon vne
chair plus ieunes & molle qu'auparauant qu'il mangeast chair lauee. Le

second, si les esmeuts sont clairs & blancs, & que le noir qui est parmy
soit bien noir, sans autre ordure meslee parmy. Le tiers, s'il a grand
faim & aspre, & qu'il plume volontiers. On baille plume faite, ou de
pieds de Lieure, ou de Connin, ou de cotton de la plume qui est sur la
ioincte de l'aisle d'vne vieille geline. Pren donc le pied de deuant d'vn
Lieure, & soit escorché du dos d'vn cousteau, tant que les os & les ongles en tombent: afin de moudre les os des ottelets, qu'il faut couper
& mettre en belle eau froide & claire, puis l'espraINS, & luy en donnes
deux bequees. Et quand tu le mettras à la perche, nettoye le dessoubs,
afin de voir si l'esmeut est enueloppé de tayes, & plein de glete & d'ordure: que s'il est ainsi, côtinue ceste plume iusques à trois nuicts ou quatre, & de la chair lauee comme dessus est dit. Et si tu voy les plumes di-
gerees & moulües, & qu'il y ait grande cure & ordure, pren le col d'v-
ne vieille geline, & le couppe tout au long par entre deux ioinctes, &
mets les ioinctes en eau froide, & les donnes à manger à ton Faucon,
sans autre chose: & on luy donne ces ioinctures, parce qu'il met aual en
la meule la chair qui est sur les ioinctes, & la confit, & les os demeurent,
qui sont aiguz & cornus, qui desrompent les tayes, & l'ordure, & portent auec eux : & luy en donnez par trois nuits, en luy baillant sur iour
chair lauee, comme il est dit. Et puis retourne à luy donner plume selon la force & necessité de ton Faucon. Et ne t'esbahi si le Faucon qu'ô
esseme est aucunesfois quinze iours auant qu'il vueille manger plume:
aussi qu'aucuns Faucons prennent en vn mois plustost essement que
d'autres en cinq semaines, selon qu'ils sont de plus forte nature, où
nourriz de plus nettes viandes, où qu'ils ont esté plus longuement en
main d'homme. Quand tu auras traict le Faucon de la muë, & il a ses
grosses pennes sommees, ou il en a encores au tuyau, ne luy donnes
chair lauee, mais chair d'oiseaux vifs à bonne gorge, & le tiens en l'air,
autrement ses plumes se pourroient affaiter & aneantir.

FIN.

Ii iij

TABLE GENERALE CON-
TENANT LES CHOSES PRINCI,
PALES TRAICTEES EN CE PRE-
sent volume de la Fauconnerie.

Le chiffre signifie le fueillet, & la lettre la page.

A

B

C

N

Fin de la Table de la Fauconnerie.